跨境电子商务
创新型人才培养系列教材

U0689019

跨境电商
理论、操作与实务

邓志新 / 主编　赵秀娟 谭立静 杨新隆 金珞欣 / 副主编

CROSS-BORDER
Electronic Commerce

人民邮电出版社
北京

图书在版编目（CIP）数据

跨境电商：理论、操作与实务：微课版 / 邓志新
主编. -- 2版. -- 北京：人民邮电出版社，2023.6（2024.6重印）
跨境电子商务创新型人才培养系列教材
ISBN 978-7-115-61459-9

Ⅰ．①跨… Ⅱ．①邓… Ⅲ．①电子商务－高等学校－
教材 Ⅳ．①F713.36

中国国家版本馆CIP数据核字(2023)第053145号

内 容 提 要

本书以跨境电商工作过程为主线，采用"案例分析+实操"的模式组织内容，全书共10个项目，
内容包括跨境电商概述、跨境电商平台、选品与商品定价、商品发布和优化、店铺优化及推广、跨境
电商营销、跨境电商支付、跨境电商物流、跨境电商客户管理和进口跨境电商。

本书既可以作为本科院校和高职院校跨境电子商务、国际经济与贸易、国际商务、电子商务、商
务英语等专业的教材，也可作为其他专业相关选修课程的教材以及社会培训机构的培训用书。

◆ 主　　编　邓志新
　　副 主 编　赵秀娟　谭立静　杨新隆　金珞欣
　　责任编辑　刘　尉
　　责任印制　王　郁　彭志环
◆ 人民邮电出版社出版发行　　北京市丰台区成寿寺路 11 号
　　邮编　100164　电子邮件　315@ptpress.com.cn
　　网址　https://www.ptpress.com.cn
　　大厂回族自治县聚鑫印刷有限责任公司印刷
◆ 开本：787×1092　1/16
　　印张：15　　　　　　　　　　　2023 年 6 月第 2 版
　　字数：374 千字　　　　　　　　2024 年 6 月河北第 4 次印刷

定价：49.80 元

读者服务热线：(010)81055256　印装质量热线：(010)81055316
反盗版热线：(010)81055315
广告经营许可证：京东市监广登字 20170147 号

前言
FOREWORD

在全球化和互联网的影响下，跨境电商高速发展，它作为一种新的经济形态，在全球配置资源，大量中小企业加入跨境电商生态圈，使"全球买"和"全球卖"成为现实，中国正在推动跨境电商等新业态新模式加快发展，跨境电商未来还会有广阔的发展空间。党的二十大报告指出，推动货物贸易优化升级，创新服务贸易发展机制，发展数字贸易，加快建设贸易强国。由于跨境电商行业的高速发展和市场上对跨境电商人才的巨大需求，相关院校和企业培训机构迫切需要一套知识体系完整、理论与实践相结合的教材，为此，我们联合企业的相关专业人士一起编写了本书。

本书的特点如下。

（1）融入价值教育元素，体现立德树人的教学理念。

本书增加了素质目标，融入社会主义核心价值观、互联网思维、国际视野、家国情怀、精益求精的工匠精神，培养学生遵纪守法、遵守平台规则，提升知识产权素养，养成爱岗敬业、吃苦耐劳的工作作风，以及善于沟通和团队合作的工作品质，为学生胜任跨境电商工作岗位和跨境电商创业奠定基础。价值教育元素贯穿整个教学过程，在课程知识传授、能力培养的基础上，挖掘并凸显其价值引领功能，将知识传授、能力培养与价值引领有机结合，帮助学生形成良好的职业道德和职业精神。

（2）理论与实践相结合，采用"案例分析+实操"的模式组织内容。

本书采用"案例分析+实操"的教学方法，有利于培养学生对该类课程的学习兴趣。本书在编写过程中特别注重跨境电商理论与跨境电商实践的结合，每个项目都配有项目实训和习题，可以有效帮助教师提升教学效果。

（3）不仅针对 B2C 的内容进行了详细的介绍，而且涵盖了 B2B 的内容。

本书兼顾理论与实操，不是专门介绍某一个平台，而是介绍了跨境电商的通识内容；不仅反映了跨境网络零售的发展状况，而且反映了外贸 B2B 领域电子商务的发展状况。跨境网络零售是国际贸易的补充，B2B 跨境电商的发展具有不可估量的潜力。我们在编写本书时已经考虑到这些新的发展趋势。

（4）以工作过程为主线，体现项目导向、任务驱动、工学结合的教学理念。

本书在调研跨境电商行业岗位工作任务和职业能力的基础上，依据跨境电商课程的标准，摒弃了以知识体系为线索的传统编写模式，以工作过程为主线，采用了项目导向、任务驱动、工学结合的编写模式。该模式以真实项目为载体，融"教、学、做、考、创"于一体，强调对跨境电商操作环节能力的训练，紧紧围绕完成工作任务的需要选取理论知识。

（5）企业人员为教材的编写提供了丰富的案例和教学素材。

本书在编写过程中充分发挥了学校和企业的优势，学校教师教学经验丰富，主要负责编写理论内容；企业专业人员实践经验丰富，主要负责编写案例和实操部分，本书所选案例都来自真实案例。

本书由深圳信息职业技术学院的博士教师团队完成，邓志新博士担任主编，赵秀娟、谭立静、杨新隆、金珞欣担任副主编，具体分工：邓志新负责项目一、项目七和项目十的编写，谭立静负责项目二和项目八的编写，赵秀娟负责项目三、项目四和项目五的编写，杨新隆、金珞欣负责项目六和项目九的编写，邓志新负责全书的统稿和审核。深圳市跨境电子商务协会副秘书长邢康男参与了本书的修订工作，提供了大量的跨境电商行业企业素材。

本书在第1版的基础上更新了大量的内容：第一，融入价值教育的教学设计，每个项目都设有素质目标；第二，立体化教材设计，每个任务加入微课设计，配有微课视频；第三，根据跨境电商产业最新变化，拓展了跨境电商平台和选品的内容，丰富了店铺推广和海外社交媒体营销。跨境电子商务方兴未艾，未来的道路还很艰巨和漫长；跨境电商相关概念和观点尚未成熟，理论和实践还有待发展和更新。本书配套的"跨境电商理论与实务"课程在智慧职教平台开设，课程内容实时更新，欢迎读者加入课程。

本书是深圳市教育科学 2022 年度课题《产教融合视域下跨境电商产业学院构建的探索与实践》（课题编号：cgpy22002）的成果之一。

由于编者水平有限，书中难免存在疏漏与不当之处，望各位读者批评指正。

编者

2023 年 4 月

目录
CONTENTS

跨境电商概述

学习目标 ↓

素质目标

从国家政策和经济发展战略目标的角度思考鼓励发展跨境电商的必要性，理解跨境电商推动经济发展的作用；

结合当前经济形势，掌握跨境电商存在的问题，如知识产权问题、品牌问题、法律法规问题等；

掌握跨境电商发展的前景展望。

知识目标

掌握跨境电商的内涵、分类和特征；

了解跨境电商存在的问题；

了解跨境电商的发展趋势；

了解跨境电商岗位和职业素养。

能力目标

能够理解跨境电商与境内电商的区别、跨境电商与传统国际贸易的区别；

能够分析跨境电商当前存在的问题和未来发展的趋势。

在全球化和互联网的影响下，传统的国际贸易不断线上化和网络化，越来越多的外贸企业从网上获得商机，跨境电子商务应运而生。跨境电子商务在整个国际贸易中的比重不断上升，增速超过线下贸易。

在未来，"全球买，全球卖"不再是梦想，全球各地的企业和消费者都可以在互联网上形成一个贸易生态圈，更多的企业、消费者将参与到新一轮跨境电子商务形态的贸易中。

任务一 跨境电商的概念

任务引入

亿邦智库：2035年跨境电子商务将在外贸中占比约50%

2020年11月，在杭州第五届全球跨境电商峰会上，中国国际经济交流中心副理事长黄奇帆判断，到2035年，中国进出口贸易额的50%有望用跨境电子商务的方式来表达。

黄奇帆的依据有4个方面：（1）商务部和海关近几年极其有效的不断改进，让原有割裂的4个跨境电子商务部分——保税进口、保税出口、一般进口、一般出口，转变成四位一体；（2）现在的跨境电子商务，零售和批发是分开的，下一步要实现B2B和B2C两位一体；（3）出口和进口涉及外汇兑换，每一单都要去国家外汇管理局（以下简称外管局）报单清算，非常不方便，现在采用批发额度管理，从而避免零打碎敲，不用每天为小额大批量次的结算往外管局报单；（4）跨境电子商务有全球性的高效物流平台。

一是我国B2B交易模式突围成功，即将进入放量增长，国内国际双循环增长的阶段。按照"平台即供应商"的数字供应链模式，在生产物资、非核心生产物资两个企业采销领域都出现了同时具备高增速和持续盈利能力的B2B产业互联网平台，部分企业交易额中已经出现跨境电子商务份额，B2B年营收增长50%成为许多优秀企业既定的目标共识。

二是自主的跨境电子商务独立站和去中心化社交流量成为增长新引擎，与亚马逊、eBay等大平台形成双动力机制，全球消费者的主动和被动购物需求都在跨境网络零售服务的覆盖范围之内，将在相当长的一段时间内支撑跨境网络零售保持20%以上增速。

三是产业数字化进一步提升中国供应链优势，产业互联网大幅度消除境外需求和境内供给的不对称。仿真设计、智能制版、智能排产及数控生产设备正在加快向工厂普及应用。与几个月一次的按单生产模式相比，企业每日通过数据洞察工具及智能客服获取境外消费者功能、款式、价格等方面的偏好，对接柔性供应链，将在各大消费细分领域持续催生出境新消费品牌。从SHEIN、安克创新等诞生于跨境电子商务的品牌看，它们明显突破了传统品牌的营收规模瓶颈，年营收百亿元、千亿元的出境品牌企业有望在多个行业波次出现。

四是全球跨境电子商务网状协作结构正在形成，产业链、价值链、交付链都将在多个国家和地区连点成线，结线成网，RCEP、"丝路电商"及"数字丝绸之路"等国际合作有望发挥重要作用。

我国网络零售额从2005年的193亿元增长到2020年的11.7万亿元，15年的年复合增长率超过50%。随着营销在线、交易在线、交付在线加速渗透应用于外贸进出口领域，海关总署也调宽了跨境电子商务统计口径，据海关初步统计，2020年中国跨境电子商务进出口额达到 1.69 万亿元，如按照 20% 的年复合增长率测算，2035 年跨境电子商务进出口额将超过 26 万亿元。同时，2020 年我国货物贸易进出口总值 32.16 万亿元。亿邦智库认为，数字技术和全球产业变革还将带来许多不可预知的惊喜，2021—2035 年将是跨境电子商务全方位增长、全球网状协作、数字化融合、宽口径统计的放量发展阶段。

那么，什么是跨境电子商务？它和电子商务有什么区别？它和传统的国际贸易有什么区别？带着这些问题，我们进入本任务的学习。

相关知识

如何巧借 RCEP 东风做好跨境电子商务

一、RCEP 是什么

RCEP，全称"区域全面经济伙伴关系协定"，是 2012 年由东盟发起，由中国、日本、韩国、澳大利亚、新西兰和东盟十国共 15 方成员制定的协定。

RCEP 的成员国覆盖了全球约三分之一的人口，以及超过 25 万亿美元的 GDP 总和，RCEP 签署彰显了区域合作成果，这也标志着全球最大的自贸区诞生。

二、RCEP 会给中国的跨境电子商务企业带来什么

1. 规范统一的规则体系

对于广大中国跨境电子商务企业来说，以往做出口最大困惑之一就是各国（地区）国际贸易标准差异化大，贸易协定变化多端，如原始产地规则、投资政策、服务贸易政策等。RCEP 签署以后，在协定的区域内规则会更统一和规范，使得出口跨境电子商务企业大大降低经营风险和不确定性。

2. 更优质的供应链和价值资源

跨境电子商务的核心是市场资源的整合。RCEP 签署以后，区域内的各个国家的商品流动、技术合作、服务资本合作、人才合作都会更加便利，可以最大程度地创造价值，这对于目前迅猛发展的跨境电子商务来说是巨大的机会。东南亚市场的拓展，国际人才的招聘，跨区域协作的便利，都有助于未来跨境电子商务企业把生意做大做强。

3. 更宽松的投融资环境

资金流是企业的生命线，更宽松的投融资环境，是跨境电子商务企业发展的重要先决条件。2020 年，越来越多的品牌企业、制造业企业选择通过阿里巴巴国际站等跨境电子商务平台推广自己的业务，并且进行本地化尝试。RCEP 区域内规则统一以后，对于区域内的投资者来说，进入一个国家等于进入区域的全部国家，这样的投资效率更高，也更稳定。

跨境电商的内涵

一、跨境电商的内涵

1. 跨境电子商务的概念

跨境电子商务（Cross-Border E-Commerce），简称跨境电商，是指分属不同关境的交易主体，通过电商平台达成商品交易、信息交流、提供服务的国际商业活动。跨境电商将传统进出口贸易中的合同磋商、合同订立、合同履行等环节电子化，并通过跨境物流及异地仓储送达商品、完成交易。

跨境电子商务分为跨境零售和跨境批发两种模式。

跨境零售包括 B2C（Business-to-Customer，企业对个人）和 C2C（Customer-to-Customer，个人对个人）两种模式。跨境 B2C 是指分属不同关境的企业直接面向个人消费者开展在线销售商品和服务，通过跨境电商平台达成交易、进行支付结算，并通过跨境物流送达商品、完成交易的一种国际商业活动。跨境 C2C 是指分属不同关境的个人商家对个人消费者开展在线销售商品和服务，由个人商家通过第三方电商平台发布商品和服务的信息及价格等内容，个人消费者进行筛选，最终通过跨境电商平台达成交易、进行支付结算，然后个人商家通过跨境物流送达商品、完成交易的一种国际商业活动。

跨境批发即跨境 B2B（Business-to-Business，企业对企业），是指分属不同关境的企业之间通过跨境电商平台达成交易、进行支付结算，并通过跨境物流送达商品、完成交易的一种国际商业活动。

2．跨境电商生态圈

为了更好地理解跨境电商的概念，我们通过跨境电商生态圈认识跨境电商。在全球化和互联网的影响下，国际贸易不再是传统的链状结构，而是呈现网状结构。在不同国家和地区的贸易活动中，由于地理距离、市场和法律制度的不同，跨境电商通常要由多种商业角色共同完成。一个典型的跨境电商生态圈以跨境电商平台为中心，由商家、消费者、跨境电商服务商、政府监管机构等参与者构成，如图 1-1 所示。

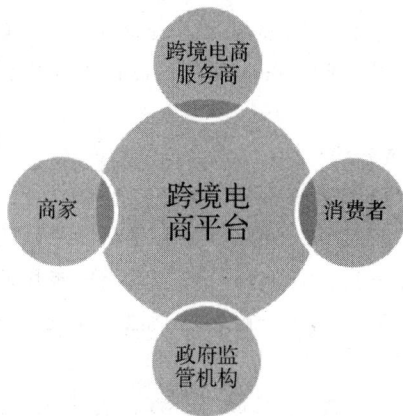

图 1-1　跨境电商生态圈

3．跨境电商与境内电商的区别

跨境电商与境内电商在业务环节、交易主体、交易风险、适用规则等方面存在区别，如表 1-1 所示。

表 1-1　跨境电商与境内电商的区别

区别	跨境电商	境内电商
业务环节	业务环节复杂，需要经过海关通关、检验检疫、外汇结算、出口退税、进口征税等环节。在货物运输上，跨境电商通过邮政小包、快递方式出境，货物从售出到送达境外消费者手中的时间更长；因路途遥远，货物容易损坏，且各国（地区）邮政派送能力相对有限，急剧增长的邮包量也容易引起纠纷	业务环节简单，以快递方式将货物直接送达消费者手中，路途近、到货速度快，货物破损率低

区别	跨境电商	境内电商
交易主体	跨境电商的交易主体是不同关境的主体，可能是境内企业对境外企业、境内企业对境外个人或者境内个人对境外个人。交易主体遍及全球，具有不同的消费习惯、文化心理、生活习俗等特点，这要求跨境电商对国际化的流量引入、广告推广营销、境外当地品牌认知等有更深入的了解，需要对国际贸易、互联网、分销体系、消费者行为有很深的了解，要有"当地化/本地化"思维	境内电商交易主体一般在境内，主要是境内企业对企业、境内企业对个人或者境内个人对个人
交易风险	跨境电商行为发生在不同的国家（地区），每个国家（地区）的法律都不相同，当前有一些低附加值、无品牌、质量较差的商品和假货仿品充斥跨境电商市场，侵犯知识产权等现象时有发生，很容易引起知识产权纠纷，后续的司法诉讼和赔偿比较麻烦	境内电商行为发生在同一国家（地区），交易双方对商标、品牌等知识产权的认识比较一致，侵权纠纷较少，即使产生纠纷，处理时间较短，处理方式也较为简单
适用规则	跨境电商需要适应的规则多、细、复杂。例如，平台规则，跨境电商经营的平台有很多，各个平台均有不同的操作规则，跨境电商需要熟悉不同境内外平台的操作规则，具有针对不同需求和业务模式进行多平台运营的技能。跨境电商还需要遵循国际贸易规则，如双边或多边贸易协定，需要有很强的政策、规则敏感性，及时了解国际贸易体系、规则、进出口管制、关税细则、政策的变化，对进出口形势也要有更深入的了解和分析能力	境内电商只需遵循一般的电商规则

4. 跨境电商与传统国际贸易的区别

跨境电商与传统国际贸易相比，受地理范围的限制较少，受各国（地区）贸易保护措施影响较小，交易环节涉及中间商少，因此价格低廉，利润率高；但同时也存在明显的通关、结汇和退税障碍，贸易争端处理不完善等劣势。跨境电商与传统国际贸易的区别如表 1-2 所示。

表 1-2 跨境电商与传统国际贸易的区别

区别	跨境电商	传统国际贸易
运作模式	借助互联网电商平台	基于商务合同的运作模式
订单类型	小批量、多批次、订单分散、周期相对较短	大批量、少批次、订单集中、周期长
交易环节	简单（生产商—零售商—消费者，或者生产商—消费者），涉及中间商较少	复杂（生产商—贸易商—批发商—零售商—消费者），涉及中间商较多
运输方式	通常借助第三方物流企业，一般通过航空小包的形式完成，物流因素对交易主体影响较明显	多通过海运和空运完成，物流因素对交易主体影响不明显
通关、结汇	通关缓慢或有一定限制，易受政策变动影响而无法享受退税和结汇政策	海关监管，规范，可以享受正常的通关、结汇和退税政策
争议处理	争议处理不畅，效率较低	健全的争议处理机制

二、跨境电商的分类

基于不同的标准，跨境电商可以分为以下几类，如表 1-3 所示。

表1-3　跨境电商的分类

分类标准	类型	特征
按照交易主体分类	B2B跨境电商	B2B跨境电商是企业与企业之间通过互联网进行的商品、服务及信息的交换的电商活动。中国跨境电商市场交易规模中，B2B跨境电商市场交易规模占总交易规模的80%以上。在跨境电商市场中，企业级市场始终处于主导地位，代表企业有全球阿里巴巴国际站、环球资源网、中国制造网等
	B2C跨境电商	B2C跨境电商是企业针对个人开展的电商活动，企业为个人提供在线商品购买、在线医疗咨询等服务。由于消费者可以直接从企业买到商品，减少了中间环节，通常价格较低，但是物流成本较高。中国B2C跨境电商的市场规模正在不断扩大，代表企业有全球速卖通、亚马逊、兰亭集势、米兰网、大龙网等
	C2C跨境电商	C2C跨境电商是通过第三方交易平台实现个人对个人的电商活动，代表企业有eBay等
按照服务类型分类	信息服务平台	信息服务平台主要为境内外会员商家提供网络营销平台，传递供应商或采购商等商家提供的商品或服务信息，促成双方完成交易，代表企业有阿里巴巴国际站、环球资源网、中国制造网等
	在线交易平台	在线交易平台不仅提供企业、商品、服务等的信息展示，还可以通过平台在线上完成搜索、咨询、对比、下单、支付、配送、评价等全过程购物链环节。在线交易平台模式正逐渐成为跨境电商的主流模式，代表企业有敦煌网、全球速卖通、米兰网、大龙网
	外贸综合服务平台	外贸综合服务平台可以为企业提供通关、物流、退税、保险、融资等一系列的服务，帮助企业完成商品进口或者出口的通关和流通环节，还可以通过融资、退税等帮助企业加速资金周转，代表企业有阿里巴巴一达通
按照平台运营方式分类	第三方开放平台	第三方开放平台通过线上搭建商城，并整合物流、支付、运营等服务资源，吸引商家入驻，为其提供跨境电商交易服务。同时，平台方以收取商家佣金以及增值服务佣金作为主要盈利手段，代表企业有全球速卖通、敦煌网、环球资源网、阿里巴巴国际站等
	自营型平台	在自营型平台模式中，平台方整合供应商资源，以较低的进价采购商品，然后以较高的售价出售商品。自营型平台主要通过赚取商品差价盈利，代表企业有兰亭集势、米兰网、大龙网等
	外贸电商代运营服务商模式	在这种模式下，服务提供商不直接参与任何电商买卖过程，而是从事跨境外贸电商的中小企业提供不同的服务模块，如"市场研究模块""营销商务平台建设模块""海外营销解决方案模块"等。这些企业以电商服务商身份帮助外贸企业建设独立的电商网站平台，并提供全方位的电商解决方案，使其直接把商品销售给境外零售商或消费者。服务提供商能够提供一站式电商解决方案，并帮助外贸企业建立个性化电商平台，其主要靠赚取企业支付的服务费盈利，代表企业有锐意企创等

三、跨境电商的特征

　　跨境电商融合了国际贸易和电商的特征，具有更大的复杂性，主要表现在以下方面：信息流、资金流、物流等多种要素紧密结合，任何一方面不足或衔接不够，都会阻碍跨境电商活动的完成；流程繁杂，法规不完善，电商作为国际贸易的新兴交易方式，在通关、支付、税收等领域的法规还不完善；风险触发因素较多，容易受到国际政治经济宏观环境和各国（地区）政策的影响。具体而言，跨境电商具有以下特征。

跨境电商的分类和特征

1．非中心化

　　跨境电商依附于网络，具有全球性和非中心化的特征。跨境电商是基于虚拟的网络空间

展开的，丧失了传统交易方式下的地理因素，跨境电商中的制造商可以隐匿其实际位置，而消费者对制造商的所在地也不太关注。例如，一家很小的爱尔兰在线公司通过一个可供世界各地的消费者浏览的网页，就可以在互联网上销售其商品和服务，消费者只需接入互联网就可以完成交易。

2. 可追踪性

跨境电商在整个交易过程中，议价、下单、物流、支付等信息都会有记录，消费者可以实时追踪自己的商品发货状态和运输状态。例如，针对跨境进口商品，我国对跨境电商企业建立了源头可追溯、过程可控制、流向可追踪的闭环检验、检疫监管体系，这样既提高了通关效率，又保障了进口商品的质量。

3. 无纸化

跨境电商主要采取无纸化操作的方式，电子计算机通信记录取代了一系列的纸质交易文件，企业之间主要发送或接收电子信息。电子信息以字节的形式保存和传送，这就使得整个信息发送和接收过程实现了无纸化。虽然无纸化使信息传递摆脱了纸张的限制，但是传统法律的规范是以"有纸交易"为出发点的，无纸化也带来了一定程度上的法律混乱。

4. 多边化

跨境电商整个贸易过程的信息流、商流、物流、资金流已经由传统的双边逐步向多边演进，呈网状结构。跨境电商可以通过 A 国的交易平台、B 国的支付结算平台、C 国的物流平台，实现国家间的直接贸易。跨境电商从链条逐步进入网状时代，中小微企业不再简单依附于单向的交易或者跨境大企业的协调，而是形成一种动态连接的生态系统。依托于跨境电商生态圈，中小微企业之间可以不断达成新交易，不断以动态结网的形态组织贸易，也可以不断分享各类商务知识和经验。未来跨境电商的制高点是"基于云和数据的全球电商生态圈"，中小企业能够便利地获取跨境贸易所需要的各种服务，从而不断积累数据和信用。

5. 透明化

跨境电商通过电商交易与服务平台，实现企业之间、企业与最终消费者之间的直接交易。在跨境电商模式下，供求双方的贸易活动可以采取标准化、电子化的合同、提单、发票和凭证，使得各种相关单证在网上即可实现瞬间传递，增加贸易信息的透明化，减少信息不对称造成的贸易风险。跨境电商使传统贸易中一些重要的中间角色被弱化甚至替代了，使国际贸易供应链更加扁平化，形成了制造商和消费者的"双赢"局面；同时还降低了国际贸易的门槛，使得贸易主体更加多样化，大大丰富了国际贸易的主体阵营。

任务二 跨境电商存在的问题和发展趋势

任务引入

据海关初步统计，2020 年我国跨境电商实现了爆发式增长，跨境电商全年进出口规模达到 1.69 万亿元，其中进口规模达到 0.57 万亿元，出口规模达到 1.12 万亿元。

跨境电商处在当前时代背景下，"外贸数字化"的概念经常被提及，甚至成为 2020 年带动我国出口的重要渠道。跨境电商已经成为不可逆的世界发展趋势，我国有良好的产业支持政策，有成熟的产业环境和专业人才，拥抱跨境电商恰逢其时。虽然跨境电商发展前景向好，但也面临许多难题，物流通关、信用风险、资金安全、运输成本等问题亟待优化。长期而言，商品创新战略和品牌经营战略将是跨境电商商家的不二选择。

相关知识

跨境电商的风向预测

风向1：B2B出口业务迅猛增长，进口放缓

随着RCEP等更多自贸协定的签署，进口关税将呈现持续下降趋势，跨境电商行邮税的优势不断被削弱。海南自贸区的快速推进将进一步削弱跨境电商进口的价格优势，跨境电商进口增长将逐渐趋缓。

按照试点海关统计，跨境电商B2B出口各试点海关月度环比都实现了高速增长。随着全球速卖通、京东国际等跨境电商巨头出海，为了提供更好的消费体验，缩短快递送达时间，必然大量进行境外本地化的仓储备货。随着各地海外仓大力开设和业务迅猛增长，跨境电商B2B出口将实现持续高速增长。

风向2：跨境电商境外收款将成为第三方支付新红海

中国跨境电商商家一般会选择中国的第三方支付公司，连连支付与PingPong支付是这个市场的主力。随着跨境电商的迅猛发展，越来越多的支付公司开始主攻这一领域，Airwallex（空中云汇）、网易支付等开始增加在这一领域的投入。各方比拼费率，比拼服务，跨境电商境外收款将成为第三方支付的新红海，这对跨境电商经营者来说是空前的利好。

风向3：大平台红利期已成过去式

年轻一代的消费者已经开始在境外主流电商平台进行购物，同时随着进口关税的逐渐下降以及海南自贸区的快速发展，跨境电商的中小商家市场不断被压缩，我国主要跨境电商平台与境内电商平台没有真正打通，商家免费流量呈下降趋势。流量不能靠平台提供保障，运营也是一大重点。寻找新平台的目的和本质就是找到新的销售渠道。此时出现了两个比较火爆的销售渠道，一个是独立站，另一个是社交平台分销。

风向4：出口带动境内物流走向世界前列

随着中国跨境电商出口的迅猛发展，在需求的推动下，顺丰、EMS、申通等物流企业纷纷开始进军境外市场，并发现了巨大的商机。境内物流企业开始寻找中国模式、加盟模式与当地国情相结合的新思路，随着中国跨境电商出口业务的迅猛增长，境外物流新模式的形成将推动境内物流企业的竞争力走向世界前列。

风向5：跨境物流与跨境电商存在协同障碍

现在我国跨境物流仍旧存在无法有效满足跨境电商需求的情况，跨境物流的物流链更长，物流流程较为复杂，物流需要经过清关等流程，消费者需求呈现多样化的特点，这些因素导致我国跨境电商的发展速度远远超过跨境物流的发展速度。

由于目前大多数跨境电商和跨境物流产业都基于某项特定的业务，并未形成跨境电商和跨境物流的综合服务体系，因此物流、信息流、资金流、业务流等各种资源难以有效利用。此外，在跨境电商生态系统运行过程中，环境也是一个重要的因素，不同国家和地区在经济技术、文化、政治等方面存在较大差异，商检制度、海关制度等有着较大不同，这些因素对跨境电商生态系统造成较大影响，使得跨境电商与跨境物流合作缺乏协同效应。

一、跨境电商存在的问题

随着跨境电商的飞速发展，跨境电商平台、跨境电商物流、跨境电商支付、跨境电商通关和融资等相关的外贸综合服务诞生，贸易的便利化程度大大提高，但同时在商品、物流、通关和法律法规等方面也存在一些行业性难题，这些难题成为制约跨境电商发展的重要因素。

1．商品同质化严重，品牌意识不强

跨境电商发展迅速，吸引了大量商家涌入，行业竞争加剧。众多跨境电商企业都在销售一些热销且利润空间较大的商品，商品同质化严重，行业内甚至出现恶性的"价格战"。跨境电商的发展在很大程度上依靠价格低廉的商品吸引消费者，大部分跨境电商企业还未进入品牌化建设阶段，知识产权意识不强，导致很多商品因为知识产权问题而无法出口。

2．通关结汇难，物流配送时间长

随着跨境贸易逐渐向小批量碎片化发展，小额贸易存在难以快速通关、规范结汇、享受退税等问题。虽然目前国家针对跨境电商零售出口实行"清单核放、汇总申报"的通关模式，但是该政策仅针对 B2C 企业，大量从事小额 B2B 的外贸中小企业仍存在通关困难的问题。在进口过程中，仍存在进口商品品质难以鉴别、消费者权益得不到保障等问题。

跨境电商由于路途遥远，而且各国（地区）政策差异较大，因此物流配送时间较长，商品从我国到美国和部分欧洲国家一般需要 7～15 天，到南美、俄罗斯需要 30 天左右。除了物流配送时间长，收货时间波动也很大，消费者有时 7 天可收到商品，有时则要 20 天才能收到商品。

3．信息网络安全体系不完善

电商的运作涉及多方面的安全问题，如资金安全、信息安全、货物安全、商业机密等，特别是有关网上支付结算的信息安全性和可靠性，一直困扰着电商的发展。网络安全是发展电商的基础，网络传输的误码率以及网络连接的故障率都应尽可能降低。当前我国一些电商网站在安全体系上没有设防，很容易受到计算机病毒和网络黑客的攻击，为电商的发展带来很多安全隐患。跨境电商还面临交易安全的挑战，在跨境电商活动中，合约、价格等信息被泄密，而网络病毒和黑客侵袭会发生商务诈骗、单据伪造等行为。许多外贸公司不敢在线上进行签约或交易结算等活动，严重影响了跨境电商的发展。

4．电子商务法律制度不健全

对于跨境电商，虽然国家出台了一些政策和法规，但是在征税、网上争议解决、消费者权益保护等方面的法律法规还较为缺乏。跨境电商是一项复杂的系统工程，它不仅涉及参加贸易的双方，而且涉及不同地区、不同国家的工商管理、海关、保险、税收、银行等部门。跨境物流存在运费高、关税高且安全性低等问题，支付环节则涉及外汇兑换和资金风险，如何公平仲裁、保障贸易纠纷双方利益，这些都需要有统一的法律和政策框架以及强有力的跨地区、跨部门的综合协调机制。目前，我国关于电商的法律并不健全，如知识产权保护问题、信息资源与网络安全问题、电子合同的效力与执行问题等都需要法律方面的进一步完善。此外，在跨国家、跨地区、跨部门协调方面也存在一些问题，需要不断完善。

5．跨境电商人才缺口大

跨境电商在快速发展的同时，逐渐暴露出综合型外贸人才缺口严重等问题。一方面是语言方面的限制，当前跨境电商人才主要来自外贸行业，英语专业人才居多，一些小语种跨境电商人才缺乏。另一方面是对跨境电商人才综合能力的要求提升，跨境电商从业者除了要熟悉电商和外贸的基本知识外，还要了解境外的市场、交易方式、消费习惯以及跨境电商平台的交易规则和交易特征等。基于这两方面，符合跨境电商要求的人才很少，跨境电商人才缺乏已经成为业内常态。

▌二、跨境电商的发展趋势

跨境电商存在的问题和发展趋势

从2011年开始，中国跨境电商经历了一轮高速增长，从跨境电商交易规模结构来看，以B2B为主，占80%左右，B2C逐年递增，占20%左右；从跨境电商进出口规模结构来看，以跨境出口为主，占85%左右，跨境进口逐年递增，占15%左右。跨境电商交易金额占整个进出口贸易金额的比例在不断上升，已经占到40%左右。随着境外电商市场的不断扩大和境内商品品牌效应的逐步提升，我国跨境电商行业渗透率将进一步提高，对进出口贸易的贡献日益显著。

跨境电商出口使中国商家直接面对境外消费者，这种结构的改变将有效提升中国相关行业的制造与服务水平；而跨境电商进口让境内消费者购买到更多物美价廉的商品。随着中国与韩国、澳大利亚等国签订自由贸易协定和RCEP正式签署，大批商品将实现零关税，未来的跨境电商商品流动数量逐年递增，将创造出更多的需求。

1．商品品类和销售市场更加多元化

随着跨境电商的发展，其交易商品向多品类延伸、交易对象向多区域拓展。从销售商品品类看，跨境电商主要销售服装服饰、电子商品、计算机及配件、家居园艺、珠宝、汽车配件、食品药品等方便运输的商品。不断拓展销售商品品类已成为跨境电商业务扩张的重要手段，不仅使"中国商品"和全球消费者的日常生活联系更加紧密，而且有助于跨境电商抓住最具消费力的全球跨境网购群体。

从销售市场看，以美国、英国、德国、澳大利亚为代表的成熟市场，具有跨境网购观念普及、消费习惯成熟、整体商业文明规范程度较高、物流配套设施完善等优势，在未来仍是跨境电商零售出口产业的主要目标市场，且将持续保持快速增长。与此同时，不断崛起的新兴市场正成为跨境电商零售出口产业增长的新动力：俄罗斯、巴西、印度等国家的本土企业并不发达，但消费需求旺盛，中国制造的商品物美价廉，在这些国家的市场上优势巨大。在中东欧、拉丁美洲、中东和非洲等地区，电子商务的渗透率依然较低，有望在未来获得较大突破。

2．交易结构上，B2C占比提升，B2B和B2C协同发展

跨境电商B2C业务模式逐渐受到企业重视，近两年出现了爆发式增长，究其原因，主要是跨境电商B2C模式可以跳过传统贸易的所有中间环节，打造从工厂到商品的最短路径，从而赚取高额利润。在B2C模式下，企业直接面对终端消费者，能够更好地把握市场需求，为客户提供个性化的定制服务。与传统商品和市场单一的大额贸易相比，小额的B2C贸易更为灵活，商品销售不受地域限制，市场空间巨大，可以面向全球200多个国家和地区，有效地降低单一市场竞争压力。

3．交易渠道上，移动端成为跨境电商发展的重要推动力

移动技术的进步使线上与线下商务之间的界限逐渐模糊，以互联、无缝、多屏为核心的

"全渠道"购物方式快速发展。从 B2C 方面看,移动端购物使消费者能够随时、随地、随心购物,极大地拉动了市场需求,增加了跨境电商零售出口企业开展国际贸易的机会。从 B2B 方面看,全球贸易小额、碎片化发展的趋势明显,移动技术可以让跨境交易无缝完成,卖家可随时随地销售商品。基于移动端,买卖双方的沟通变得非常便捷。

4．在大数据时代,产业生态更为完善,各环节协同发展

跨境电商涵盖商检、税务、海关、银行、保险、运输等部门,产生物流、信息流、资金流、单据流等数据,在大数据时代,这些都是可利用的信息,企业通过对数据的分析,为信用、融资、决策提供了依据。随着世界经济的不断发展,软件公司、代运营公司、在线支付公司、物流公司等配套企业开始围绕跨境电商进行集聚,其服务内容涵盖网店装修、图片翻译描述、网站运营、营销、物流、售后服务、金融服务、质量检验、保险等,整个行业生态体系越来越完善,分工更清晰,并逐渐呈现出协同发展的特征。

5．跨境电商企业加快品牌化步伐

为了满足消费者需求,应对市场竞争和电商平台的推动,我国出口跨境电商品牌化趋势日渐明显。2017—2019 年,我国在亚马逊平台上完成品牌注册的商家增长了 10 倍。海关总署的统计显示,2019 年我国自主品牌商品出口额 2.9 万亿元,增长 12%,占出口总值的比重接近 17%,比 2018 年提升了 1.1 个百分点。随着跨境电商市场的成熟和完善,企业以价格营销作为主要竞争方式,依靠降低价格占据市场空间、获取微薄利润的模式已无以为继,品牌成为企业未来竞争力的核心。

6．独立站兴起渐成趋势

随着跨境电商商家实力的增强和商品质量的提升,以及快速建站工具的出现,独立站兴起已成趋势,并且表现出从铺货模式向精品模式升级的行业趋势。独立站相比第三方平台具有特定的优势,更能凸显品牌实力和影响力,有利于加强品牌认知,增强消费者黏性和提高复购率;自主积累和应用消费者数据,实现数据的不断增值;避免平台规则变动带来的不利影响,提高商品的溢价空间。由于全球最大电商平台之一的亚马逊要求提高、运营成本增加、头部效应越来越明显等,可能会有越来越多的亚马逊商家启动独立站业务。独立站和第三方平台已成为当前立体化渠道布局阶段跨境电商卖家的最佳选择。

三、跨境电商岗位和职业素养

目前,跨境电商岗位从业人员主要是在跨境电商企业或者外贸企业从事外贸电商和网络营销相关的工作,跨境电商职业岗位以及对应的职业素养如表 1-4 所示。

表 1-4　跨境电商职业岗位以及对应的职业素养

岗位级别	职业岗位	职业素养
初级岗位	客户服务	能运用电子邮件、电话等沟通渠道,熟练运用英语以及法语、德语等小语种和消费者进行交流
	视觉营销	既精通设计美学又精通视觉营销,能拍出合适的商品图片和设计美观的页面
	网络推广	熟练在各平台上编辑、上传、发布商品,能利用搜索引擎优化、交换链接、网站检测等技术和基本的数据分析方法进行商品推广

岗位级别	职业岗位	职业素养
中级岗位	市场运营管理	既精通互联网，又精通营销推广，了解当地消费者的思维方式和生活方式，能够运用网络营销手段进行商品推广，包括活动策划、商品编辑、商业大数据分析和消费者体验分析等
	采购与供应链管理	负责从商品方案制订、采购、生产、运输、库存、出口到物流配送等一系列的管理工作
	国际结算管理	灵活掌握和应用国际结算中的各项规则，能有效控制企业的国际结算风险，切实提升贸易、出口、商品及金融等领域的综合管理能力和应用法律、法规水准
高级岗位	高级职业经理人	具有管理和掌控跨境电商企业的综合素质
	跨境电商领军人物	具有前瞻性思维，引领跨境电商产业发展

目前，跨境电商企业处于初创阶段，客服人员、网络推广人员、视觉设计人员等是其比较迫切需要的初级人才。随着企业向纵深发展，竞争不断加剧，企业对负责跨境业务运营的中级岗位人才的需求会越来越迫切。而具有 3～5 年大型跨境电商企业管理经验，能引领企业国际化发展的战略管理型高级岗位人才却是一将难求。

📖 项目实训 ●●●●

跨境电商十大模式分析

【模式一】"自营+招商"模式

典型案例：苏宁海外购

模式概述："自营+招商"模式可以最大限度地发挥企业的内在优势，而在内在优势缺乏或比较弱的方面就采取招商以弥补自身不足。苏宁海外购是苏宁旗下专注于打造高品质生活方式的跨境电商平台，它选择该模式可以在传统电商方面发挥供应链、资金链的内在优势，同时通过全球招商弥补其国际商用资源上的不足。

点评：苏宁海外购如能利用国际快递牌照的优势建立完善的海外流通体系，充分利用自有的支付工具以及众多门店优势，进军跨境电商市场的前景就更加值得期待。另外，境外品牌商借助苏宁海外购进军中国市场也会有更大空间。

【模式二】"直营+保税区"模式

典型案例：聚美优品海外购

模式概述："直营+保税区"模式是指跨境电商企业直接参与采购、物流、仓储等境外商品的买卖过程，其物流监控和支付都有自己的一套体系。

保税物流模式的开启会大大压缩消费者从订单到接货的时间，加之境外直发服务的便捷性，聚美优品海外购的购买周期较常规"海淘商品"购买周期，可由 15 天压缩到 3 天，甚至更短，且其物流信息全程可跟踪。

点评：聚美优品海外购的三大优势是消费者优势（黏性、消费习惯、消费能力、高购买频率）、品类优势（体积小、毛利率高、保质期久、仓储物流成本低）和品牌优势（上市公司、资本、品牌商整合）。聚美优品海外购整合全球供应链的优势，直接参与采购、物流、仓储等境外商品的买卖流程。聚美优品海外购还利用保税物流中心建立可信赖的跨境电商平台，提高供应链管理效率，破解仓储物流难题，是对目前传统海淘模式的一次革命，让商品流通不再有渠道和地域之分。

【模式三】"保税进口+海外直邮"模式

典型案例：天猫国际

模式概述：天猫国际通过和自贸区的合作，在各地保税物流中心建立了各自的跨境物流仓。它在宁波、上海、重庆、杭州、郑州、广州6个城市试点跨境电商贸易保税区，与产业园签约跨境合作，全面铺设跨境网点，获得了法律保障，压缩了消费者从下单到接货的时间，提高了海外直邮服务的便捷性。

点评：这种模式可以大幅降低物流成本，提高物流效率，给我国消费者带来更具价格优势的境外商品。需要注意的是，目前"保税进口"模式的政策还不算特别明朗，因此未来走向还有待观察。

【模式四】"自营而非纯平台"模式

典型案例：京东国际

模式概述：京东在2012年年底上线了英文版，直接面向境外消费者出售商品。后来，京东国际化提升，采用自营而非纯平台的方式发展，京东国际成为京东海淘业务的主要方向。京东国际控制所有的商品品质，确保发出的包裹能够得到消费者的信赖。发展初期，京东国际可能会从品牌的境外经销商处采购，今后会尽量和境外品牌商直接合作。

点评：京东国际目前已经布局完成，仍在等待未来进一步的发力。京东国际并不是走全品类路线，而是根据京东会员需求选择商品品类的。

【模式五】"自营跨境B2C平台"模式

典型案例：亚马逊海外购、顺丰海淘

模式概述：亚马逊海外购是专为中国消费者打造的海淘专区，在上海自贸区设立仓库，以自贸模式（即保税备货）将商品销往中国，这种模式目前还在推进中。境外电商在中国的保税区内自建仓库的模式，可以极大地改善跨境网购的速度体验，因此备受电商期待。2015年1月9日，顺丰主导的跨境B2C电商网站"顺丰海淘"正式上线。其提供的商品涉及美国、德国、荷兰、澳大利亚、新西兰、日本、韩国等海淘热门国家。顺丰海淘提供商品详情汉化、人民币支付、中文客服团队支持等服务，提供一键下单等流畅体验。目前，顺丰海淘上线的商品锁定在母婴、食品、生活用品等品类，可在5个工作日左右送达。

点评：这种模式具有较强的跨境供应商管理能力，但是在备货时占用的资金多，对组织货源的要求高，对消费者需求判断的要求高。而且，这种模式会受到行业政策变动的影响。

【模式六】"海外商品闪购+直购保税"模式

典型案例：唯品会"全球特卖"

模式概述：2014年9月，唯品会"全球特卖"频道亮相网站首页，同时唯品会开通了"全球特卖"业务。唯品会"全球特卖"全程采用海关管理模式中级别最高的"三单对接"标准，"三单对接"实现了将消费者下单信息自动生成用于海关核查备案的订单、运单及支付单，并实时同步给电商平台供货方、物流转运方及信用支付系统方，形成"四位一体"的闭合全链条管理体系。

点评：唯品会的跨境电商模式让商品与服务更加阳光化、透明化。

【模式七】"直销、直购、直邮"的"三直"模式

典型案例：洋码头

模式概述：洋码头是一家面向中国消费者的跨境电商第三方交易平台。该平台上的商家

可以分为两类，一类是个人商家，模式是 C2C；另一类是生产厂家，模式是 M2C。它帮助境外的生产企业跟中国消费者直接对接，将商品直销给中国消费者，中国消费者直购，中间的物流是直邮，概括起来就是"直销、直购、直邮。"

点评：洋码头作为跨境电商的先行者，向第三方卖家开放，因此也面临着与亚马逊、京东、苏宁等电商的正面较量。洋码头想要立足，就要在境外供应商、商品体验、消费者体验以及物流方面下足功夫。

【模式八】"导购返利平台"模式

典型案例：55 海淘

模式概述：55 海淘是针对境内消费者进行跨境网购的返利网站，其返利商家主要是美国、英国、德国等 B2C、C2C 网站，如亚马逊、eBay 等，返利比例为 2%～10%，商品覆盖母婴、美妆、服饰、食品等综合品类。

点评："导购返利平台"模式是一种比较新的电子商务模式，技术门槛相对较低，可以分为引流与商品交易两部分。这就要求企业在 B 端与境外电商建立合作，在 C 端从消费者中获取流量。从目前来看，55 海淘在返利额度上有一定优势，但与商家合作方面的特色还未完全体现出来。

【模式九】"垂直型自营跨境 B2C 平台"模式

典型案例：蜜芽宝贝

模式概述："垂直型自营跨境 B2C 平台"模式是指平台在选择自营品类别时会集中在某个特定的领域，如美妆、服装、护肤品、母婴等。蜜芽宝贝主打"母婴品牌限时特卖"，每天在网站推荐热门的进口母婴品牌，以低于市场价的折扣力度在 72 小时内限量出售，致力于打开跨境电商业务。中国母婴电商网监测数据显示，蜜芽宝贝会员已经超过百万人，2014 年 10 月，它的 GMV（商品交易总额）超过 1 亿元，月复购率达到 70%左右。蜜芽宝贝的供应链模式分为 4 种：从品牌方的总代采购体系采购；从境外订货，经过各口岸走一般贸易模式；从境外订货，走宁波和广州的跨境电商试点模式；从境外订货，以直邮的模式报关入境。

点评：这类跨境电商平台因其自营性，供应链管理能力相对比较强，从采购到商品到达消费者手中的整个流程比较好把控。值得注意的是，其前期需要较多的资金支持。

【模式十】"跨境 C2C 平台"模式

典型案例：淘宝全球购、美国购物网

模式概述：淘宝全球购于 2007 年建立，帮助会员实现"足不出户，淘遍全球"的愿望。淘宝全球购期望通过严格审核每一位商家，精挑细选每一件商品，为淘宝网的高端消费者提供服务。美国购物网专注代购美国本土品牌商品，经营范围涵盖服饰、箱包、鞋靴、保健品、化妆品、名表首饰等。该网站主打直邮代购，兼顾批发零售。代购的商品均由美国分公司采用统一的物流——纽约全一快递公司配送，由商家直接将货物寄至消费者手中，无须经过转运。

点评：淘宝全球购和美国购物网是我国第一批代购网站，走跨境 C2C 平台路线，此外，还有易趣全球集市等。这类网站一方面对跨境供应链的涉入较浅，难以建立充分的竞争优势；另一方面在消费者的信任方面也较欠缺。伴随着京东、苏宁、亚马逊等平台的加入，这类海外代购平台已受到巨大冲击。

思考：试分析跨境电商十大模式的特征和发展趋势。

📖 项目小结

　　跨境电商是指分属不同关境的交易主体，通过电商平台达成交易、进行支付结算，并通过跨境物流送达商品、完成交易的一种国际商业活动。跨境电商具有非中心化、可追踪性、无纸化、多边化和透明化的特征。当前跨境电商还存在不少问题，未来跨境电商的发展趋势是：商品品类和销售市场更加多元化；交易结构上，B2C 占比提升，B2B 和 B2C 协同发展；交易渠道上，移动端成为跨境电商发展的重要推动力；在大数据时代，产业生态更为完善，各环节协同发展；跨境电商企业加快品牌化步伐；独立站兴起渐成趋势。了解跨境电商岗位和职业素养对我们将来进行跨境电商职业规划尤为重要。

📖 习　题

一、判断题

　　1. 跨境电商分为出口跨境电商和进口跨境电商。　　　　　　　　　　　　　（　　）

　　2. 跨境电商与传统国际贸易模式相比，受到地理范围的限制较少，受各国（地区）贸易保护措施影响较小，交易环节涉及中间商少，因此商品价格低廉，利润率高。　（　　）

　　3. 按照交易平台分类，跨境电商分为 B2B、B2C 和 C2C。　　　　　　　　（　　）

　　4. 跨境电商在整个交易过程中，议价、下订单、物流、支付等信息都会有记录，消费者可以实时追踪自己的商品发货状态和运输状态。　　　　　　　　　　　　（　　）

　　5. 随着跨境贸易逐渐向小批量、碎片化发展，小额贸易存在难以快速通关、规范结汇、享受退税等问题。　　　　　　　　　　　　　　　　　　　　　　　　　　（　　）

二、简答题

　　1. 跨境电商与境内电商的区别是什么？

　　2. 跨境电商与传统国际贸易的区别是什么？

　　3. 跨境电商具有哪些特征？

　　4. 当前跨境电商存在的问题是什么？

　　5. 跨境电商的发展趋势是什么？

三、实训题

　　1. 随着阿里巴巴进军国际市场，以及境内电商的不断壮大，我国跨境电商正在开拓更广大的市场，而 B2B 和 B2C 都是跨境电商最重要的模式，B2B 需要对建立伙伴关系更有耐心，需要具备更加扎实的研发全流程服务能力；而 B2C 则更注重迅速的市场反应和更灵活的供应链管理。运用得当，两者都是开拓国际市场的利器，但是随着各方要素的整合，在跨境贸易中，B2B 和 B2C 哪一种模式更具有发展前景？

　　2. 撰写一份跨境电商职业规划书。

四、案例分析题

　　风向 1：政策对跨境电商持续性"开绿灯"

　　从近期发布的各项扶持政策看，国家对跨境电商的扶持是具有高度持续性的。各级政府决策者已经认识到从一般贸易向跨境电商的转化已经成为不可逆的趋势，中国企业的跨境电商转型将使中国外贸再次领先世界。

　　风向 2：监管趋紧，重点打击线下自提与二次销售

2021年3月18日，商务部、发展改革委、财政部、海关总署、国家税务总局、市场监督管理总局联合发布《关于扩大跨境电商零售进口试点、严格落实监管要求的通知》明确要求：各试点城市（区域）应切实承担本地区跨境电商零售进口政策试点工作的主体责任，严格落实监管要求规定，全面加强质量安全风险防控，及时查处在海关特殊监管区域外开展"网购保税+线下自提"、二次销售等违规行为，确保试点工作顺利推进，共同促进行业规范健康持续发展。

风向3：政策利好跨境电商出口收汇

自2021年2月4日起实施的《关于进一步优化跨境人民币政策 支持稳外贸稳外资的通知》（银发〔2020〕330号）明确指出："境内银行在满足交易信息采集、真实性审核的条件下，可按相关规定凭交易电子信息为跨境电子商务等贸易新业态相关市场主体提供经常项目下跨境人民币结算服务。支持境内银行与合法转接清算机构、非银行支付机构在依法合规的前提下合作为跨境电子商务、市场采购贸易方式、外贸综合服务等贸易新业态相关市场主体提供跨境人民币收付服务。境内银行可通过审核企业提交的具有法律效力的电子单证或电子信息为企业办理经常项目下跨境人民币结算业务。"

思考：

从以上材料分析跨境电商的未来趋势。

跨境电商平台

学习目标 ↓

素质目标

掌握跨境电商平台的分类和特征，找出中国主流跨境电商平台与国际主流跨境电商平台的区别，分析中国跨境电商平台的优劣势。

知识目标

了解主流的跨境电商 B2B 平台和 B2C 平台；
了解各个跨境电商平台的特点；
熟悉各个跨境电商平台的规则；
掌握各个跨境电商平台的基本操作。

能力目标

能够根据企业自身的特点和产品的特性，选择合适的跨境电商平台；
能够在各个跨境电商平台完成账号注册；
能够掌握各个跨境电商平台的相关规则。

任务一 跨境电商平台概述

任务引入

跨境电商平台概述

随着人们消费习惯的改变，跨境网购趋势加速，不仅涌现了更多新的电商买家，还呈现出购买品类多样化及可持续的趋势。

2019 年至 2020 年，欧美及亚太地区的电商平台整体零售额经历了 15% 以上的高速增长。然而，不少卖家开始发现，仅依托于亚马逊等主流平台完善的配套服务与早期的流量红利已经非常吃力，面对日益激烈的竞争与不断缩减的利润空间，想要在平台上生存，其流量和推广的成本越来越高。

近几年跨境电商异常火热，跨境出海成为一种趋势，众多中国电商卖家、中小企业、工厂老板纷纷布局境外市场。如何选择适合的跨境电商平台成为一大难题。

eBay 是与中国卖家渊源较深的跨境电商平台，很多知名的跨境电商大卖家，如环球易购、棒谷、有棵树、赛维等公司，第一桶金都是从 eBay 平台获得的。随着时代的不断进步和发展，越来越多的跨境电商平台崛起，卖家有了更多的选择。

如何选择合适的跨境电商平台就成为新手卖家的一大难题。

相关知识

目前，跨境电商平台分为 B2B 平台和 B2C 平台，B2B 平台有阿里巴巴国际站、敦煌网等，B2C 平台有亚马逊、eBay、全球速卖通、Wish、Lazada 等。每个平台各有自己的优劣势，卖家可根据自己的企业规模和产品特性，选择合适的跨境电商平台。

一、跨境电商第三方平台定义

跨境电商的模式主要有两种，一是自建跨境电商平台，二是入驻跨境电商第三方平台。目前，自建跨境电商平台的企业规模达到 5000 多家，而在各类跨境电商第三方平台开展业务的企业已经超过 20 万家。

跨境电商第三方平台即电商销售平台，是卖家展示产品和买卖双方进行交易的场所。第三方平台是指为买卖双方自主交易提供信息流、资金流和物流服务的中间平台，它们不参与物流、支付等中间交易环节，其盈利方式是在交易价格的基础上增加一定比例的佣金。

由于发展时间长、知名度高、流量大，第三方平台往往侧重于平台自身的建设和交易安全维护，销售主要在第三方卖家和买家之间进行，平台维护交易安全，确保交易公平，保证买卖双方利益，同时从中收取佣金。

跨境电商第三方平台，是互联网时代下的产物，相比传统贸易方式，有着巨大的优势和市场活力，现已成为对外贸易的新锐力量，也推动跨境零售出口成为新的外贸交易增长点。当前，跨境出口领域具有代表性的平台有亚马逊、eBay、全球速卖通、Wish 等。

二、跨境电商平台分类

按交互类型划分，跨境电商平台主要分为 B2B、B2C、C2C 3 种模式。

1. B2B 跨境电商平台

B2B 跨境电商平台主要是指通过互联网进行企业与企业之间的贸易往来与交易的平台，不同地区的企业通过跨境电商平台实现交易产品的展示与营销，最终达成交易。B2B 跨境电商平台的订单金额比较大，目前在跨境电商市场上占有重要地位。我国 B2B 跨境电商主要平台有阿里巴巴国际站、环球资源网、中国制造网、敦煌网等。

2. B2C 跨境电商平台

B2C 跨境电商平台是指利用互联网技术为企业与买家搭建一个交易的平台，在这个平台上，企业直接将产品卖给买家，平台通过提供支付、物流、营销展示等服务获得利润。B2C 跨境电商平台与传统贸易企业不同，传统贸易企业针对境外买家以网上零售的方式，将产品售卖给个人买家，而 B2C 跨境电商平台通过互联网将产品信息发布到电商平台，全球买家也通过电商平台选择来自全世界各地的产品，减少了原有的批发商、零售商等中间环节，使跨境交易变得更加便捷。B2C 跨境电商平台的代表有亚马逊、全球速卖通、eBay、Wish、Lazada、沃尔玛等。

3. C2C 跨境电商平台

C2C 跨境电商平台是指提供一个个体与个体进行交易的平台，在这个平台上，大部分卖家都是个人。C2C 跨境电商平台同传统的海外代购相比有着较大的优势，即平台会审核并提供相应保障来增加交易双方的信任度，同时又满足了不同买家的个性化需求。目前，C2C 跨境电商平台主要集中在跨境进口方面，主要包括淘宝全球购、洋码头、美丽说 HIGO、淘世界、海蜜全球购和街蜜等。

任务二 典型跨境电商平台介绍

任务引入

2020 年 3 月，小茗成立"小茗同学"服饰品牌公司，注册资本为人民币 30 万元，专门从事童装品牌的销售。该公司集网上销售、订单加工和商贸合作于一体，承接服装加工、贴牌加工以及 OEM&ODM 订单，主要以生产卫衣为主，目标对象是 4～6 岁的儿童。目前，该公司同时进行线下销售和网络直营，线下销售以代加工和批发销售为主。在境内业务方面，该公司不仅设有自建电商平台，而且针对批发业务在阿里巴巴 1688 平台开店，针对零售业务在京东、淘宝经营和销售产品。在外贸方面，该公司还设有自己的工厂，主要与品牌合作商进行贴牌生产。近年来，随着人力成本以及原材料成本的增加，该公司在代加工上的利润越来越低。因此，该公司开始走自创品牌之路，在 2021 年 1 月首次推出自创品牌有机 T 恤 1 万件，在一个星期内通过线上和线下销售方式销售一空。

目前，跨境电商发展迅速，小茗作为公司总经理，迫切想选择一个合适的跨境电商平台推广公司的有机 T 恤。面对众多跨境电商平台，小茗该如何做出决策？

相关知识

　　跨境电商平台是通过整合商流、信息流、物流和资金流，实现跨境电商活动在互联网上顺利进行的场所。

　　近年来，我国出台了多项政策支持跨境电商行业快速发展，跨境电商平台数量在不断增加。截至 2017 年，我国跨境电商平台的数量增加到 7000 个，专门为中小企业与买家服务的 B2C 跨境电商平台的数量高达 4000 个，从事跨境电商的企业超过 2 万家。表现比较活跃的跨境电商平台各有自己的特点和优劣势，企业根据自身的条件以及经营产品的特点，做出战略决策和竞争策略，是赢得市场的第一步。

一、典型 B2B 平台介绍

（一）阿里巴巴国际站

1．阿里巴巴国际站介绍

　　阿里巴巴国际站成立于 1999 年，是阿里巴巴集团的第一个业务模块，现已成为全球领先的数字化贸易出口平台。阿里巴巴国际站支持 16 种语言，拥有 5900 多个产品类别，业务范围覆盖 200 余个国家和地区，每天询盘订单量超 40 万单，涉及 40 多个不同行业，致力于让所有的中小企业成为跨国公司。阿里巴巴国际站为卖家打造更公平、绿色、可持续的贸易规则，提供更简单、可信、有保障的交易平台。它始终以创新技术为内核，高效链接生意全链路，用数字能力普惠广大外贸中小企业，加速全球贸易行业数字化转型升级。

2．阿里巴巴国际站的功能

　　阿里巴巴国际站为卖家提供成熟完善的跨境贸易解决方案，具体服务项目如表 2-1 所示。

表 2-1　阿里巴巴国际站具体服务项目

商机获取	跨境开店	出口通	平台基础会员产品，面向境外买家展示产品制造能力和企业实力，进而获得贸易商机与订单的付费会员服务
		金品诚企	经过平台权威验证的优质供应商，通过线上线下结合的方式，对商家的企业资质、产品资质、企业能力等全方位实力进行认证。除享有出口通会员服务外，金品诚企会员还将享有专属营销权益和专属营销场景
	精准推广	顶级展位	将产品和企业信息通过视频、文字和图片等形式全方位展现在买家面前，位于搜索结果首页的第一位，是展示企业品牌实力的有效推广模式
		外贸直通车（P4P）	一种按照效果付费的精准网络营销服务。通过优先推荐的方式，将卖家的产品展示给买家
	场景营销	Brand Zone	阿里巴巴国际站为帮助境内品牌商出境，为境外买家提供严选产品及确定性服务的营销场景，为卖家提供专属展示机会，彰显品牌实力
		Weekly Deals	营销场景可最大限度地实现境外买家流量和不同品类产品、供应商之间"精准匹配"、快速成单，高效实现境外买家在线交易转化、留存、复购
		行业频道	以行业导购为核心，为全球买家搭建行业特色的导购场景，通过类目导购、趋势新品、应用场景、热品榜单、行业资讯、行业优品、营销活动、个性化推荐等吸引精准海量买家

续表

交易履约	信用保障服务	专业收款	多元支付方式	支持6种常见支付方式，即电汇（TT）、信用证、信用卡、E-Checking、Boleto、Pay Later
			双收汇通道	企业和个人双收汇渠道，灵活结算，无忧收汇
			时效快	本地TT最快48小时到账，信用卡半小时到账
			成本低	本地TT买家支付手续费低至1本币，无中间商收费
		交易保护	信用卡拒付保障	如发生信用卡拒付情况，阿里巴巴会帮助卖家向银行等第三方机构提交抗辩资料，维护卖家的经营收入
			纠纷保障	出现任何纠纷，提供专业的一对一免费调解服务
			风险控制	具有成熟的风控体系与专业风控团队，全方位保护卖家预防支付欺诈
		全程可视		多种线上质量保障服务，与全球知名检测机构合作，全程线上可视化跟踪
	外贸综合服务平台			通过互联网技术优势为外贸企业提供快捷、低成本的通关、收汇、退税及配套的外贸融资、国际物流服务，通过电商手段，解决外贸企业流通环节的服务难题
	国际物流			联合菜鸟网络打造货物运输平台，为卖家提供海运拼箱、海运整柜、国际快递、国际空运、集港拖车、中港运输、中欧铁路和海外仓等跨境货物运输及存储中转服务
	国际快递			费用透明，直达低价
				全球承运，方案多样
				舱位保障，优先发货
				轨迹可视，信息安全
				赠送保险，理赔快速
				信用保障订单一键发货
	金融服务	超级信用证		一站式服务，专业把控信用证贸易风险，提供信用证资金融通
		网商流水贷		阿里巴巴国际站联合网商银行打造的中小企业信用融资，申请流程简单，额度高，利率低，最快3分钟即可到账
		备货融资		阿里巴巴国际站联合网商银行推出的一款基于信用保障订单的低息短期贷款服务，帮助出口商解决备货期间的生产、采购资金需求，提升企业接单能力
	支付结算	Pay Later		买家在阿里巴巴国际站采购时采用的一种全新支付方式，目前已对美国地区的买家开放。买家使用Pay Later支付时，第三方金融机构将直接垫付资金给卖家。买家可获得最长6个月的贷款期，卖家可安全快速收款
业务管理	客户通			帮助供应商在外贸交易中进行客户管理的专业CRM工具。通过精准匹配，赋能客户达成更有效的客户管理。除基础功能外，客户通还提供专属定制的企业版服务
	数据管家			阿里巴巴国际站为商家提供的B2B外贸商家核心数据产品，通过数据沉淀与分析，帮助卖家开展数据化运营，提升其在阿里巴巴外贸平台上的经营效果，获得更高的私域流量及询盘转化

3. 阿里巴巴国际站的注册流程

阿里巴巴国际站的注册流程主要分为4步，如图2-1所示。

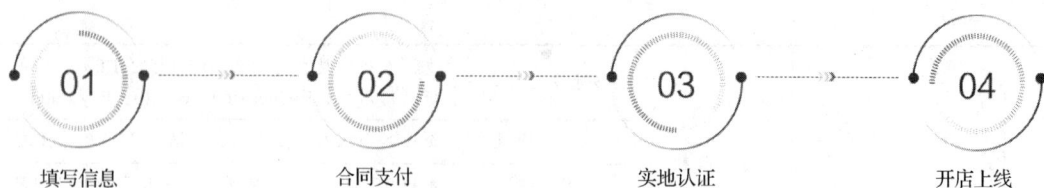

图 2-1　阿里巴巴国际站的注册流程

第一步：填写信息。在线填写企业信息，成为阿里巴巴国际站会员。

第二步：合同支付。选择最优合作方案，并完成合同签订与支付。

第三步：实地认证。第三方机构对企业进行实地认证（通常 30 天左右）。

第四步：开店上线。上架产品，开通店铺，开启货通全球之旅。

（二）敦煌网

1．敦煌网介绍

敦煌网创建于 2004 年，是全球领先的在线外贸交易平台，不仅为中小企业提供 B2B 网上交易，还为境外众多的中小采购商提供采购服务。目前，敦煌网已拥有 230 万以上累计注册供应商，年均在线产品数量超过 2500 万件，累计注册买家超过 3640 万人，覆盖全球 223 个国家和地区，拥有 100 多条物流线路和 10 多个海外仓，71 个币种支付能力，在北美、拉美、欧洲等地设有全球业务办事机构。

2．敦煌网的优势

敦煌网在品牌优势、技术优势、用户优势、运营优势四大维度上，已建立起难以复制的竞争优势，具体优势如表 2-2 所示。

表 2-2　敦煌网的优势

品牌优势	技术优势	用户优势	运营优势
近 20 年境内外品牌认知 100 多条物流线路 10 多个海外仓 71 个币种支付能力	近 20 年技术沉淀 年均近万个迭代优化 数字贸易智能生态体系	3640 万买家 230 万供应商 覆盖 223 个国家和地区	1000 多个运营模块 高度跨界的人才

3．敦煌网的注册交易流程

敦煌网通过注册、缴费、认证、产品、订单和收款 6 个步骤，完成从注册到交易的全流程，如图 2-2 所示。

图 2-2　敦煌网的注册交易流程

4．敦煌网的佣金规则

在产品上传页面，卖家在发布产品时可直接填写"预计收入"（预计收入中需扣减支付手续费），无须再计算佣金率。填写预计收入后，平台会自动计算并展示给买家含佣金的购买价，更方便卖家了解每件产品的利润。

（1）当单笔订单金额少于 300 美元时，平台佣金率调整至 12.5%～19.5%（中国品牌手机平台佣金率调整至 5.5%）。

（2）当单笔订单金额大于等于 300 美元且少于 1000 美元时，平台佣金率调整至 4.0%～6.0%。

（3）当单笔订单金额大于等于 1000 美元时，平台佣金率调整至 0.5%～1.5%。

二、典型 B2C 平台介绍

（一）全球速卖通

1．全球速卖通介绍

全球速卖通，简称速卖通，是阿里巴巴集团旗下的覆盖全球的跨境电商平台。从 2010 年成立至今，经过 10 多年的飞速发展，速卖通已经发展成为中国最大的跨境出口 B2C 平台之一，覆盖全球 230 多个国家和地区，拥有 18 个语种站点，境外成交买家数超过 1.5 亿人，是全球比较活跃的跨境电商平台之一。

速卖通面向的客户群体广泛，但主要针对新兴市场，俄罗斯和巴西的客户是平台的主要客户。同为阿里巴巴集团旗下的平台，最初的速卖通与淘宝共用大量的用户，并继续沿袭淘宝低价的营销策略，且大多数产品采用平邮小包的物流方式，产品利润低，客户体验差。经过几年的不断改进，速卖通对于招商和客户考核的标准不断提高与完善，服务水平不断提高，2015 年出台了个人卖家转企业卖家策略，所有卖家必须是企业并且有自己的品牌。速卖通可以短期吸引大批卖家的原因之一是操作简易，规则简单，很适合跨境电商新手卖家，并且还提供许多的线上培训课程，基本上所有问题都有视频帮助，为跨境新手卖家创造了入门条件。

2．速卖通平台入驻要求与开店步骤

（1）速卖通平台的入驻要求。

① 注册开店，要求必须是个体工商户或企业。

② 商标方面，要求拥有或代理一个品牌经营。

③ 注册的店铺，需要根据对应的类目缴纳一定数额的保证金。

（2）速卖通平台的开店步骤。

① 进入速卖通官网的注册页面，按照注册流程，逐步完成账号的注册和认证。

② 提交入驻平台所需的资料。

③ 向平台缴纳相应的保证金。

④ 按照平台要求，完善店铺的相关信息。

3．速卖通业务特点

速卖通业务具有以下特点。

① 速卖通平台是阿里巴巴集团借助其他平台的资源优势，重点推出的跨境电商平台，整个操作页面简单整洁，适合初级卖家上手。

② 速卖通平台交易流程简单，买卖双方的订单从生成、发货到收货、支付等流程，全在线上完成。

③ 速卖通平台上买卖双方的操作模式非常简便。

④ 速卖通平台上的产品品类丰富，具有较强的价格竞争优势，与传统国际贸易业务相比，具有强大的市场竞争优势。

⑤ 速卖通平台适合初级卖家，其产品特点符合新兴市场的买家，产品性价比较高，具有供应链优势。

4．速卖通平台的运营模式

下面将从信息流、物流、资金流和盈利 4 个方面，阐述速卖通平台的运营模式。

① 速卖通信息流运作模式

速卖通为交易双方提供了便捷的交流工具，开发了"Trade Message"软件，确保交易双方之间高效地传递信息。

② 速卖通物流运作模式

速卖通平台支持四大商业快递、邮政快递服务、邮政挂号服务、专线物流服务以及邮政小包等多种物流解决方案，卖家还可以借助速卖通平台提供的无忧物流服务或线上物流服务发货至境外。此外，速卖通平台也开启了美国、英国、德国、西班牙、法国、意大利、俄罗斯、澳大利亚、印度尼西亚等国家的海外仓服务。

③ 速卖通资金流运作模式

速卖通开发了阿里巴巴国际支付宝（Escrow），目前 Escrow 支持多种支付方式，包括信用卡、电汇、Moneybookers 和借记卡等。

④ 速卖通盈利运作模式

速卖通平台规定，要根据类目缴纳一定的保证金；在订单交易完成之后，根据卖家订单成交总金额（包含产品金额和运费），按一定比例收取交易手续费，即产品的销售佣金（速卖通各类目的佣金收费标准是不同的，大部分类目按照成交总金额的 8%收取，部分类目为 5%）。除了收取店铺保证金和产品的销售佣金之外，还会收取营销推广费用及其他费用（例如店铺管理、平台处罚等）。

（二）亚马逊

1．亚马逊平台介绍

亚马逊（Amazon），位于美国华盛顿州的西雅图，是最早开始经营电商的公司之一。亚马逊成立于 1995 年，一开始只经营网上书籍销售业务，现在则拓展到范围相当广的其他产品，已成为全球产品品种最多的网上零售商之一。亚马逊提供 27 种语言支持，全球拥有 3 亿多个活跃买家，遍布 200 多个国家和地区，全球布局运营中心 185 个，占地 1700 万平方米。

目前，亚马逊已有 17 个海外站点（美国站、加拿大站、墨西哥站、英国站、法国站、德国站、意大利站、西班牙站、荷兰站、瑞典站、日本站、新加坡站、澳大利亚站、印度站、阿联酋站、沙特阿拉伯站和波兰站等）向中国卖家开放，吸引了大量中国卖家入驻。

2．亚马逊平台的特点

（1）亚马逊重产品轻店铺。亚马逊一直以来都是重产品轻店铺，亚马逊平台上的每件产品只有一个详情页面。相对其他平台，亚马逊的搜索结果清晰明了，每个产品只会出现一次。如果多个卖家销售同一款产品，不同卖家的报价会在产品的卖家列表上显示，买家不需要在大量重复的产品列表里寻找。

（2）亚马逊物流（Fulfillment by Amazon，FBA）。FBA 是"亚马逊全球开店"的一项重要服务，卖家只需将产品运送到当地的亚马逊运营中心，亚马逊就会提供产品的拣货、包装、配送以及退换货等服务。加入 FBA 的卖家能够提高产品的曝光率，直接接触亚马逊的 Prime 用户。卖家只需专注于如何提升产品质量和打造品牌，由亚马逊提供快捷方便的物流服务。亚马逊平台也为使用 FBA 的卖家提供用当地语言回答买家订单疑问的服务，为卖家提供强大的支持后盾。

（3）亚马逊平台常用邮件沟通，不必配备 24 小时在线客服人员，只需 24 小时回复即可，节省时间和人力成本。

（4）无货源模式不需要囤货，卖家只需要采集境内各大电商平台的产品信息，通过筛选优化后一键上传到亚马逊店铺。当有境外买家后，卖家再从对应的平台采购，然后将采购到的产品通过亚马逊自发货（Fulfillment by Merchant，FBM）运送到境外买家手中。不需要用于囤货的资金、存放产品的仓库、职业打包发货人员等，降低了前期的资金成本。

（5）一台计算机只能登录同一个账号，和买家沟通快速，基本不会有太大的安全问题。

3．亚马逊平台注册

（1）进入注册页面。

根据亚马逊注册网址，找到亚马逊注册页面，如图 2-3 所示。

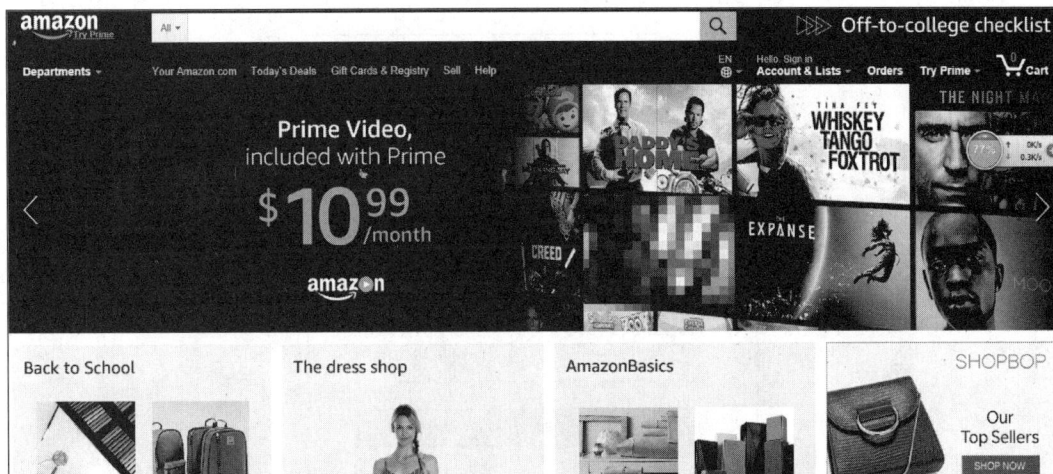

图 2-3　亚马逊注册页面

（2）单击"我要开店"按钮。

在亚马逊注册页面的底端单击"我要开店"超链接，如图 2-4 所示。

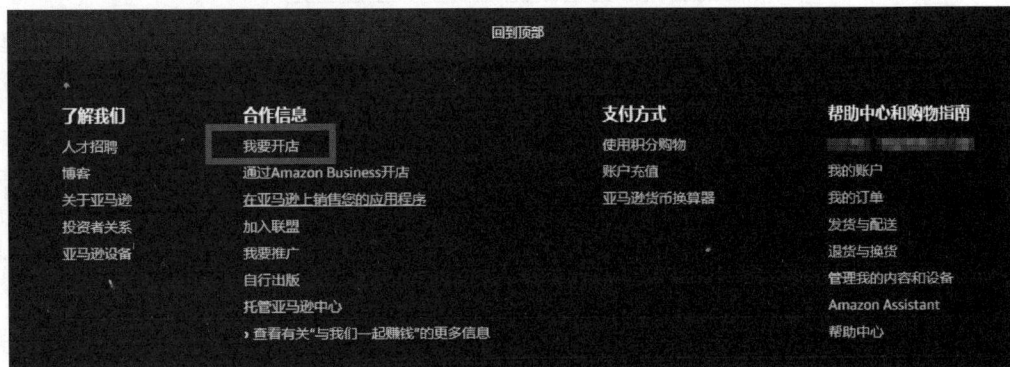

图 2-4　单击"我要开店"超链接

（3）阅读"我要开店"入门指南。

进入"我要开店"入门指南页面，阅读"开始销售前的几个注意事项"，可以单击"下载电子书"按钮，学习平台提供的相关启发性的阅读材料，如图 2-5 所示。

图 2-5 "我要开店"入门指南

（4）完成注册及认证。

按照网站注册的需要，完善相关信息，逐步完成新账号的注册及认证，如图 2-6 所示。

图 2-6 账号注册页面

4．亚马逊平台的盈利模式

相对于速卖通、敦煌网等平台，亚马逊平台对入驻卖家的资质要求较高，其收入来源于自营产品的销售收入、店铺租金、平台服务费等；如果卖家使用亚马逊物流（FBA），平台还将额外收取物流费和仓储费。亚马逊具体收费项目及标准如下。

（1）店铺月租费用：不同站点的店铺月租费用是不同的，如北美站的店铺月租费用是 39.99 美元，欧洲站的店铺月租费用是 25 英镑。

（2）FBA 费用：如果使用 FBA 发货，需要支付 FBA 费用，包括挑拣、包装、发货、配送、退换货等费用。

（3）仓储费：亚马逊对存放在仓库内的货物收取月度仓储费或长期仓储费，一般在每个月的 7 至 15 日收取上个月的月度仓储费。月度仓储费因产品尺寸和一年中不同月份而异。

（4）佣金：亚马逊的一项核心费用，主要针对所有在亚马逊上销售的第三方卖家收取。佣金实际是卖家为在亚马逊平台上列出产品的权限以及获得一定的流量和曝光率而支付的费用。佣金率根据产品类别的不同而不同。

（5）推广费：亚马逊站内主要提供 3 种类型的付费广告，即产品推广、品牌推广、展示型推广。

（6）促销活动费：如果卖家选择参加 Prime day（亚马逊会员日）、LD（Lighting Deal，LD）、BD（Best Deal，BD）、TD（Deal of the Day）、网络星期一、返校季等促销活动，除需要具备相应的申报条件和折扣要求外，还需要向平台支付相应的费用。例如，Prime day 促销收取 500 美元，LD 促销收取 150 美元。

（三）eBay

1．eBay 平台介绍

eBay 平台成立于 1995 年 9 月，是一个提供全球民众上网买卖产品的线上拍卖及购物网站。eBay 平台站点覆盖了全球 38 个国家和地区，拥有 3.8 亿境外买家、1.57 亿活跃买家以及 8 亿多件由个人或商家刊登的产品。只要不违反法律的产品或不在 eBay 禁止贩售清单之内的产品，都可以在 eBay 平台上刊登贩售。

2．eBay 平台的特点

（1）卖家可以通过两种模式在平台上销售产品，一种是拍卖，另一种是一口价。其中，拍卖模式是 eBay 平台的最大特色。卖家一般通过设定产品的起拍价以及在线时间开始拍卖，然后根据下线时的竞拍金额，最高者获胜。

（2）二手商品交易占较大比重。eBay 上 80%的商品都是新品，但就销售率而言，二手商品的表现实际上要优于新品。在全球范围内，eBay 上二手商品的销售率超过 50%，新品只有 33%左右。

3．eBay 平台注册

（1）打开注册网页。

打开 eBay 平台注册网页，如图 2-7 所示。

图 2-7 eBay 平台注册页面

（2）账号注册。

单击"注册"按钮，按照网站要求，逐步完成注册。

4．eBay 平台的运营模式

（1）eBay 信息流运作模式：在 eBay 的订单管理系统下的"客服管理"页面中，选择 eBay 客服管理，即可进入"eBay 站内信"界面，卖家在此界面能够轻松管理买家的电子邮件，与买家进行沟通。

（2）eBay 物流运作模式如下。

海外仓模式：使用海外仓模式发货，需要卖家提前将货物送至海外仓储存，随后再通过海外仓将货物送达买家手中。

自发货模式：包括国际商业快递、国际 EMS 快递、国际专线快递、国际小包 4 种物流方式。

eBay Send 模式：eBay Send 是 eBay 向美国卖家提供的一种新的国际订单发货方式。目前，eBay 只允许特定的卖家使用该项服务。

（3）eBay 资金流运作模式：PayPal 是 eBay 推荐的收付款工具，在全球范围内拥有超过 1.57 亿活跃用户，服务遍及全球 193 个国家和地区，共支持 26 种货币付款交易。PayPal 可以让中国卖家无须在境外设立账户就能进行收付款。

（4）eBay 盈利运作模式如下。

刊登费：卖家在 eBay 上刊登产品信息时，eBay 会收取一定比例的刊登费。

成交费：产品售出以后，卖家需要缴纳小额比例的成交费，在 eBay 上交易所产生的基本费用为刊登费加成交费。

功能费：在 eBay 发布方面，卖家可以付费对一些功能进行升级，如预刊登、副标题及标题字体加粗、二级分类等。

月租费：开设 eBay 店铺的卖家，每月还需额外支付相应的店铺月租费，根据所选店铺级别不同，月租费也不同。

（四）Wish

1．Wish 平台介绍

Wish 平台创办于 2011 年，是新兴的移动 B2C 跨境电商平台。Wish 平台日均活跃买家超过 100 万人，日均新买家超 9 万人，超过 90%的买家来自移动端。其 App 上销售的产品物美价廉，包括非品牌服装、珠宝、手机、淋浴喷头等，大部分产品直接从中国发货。Wish 平台擅长对买家数据进行深度挖掘，采用数据算法进行推荐，紧密结合买家特征进行精准营销。

与传统购物网站不同，Wish 平台一开始就十分注重智能手机的购物体验，通过产品图片给买家提供视觉享受。同时，Wish 平台的大幅折扣刺激了买家的购买欲。作为一个电商新手，Wish 平台完全没有 PC 端购物平台的设计经验，这使得 Wish 能够自由开拓移动端市场。

2．Wish 平台的注册

（1）下载 Wish App。

下载 Wish App，根据页面提示，完成账户的注册。Wish App 界面如图 2-8 所示。

（2）完成注册。

按照平台的要求，逐步完成注册，如图 2-9 所示。

图 2-8　Wish App 界面

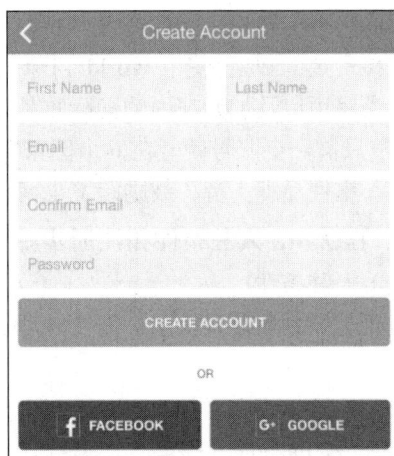

图 2-9　Wish 平台注册页面

3．Wish 平台的特点

（1）针对不同买家，推送个性化的产品信息。

Wish 平台注重买家的购物体验，具有更多的娱乐感和买家黏性，呈现给买家的产品都是买家关注的、喜欢的。每一个买家看到的产品信息是不同的，同一买家在不同时间看到的产品信息也不同。

（2）不依附于其他购物网站，本身就能直接实现闭环的产品交易。

在 Wish 平台上，买家在浏览到喜欢的产品图片后，可以直接在站内实现购买。Wish 平台淡化了品类浏览和搜索，去掉了促销，专注于关联推荐。Wish 平台会随时跟踪买家的浏览轨迹以及使用习惯，以了解买家的偏好，进而推荐相关产品给买家。

（五）Lazada

1．Lazada 介绍

Lazada 成立于 2012 年，总部设在新加坡，是东南亚地区较大的网上购物平台，业务范围覆盖印度尼西亚、马来西亚、菲律宾、新加坡、泰国和越南等国家，在东南亚地区设有 30 多个仓储中心。2016 年 4 月，阿里巴巴集团取得 Lazada 的控股权，Lazada 集团成为阿里巴巴集团东南亚旗舰电商平台。

Lazada 主要经营 3C 电子、家居用品、玩具、时尚服饰、运动器材等产品，相比亚马逊、速卖通等平台，其物流成本更低，操作更简单。

2．Lazada 的特点

（1）严格规范入驻卖家的行为，具有完善的卖家培训体系。Lazada 平台为卖家提供了足够的培训措施，保证了买家和高品质卖家的权利。同时，它在成长路径、工具授权、培训指导和服务支持等方面为卖家的孵化及成长提供服务与支持。例如，它提供专业的卖家工具，为卖家提供充分独立的经营和营销空间。

（2）为入驻卖家提供相对完善的保障体系。入驻卖家得到的产品订单都是平台经过严格检测后的订单，这些订单可直接发货。卖家在发货时，如果买家已经在 Lazada 平台上完成支付，可以有效地降低卖家面临的资金风险。

（3）支付方式比较及时灵活。Lazada 为卖家提供两种跨境支付方式：Payoneer 和 WorldFirst。其中，使用 Payoneer 账户支付的优势是能实现快速、低成本地将 Payoneer 账户的资金转移到卖家的银行卡账户，一般在 1～3 个工作日完成，而且转移的资金越多，手续费越少，最多为转移资金的 2%。使用 World First 支付的优势是能够快速开通包括美元、欧元、英镑、日元、人民币以及加元在内的国际收款账户，并提供优质客户服务。

（4）只需一个账号就能在 6 个国家发布产品，完美平衡了运营效率和本地化的深度运营。

（5）重视品牌支持，鼓励跨境电商创业者从 0 到 1 打造畅销品牌。

3．Lazada 入驻条件和注册步骤

（1）入驻条件。

需要提供企业营业执照；需要办理 Payoneer 卡（以下简称 P 卡），同时必须以企业形式注册 P 卡。

（2）注册步骤。

① 进入 Lazada 入驻页面，单击"立即入驻"按钮，如图 2-10 所示。

图 2-10　Lazada 入驻页面

② 在打开的页面中填写申请表。

③ 提交申请表后，会提示已提交申请表，然后会收到电子合同，在等待的过程中，可以申请 P 卡。

④ 签署电子合同，签署完毕后，会收到电子合同的附件。

⑤ 收到登录卖家中心并更改新密码的邮件以及参加培训和注册 P 卡的邮件。需要注意的是，Lazada 每个站点都需要登录卖家中心并更改新密码。

⑥ 参加培训和通过测试。Lazada 培训课程时间是 2 小时，卖家可根据自身实际选择时间段，测试分数必须在 85 分以上，可重复测试。

⑦ 登录各个卖家中心对接 P 卡。

⑧ 创建产品，上传至少 50 个 SKU 并通过审核。

4．Lazada 的运营模式

（1）Lazada 信息流运作模式：交易双方的交流，都需要使用 Lazada 站内的工具，如 Chat、FAQ 等。

（2）Lazada 物流运作模式：采用 Lazada 全球物流（Lazada Global Shipping，LGS），卖家货物可每日直接寄送，大大缩短了派送时效。Lazada 平台也可以采用卖家自发货。

（3）Lazada 资金流运作模式：采用 Payoneer、WorldFirst 支付。

（4）Lazada 盈利运作模式：Lazada 开店费用主要分为两部分：一是平台固定收取的费用，二是物流等其他费用。其费用可以用公式表达：Lazada 费用=订单佣金（commission）+增值税+账务处理费+运费及其他费用。

- 订单佣金：Lazada 平台全站点收取 1%～4% 的佣金，没有年费。
- 增值税：Lazada 平台主要针对东南亚国家，每个国家的增值税税率有所不同，马来西亚的增值税税率为 6%，新加坡的增值税税率为 7%，泰国的增值税税率为 7%，印度尼西亚的增值税税率为 10%，菲律宾的增值税税率为 12%，越南的增值税税率为 10%。
- 账务处理费：固定收取每笔订单金额总额的 2%。
- 运费及其他费用：平台推出 LGS 全球配送方案，也可以由卖家自行运输。因此，在计算运费成本时，根据卖家发货所选方式不同而定。

（六）5 种跨境电商平台对比分析

在详细介绍了 5 个典型跨境电商平台后，将平台的相关信息进行对比分析，如表 2-3 所示。

表 2-3　5 种跨境电商平台对比

项目	平台				
	亚马逊	eBay	全球速卖通	Wish	Lazada
创建时间	1995 年	1995 年	2010 年	2011 年	2012 年
入驻难度	难	难	难	一般	一般
佣金	5%～15%	10%	5%	15%	1%～4%
物流	FBA	国际 e 邮宝、亚太物流平台	线上发货、海外仓	海外仓	LGS 全球配送
主要收款方式	银行转账	PayPal	国际支付宝（Escrow）	PayEco	Payoneer、WorldFirst

任务三　跨境电商独立站介绍

任务引入

小茗想要把茶叶销往智利，于是在阿里云网站上购买了一个域名，通过网上的建站平台按照模板搭建一个展示自家各种茶叶和带有支付功能的网站，并绑定刚买到的域名，如图 2-11 所示；然后通过境外媒体打广告，让潜在买家看到他的茶叶广告（见图 2-12），有兴趣的买家就可以通过点击广告链接进入网站并下单购买；最后小茗再通过国际物流把茶叶发给购买成功的买家。

图 2-11　茶叶独立站

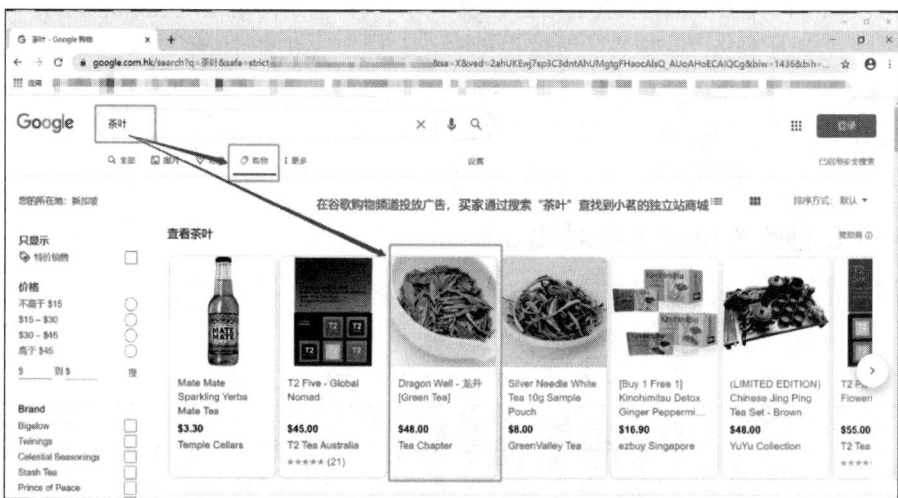

图 2-12　茶叶独立站广告在谷歌购物频道的展示页面

相关知识

　　杭州电子商务研究院将"独立站"定义为：基于 SaaS 技术平台建立的拥有独立域名、内容、数据、权益私有，具备独立经营主权和经营主体责任，由社会化云计算能力支撑，并可以自主、自由对接第三方软件工具、宣传推广媒体与渠道的新型官网（网站）。

　　跨境电商独立站是一个独立的网站，包括网站域名、独立服务器及独立网站程序，并能通过线上方式向境外买家展示产品，促使其选购及支付订单，由网站管理者完全独立运营，不受任何平台限制，实现跨境交易。例如，苹果公司通过百度推广其官方网站，把产品销往中国，那么其官方网站就是跨境电商独立站。

跨境电商独立站
介绍

一、独立站与传统独立网站的差异

　　独立站区别于独立网站，是两个不同的概念。

　　（1）独立网站诞生于互联网早期，相对于电商平台而言，独立网站的方式不是电商平台开店，而是企业自己建立一个独立的网站进行线上售卖，早期美国电商最

早的原型就是大型企业建立的独立电商网站，之后才有亚马逊、eBay 等运营效率更高的电商平台产生，以服务中小卖家。

（2）独立站，是技术上不独立，通过第三方云计算服务提供基础支持，但在入口、数据、权益方面独立的私有网站。独立站最早出现在 2004 年，如 Shopify、Wix 等建站 SaaS 平台，起初通过借助 Goolge 搜索引擎等第三方媒体的流量平台，帮助中小电商卖家以自己官网的形式实现"在线销售"。随着技术发展，独立站逐渐拓展了全行业卖家，甚至中大型企业通过独立站实现"销售自动化，服务在线化"的数字化经营的应用模式。

二、SaaS 模式独立站为商家带来数字化新能力

1．成本可控，操作灵活

通常情况下，独立网站搭建需要自建技术团队或者进行技术外包。而自建独立站，组建团队、时间消耗、金钱花费，这些会增加企业支出。境内外有一批 SaaS 模式为独立站提供技术支撑服务，如境外的 Shopify、FunPinPin，境内的基于 LTD 的营销 SaaS 等，可以直接注册 SaaS 账号，选择官方提供的主题风格，自主搭建完成企业的官方网站。此类独立站建站系统后台操作便捷，不仅为企业建立个性化的官网提供了强大的技术支持，而且还帮助企业以更低的成本投入和更低的试错成本开启品牌官网电商的业务推广。

2．独立经营，真正沉淀企业私域流量

除此之外，此类 SaaS 性质的独立站系统还配置了营销推广应用（物料管理、媒体号管理、在线客服、表单管理等）、健全的支付工具（PayPal、信用卡、支付宝、微信支付等），大大降级了企业运营独立站的资金、技术和人员投入，帮助境内外企业卖家更好地实现多渠道运营。例如，卖家可以在网站上设置收集买家数据的表单，悬浮在线客服，有助于更好地与买家建立沟通互动、开展营销活动，实现服务在线化。

3．企业真正开始拥有买家数据，掌握数字资产

SaaS 模式独立站系统，数据只对企业开放，保证数据信息安全。企业也可通过 SaaS 系统内嵌的 CRM 功能，基于大数据解读买家画像，了解买家需求，提高转化率。

在企业推广渠道方面，SaaS 模式独立站系统与主流媒体平台（境内，如今日头条、抖音、企鹅；境外，如 Facebook、Twitter）、广告投放平台（境内，如百度、今日头条；境外，如 Google、Facebook、YouTube、TikTok）可以实现高速的数据传输对接，获取流量，提升买家黏性，提高核心业务环节的转化率。

在搜索引擎优化方面，SaaS 模式独立站系统采用的编程代码有利于 SEO，且支持企业自主设置网站 TDK，满足 SEM 需求，例如 LTD 就把很多 SEO 技术的标准动作功能化，普通的市场、运营人员就可以对网站进行专业、系统的 SEO 设置。

在搜索引擎与信息流广告投放上，企业可以自主创建基于官网的营销落地页，把营销推广获客的数据掌握在自己手中。

三、独立站的优势

创建独立站，就是自建申请一个独立的域名空间，然后独立开发或授权委托第三方企业开发网站程序，然后进行网站推广和网络营销。越来越多的企业选择自建独立站跨境销售产

品，相比入驻跨境电商平台，采用独立站进行产品销售有其独有的优势。

独立站的优势主要体现在以下几个方面。

1．塑造企业品牌

通过独立站域名或者 App，可以不断累积企业品牌，既可以提升买家对产品的信赖度，又可以为品牌赋能做好铺垫。

2．实现数据安全和增值

将数据留存在自己手里，实现数据安全和增值。目前，第三方平台只开放了部分数据，并且很多核心的买家数据是不对卖家开放的。但是在独立站上，所有数据都属于企业，企业除了对数据的安全性有所掌控之外，还可以实现数据的二次开发，源源不断地挖掘数据的价值。

3．避免规则制约

自主权高，避免规则制约，由于独立站是自营的，灵活性非常高，不必担心因平台规则的变动而影响运营，同时可以通过产品设计，提高产品的溢价空间。

4．降低成本

交易佣金成本低，减少了向第三方平台缴纳的交易佣金或年费，同时在支付端的服务费用也相对较低。

四、独立站的创建

卖家可借助建站工具进行搭建，依据产品特性设计成不同样式。常见的独立站有安客、SHEIN、迪卡侬等品牌官网。对于众多平台卖家来说，建站不是一件容易的事情。

独立站的成本高，且前期的筹备相对复杂，需要技术、购买域名、空间、页面设计，还需要集成支付，打通物流，资金压力大。所以，建站不能盲目，要分析市场，了解自己要出境的区域市场特点，清楚自己面向的目标消费人群。

1．明确独立站定位

网站定位：网站的风格和定位体现了一个品牌的发展方向，对以后的销售至关重要。品牌故事的打造也十分重要，明确的网站定位和价值观可以使买家产生共鸣，从而提升买家对独立站的认可程度和黏度。因此，网站建构、内容、风格等，都要围绕网站定位展开。

区域市场：不同的区域市场具有不同的市场特征，创建独立站之前需要对目标市场做深入的分析，根据区域特点（包括但不限于市场规模、消费水平、人口结构、竞争环境、竞品分析）"因地制宜"，才能做好出境的本地化。

目标消费人群：要确定网站潜在消费人群是哪些，明确如何定位才能留住这些消费人群。每个区域的消费人群有不同的消费习惯，这些消费习惯也对创建独立站有很大影响，如阅读习惯、购买和付费的习惯等。

产品选择：如果是自有工厂和品牌，可以不用考虑；但很多卖家并不是品牌方，这时候就需要根据自身定位和市场需求选择自己独立站要展示与销售的产品。

2．建站流程

（1）选择建站工具。根据企业的需要，综合考虑建站需要缴纳的费用和提供的服务，选择适合自己企业的建站工具。

（2）获取域名。建议用品牌名或产品名作为域名，越简单越容易被记住，最后域名后缀可以使用.com 或.net。

（3）设置独立站支付方式。独立站支付方式灵活，形式多样，一般采用 PayPal 支付、信用卡支付、本地支付、线下支付等。

📖 项目实训 ●●●●●●

作为卖家，针对企业现状和产品特性选择合适的跨境电商平台后，如何在平台上注册开店呢？

以 eBay 平台为例，完成平台注册。

（1）登录 eBay 官网，单击首页上的"注册"按钮。

（2）跳转到登记注册信息，完成信息的填写。

（3）填写完成后，单击"登记成为会员"选项。

（4）单击"继续"按钮，进入电话确认步骤。

（5）输入发至手机的"PIN"码后，单击"继续"按钮，则注册成功，系统自动跳转至首页。

在选择注册账户类型时，若希望注册公司账号，可单击页面左下侧的"开设商业账户"按钮。

（6）修改和完善账户信息。

① 若希望设置个人账户资料，则通过单击"账户"按钮，在"个人账户资料"栏中进行修改。

② 若希望修改主要联系地址，可通过单击"账户"按钮，在"地址资料"栏中进行修改。

📖 项目小结 ●●●●●●

本项目主要介绍了跨境电商平台的相关信息，并对行业内比较活跃的 B2B 和 B2C 跨境电商平台进行了比较详尽的介绍，包含平台的特点、平台的运行模式等，同时对五大 B2C 跨境电商平台进行了比较。

📖 习　题 ●●●●●●

一、判断题

1. 按平台的交互类型，跨境电商平台主要划分为 B2B、B2C、C2C 3 种模式。　（　　）

2. 主流跨境电商模式是自建跨境电商平台。　（　　）

3. B2C 跨境电商同目前盛行的"海淘"模式比较相似。　（　　）

4. 按跨境电商的经营主体划分，天猫国际属于自营型跨境电商平台。　（　　）

5. 亚马逊平台的特点是重产品轻店铺。　（　　）

二、简答题

1. 简述亚马逊平台的特点。

2. 简述 eBay 平台的运营模式。

3. 简述 Wish 平台的特点。

三、实训题

了解 5 种典型的跨境电商平台的相关基础知识后，小茗作为公司总经理，想选择一个适合本企业的跨境电商平台推广公司的有机 T 恤。小茗该如何做出决策？

四、案例分析题

近年来，坚实的制造业基础加上庞大的境内市场，各行各业都孕育出一系列头部品牌，这些品牌借助造船、集装箱、航空等技术的发展和突破，几十年间把产品卖到了全世界。但产品优秀只是第一步，企业还需要搭建覆盖全球市场的销售网络和渠道。中国企业出境可以利用后发优势，毫无负担地拥抱新技术和新渠道，通过 DTC 品牌独立站直接把产品卖到全球买家手中。未来，中国一定会诞生全球家喻户晓的消费品牌。

思考：

1. 新型平台层出不穷，结合上述案例，如何根据企业自身的特点选择适合的出境渠道？
2. 仔细观察图 2-13 和图 2-14，分析跨境电商平台和独立站的主要区别。

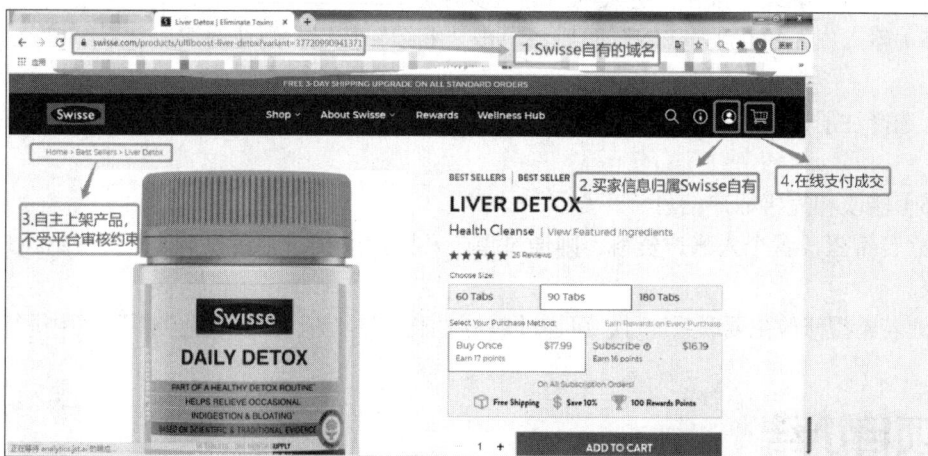

图 2-13　Swisse 独立站

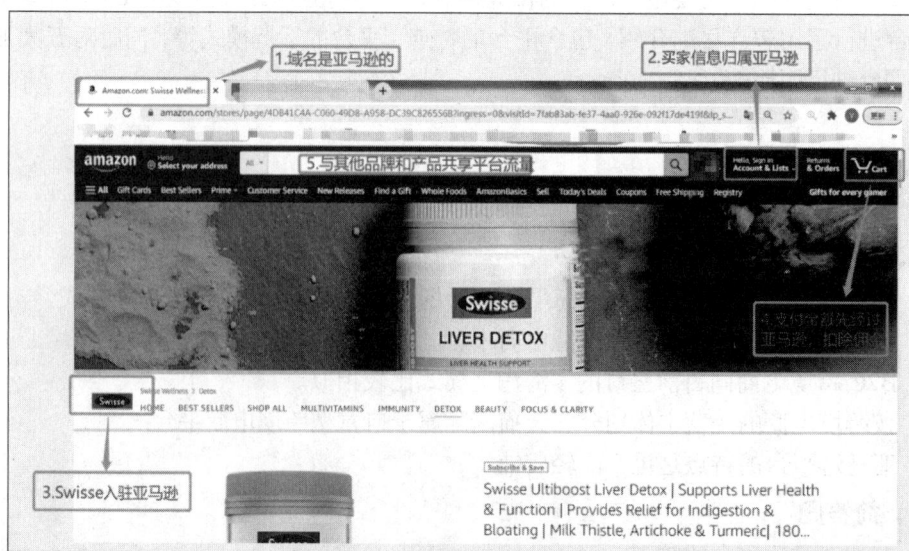

图 2-14　亚马逊 Swisse 店铺

选品与商品定价

学习目标 ↓

素质目标

分析中国商品的出口优势，树立商品的品牌和竞争意识；
分析定价的影响因素，掌握基本的定价策略和定价技巧。

知识目标

了解跨境电商选品的考量因素及注意事项；
熟悉跨境电商选品的分类和方法；
掌握跨境电商货源选择的渠道；
了解跨境电商商品的价格构成及定价要点；
了解跨境电商商品的定价策略。

能力目标

能够选择适合不同目标市场的商品；
能够为商品找到稳定的货源；
能够为所选商品制定有利可图的价格。

任务一　跨境电商选品

任务引入

小茗在选好出口跨境电商平台之后，随即面临着选择商品（选品）的问题。如果选择市场上销量较高的商品，竞争激烈，往往会陷入价格战；如果选择市场上销量较低的商品，竞争对手少，但是订单也少，就会面临滞销风险。那么，小茗要卖什么商品呢？

相关知识

小茗面临的问题是选品问题，小茗需要了解选品的考量因素及注意事项、选品的分类与方法、货源的选择等。选对商品至少有 50% 成功的可能性，而选错商品将会面临失败。下面分别从选品的考量因素及注意事项、选品的分类与方法、货源的选择 3 个方面进行分析。

一、选品的考量因素及注意事项

（一）选品的考量因素

跨境电商选品

从市场角色关系看，选品是指选品人员从供应市场中选择适合目标市场需求的商品。一方面，选品人员要把握目标市场需求；另一方面，选品人员要从众多供应市场中选出质量、价格、外观等最符合目标市场需求的商品。成功的选品，应该达到供应商、客户、选品人员三者共赢的结果。选品是决定跨境电商成功与否的关键。由于需求和供应处于不断变化之中，因此选品是从事跨境电商的企业的日常工作。选品的考量因素如图 3-1 所示。

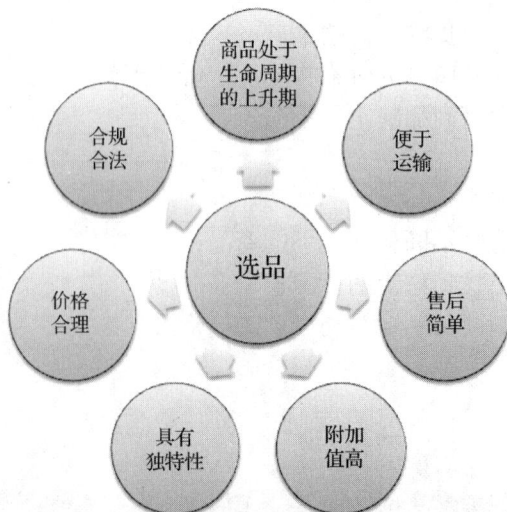

图 3-1　选品的考量因素

1．商品处于生命周期的上升期

处于生命周期上升期的商品市场潜力大、利润率高，跨境电商的商品利润率基本在50%以上，甚至100%以上。

2．便于运输

便于运输要求商品体积较小、重量较轻、易于包装、不易破碎，这样可以大大降低物流成本和物流环节货损率。符合这一特征的商品包括手机壳、手机膜、手机支架、耳机等手机周边商品。

3．售后简单

该考量因素要求商品不需要售后服务或售后服务简单，便于操作，不需要组装或安装。需要使用指导、安装指导等售后服务的商品不适合作为跨境电商的选品，否则会增加后期的客户服务成本，一旦处理不当，会直接影响客户的购物体验及评价。

4．附加值高

价值低于运费的商品不适合单件销售，可以打包出售，以降低物流成本。

5．具有独特性

有自己独特的功能或商品设计，包括独特的商品研发、包装设计等，这样的商品才能不断激发客户的好奇心和购买欲望。

6．价格合理

在线交易的价格如果高于商品在目的地的市场价，或者偏高于其他在线卖家，就无法吸引客户在线下单。

7．合规合法

不能违反平台的规定和目的地的法律法规，特别是不能销售盗版、仿冒或违禁品。

符合以上考量因素的商品主要包括玩具、首饰、数码商品、计算机硬件、手机及配件、服饰、美妆商品、工艺品、体育与旅游用品、宠物用品等。

（二）选品的注意事项

有很多可以在境内电商平台自由销售的商品，在跨境电商交易中是被禁止销售的，所以卖家在选择出口跨境电商商品时，要做到以下几点。

1．符合平台特色，遵循平台规则

卖家的选品要符合平台特色。例如，Wish是一个快销平台，这个平台的特点是需要大量的、多类的商品，所以卖家要选择多种品类的商品；而亚马逊平台对商品质量的要求较高，所以卖家要选择质量较好的商品。

另外，各个跨境电商平台的规则不同，卖家在选品时就必须了解和遵循各平台不同的规则。例如，速卖通平台要求卖家不得发布违反任何国家、地区及司法管辖区的法律规定或监管要求的商品，并且出台了《全球速卖通违禁信息列表》供卖家参考。需要注意的是，卖家在注册速卖通、敦煌网平台时需要确定商品类目，即已经注册了账号的卖家必须选择既定类目中的商品。

2．最大限度地满足目标市场需求

卖家在进行选品时需要以客户需求为导向发现刚需品。这类商品关乎衣食住行，卖家要关注日常小细节，深入了解目标市场的实际需求。

跨境电商的目标市场主要包括美国站、欧洲站、日本站、非洲站等。位于这些目标市场的客户不同，卖家可以有针对性地采取差异化的选品策略。这里以亚马逊日本站为例进行说明。亚马逊卖家有很多，但做亚马逊日本站的卖家并不是太多，因此亚马逊日本站目前属于蓝海市场。日本人的消费习惯和中国人比较接近，卖家对于日本站的选品需要考虑以下两个因素。

（1）商品认证和审核手续问题。在日本销售商品，首先要考虑外观侵权、食品卫生安全认证、商品安全认证等。日本的动漫比较有名，在日本销售动漫类商品稍有不慎就会侵权，轻则下架警告，重则直接销号。移动网络电子设备在日本站销售务必要有技适 MARK 认证（此外还有 MIC 认证、TELEC 认证、GITEKI 认证等），这些商品包括蓝牙设备商品，Wi-Fi 商品，4G 及 5G 智能手机等。其次，日本站对于进口商品的审核非常严格。某企业销售一款水壶，商品发到日本海关时，海关要求其出示各种认证资料，大部分认证资料要求必须是日本当地的认证。这款水壶由于认证不符合要求，最后的结果是被迫下架。在日本站销售商品，所有商品的认证资料都要提前准备好。

（2）商品差异化优势和质量优势。日本人非常注重商品的工艺，所以商品细节在日本站必须处理好，低价低质在日本站行不通。如果商品各方面质量都比较好，就不用担心没有销量。具有差异化优势的商品在日本站的销量也会比较好，例如，在日本销售 USB 数据线，1 米的数据线销量并不好；而 15 厘米和 2 米的数据线的销量却非常好，这就是差异化优势。

二、选品的分类与方法

（一）选品的分类

1．主动选品

主动选品指卖家通过对目标市场的了解或者对某个行业的了解，主动研发或者寻找商品。例如，熟悉数码类电子商品的卖家，对数码类电子商品的选择肯定会精细到：数码类电子商品→手机周边商品→音响→蓝牙音响。

以蓝牙音响为例，进行主动选品时，卖家需要对整个市场的蓝牙音响都了如指掌，哪款是新开发出来的，哪款是用来低价走量的，哪款是走高端高利润策略的等。这个时候，卖家会针对自己的具体情况主动选择蓝牙音响。

2．被动选品

被动选品指卖家参考其他卖家的数据，查看其近期销量比较大的爆款是哪些，从而决定自己销售的商品。卖家也可以参加线下的选品大会，为选品寻找思路。这样做会比较省事，但是会比别人慢一步，所以卖家在选品时如果能做到主动选品与被动选品相结合，效果会更佳。

（二）选品的方法

选品包括从日用品入手和数据分析两个视角，从日用品入手在于日用品是常规传统商品，需求比较稳定；数据分析是通过对各个业务节点业务数据的提取、分析及监控，让数据作为管理者决策、员工执行的有效依据，作为业务运营的一个统一尺度和标准。"一切以数据说话，一切以结果说话"，即数据分析在实际工作中应用的体现。从数据来源看，数据分为外部数据和内部数据。外部数据是指企业以外的其他企业、市场等产生的数据。内部数据指跨境电商平台能为企业提供的数据。跨境电商卖家要想做出科学的、正确的决策，需要对外部数据和内部数据进行充分的调研与分析，选品的视角及具体方法如表 3-1 所示。

表 3-1　选品的视角及具体方法

序号	选品的视角	具体方法
1	从日用品入手	对目标市场进行分析，掌握当地人群的生活习惯、饮食习惯、业余爱好等基本情况，同时也要参考境内外相关数据信息，为选品提供依据
2	数据分析	（1）内部数据选品法：通过平台分析工具获得已上架商品的销售信息（流量、转化率、跳出率、客单价等），分析哪些商品销售得好，哪些商品销售得不好，从选品成功和选品失败中积累经验教训，选品方法有以下几种。 ① 站内畅销品（Best Seller）选品法。 ② 类目深挖选品法。 ③ 大卖家新品跟进法。 ④ 优秀店铺复制法。 ⑤ 跨境电商平台推荐法
		（2）外部数据选品法：指综合运用各个外部分析工具，全面掌握品类选择的数据依据，选品方法有以下几种。 ① Google Trends 工具法。 ② Alexa 工具法。 ③ 境外社交媒体选品法。 ④ 境外众筹网站选品法。 ⑤ 供应商新品推荐法

1．内部数据选品法

　　内部数据选品法包括站内畅销品（Best Seller）选品法、类目深挖选品法、大卖家新品跟进法、优秀店铺复制法、跨境电商平台推荐法，下面依次介绍。

　　（1）站内畅销品（Best Seller）选品法。一般而言，各个平台都会公布自己的畅销品（Best Seller）排行榜。站内畅销品选品法是跨境电商卖家采用最多的，也是最有效、最实用的选品方法。原因在于，只要立足于平台，挖掘平台上正在热销的商品，就会增加选品成功的概率，降低卖家在运营中的试错成本。具体做法就是，卖家通过平台上的畅销品列表，查看当下最热销的商品，然后结合自己的偏好、可以利用的资源以及自己的运营能力，决定是否选择销售该商品的做法。

　　在敦煌网平台上寻找畅销品的方法是在首页搜索框中输入感兴趣的商品搜索词（如输入"sportswear"（运动服），然后单击"Bestselling"按钮，就可以查到 sportswear 的畅销品，如图 3-2 所示。

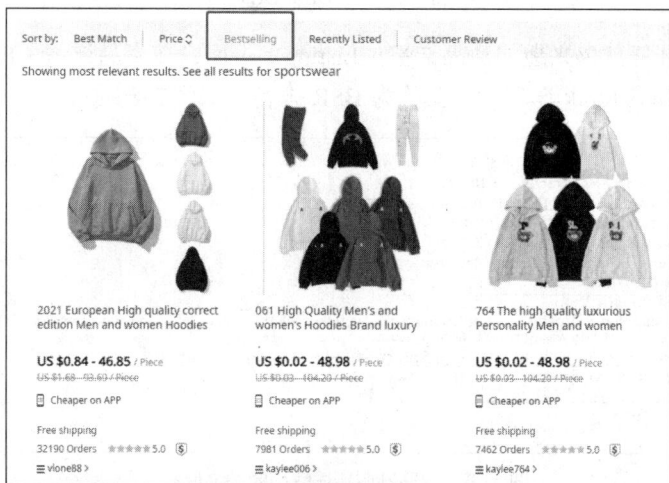

图 3-2　敦煌网平台畅销品查询

在速卖通平台上寻找畅销品的做法相对简单，可以单击首页的"Top rankings"按钮，如图 3-3 所示。

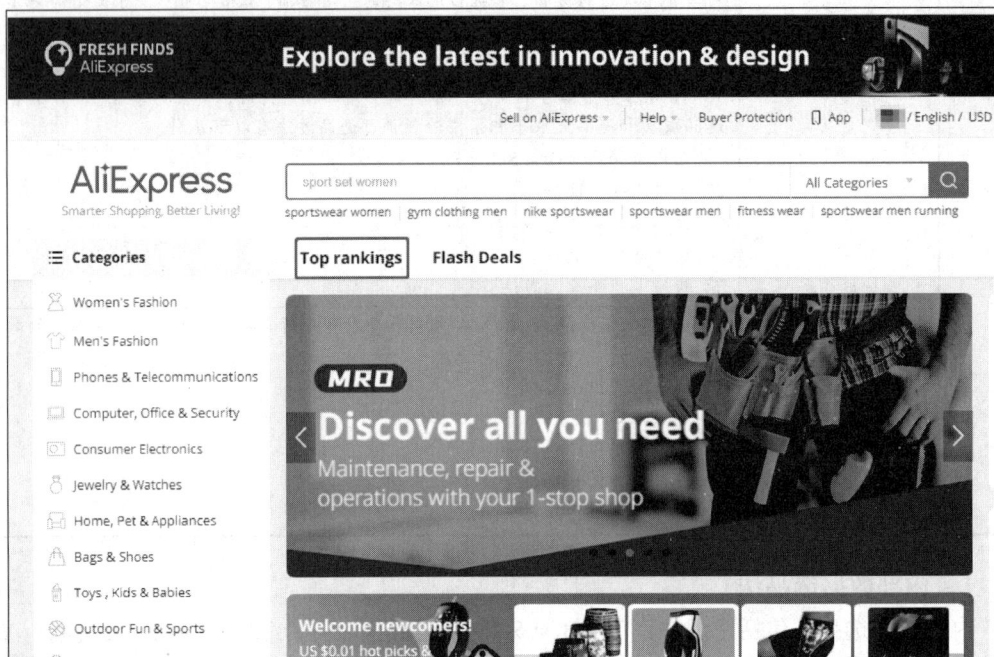

图 3-3　速卖通平台畅销品查询

在亚马逊平台上寻找畅销品的方法有两种，一种是在亚马逊首页直接单击"Best Sellers"选项，如图 3-4 所示。

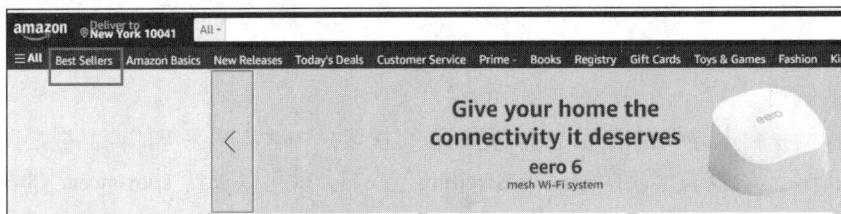

图 3-4　亚马逊平台 Best Sellers 查询

另一种是打开任意感兴趣的商品详情（Listing）页面，在商品详情（Product details）处会有一个 Best Sellers Rank 选项，通常称为 BSR 排名，如图 3-5 所示。

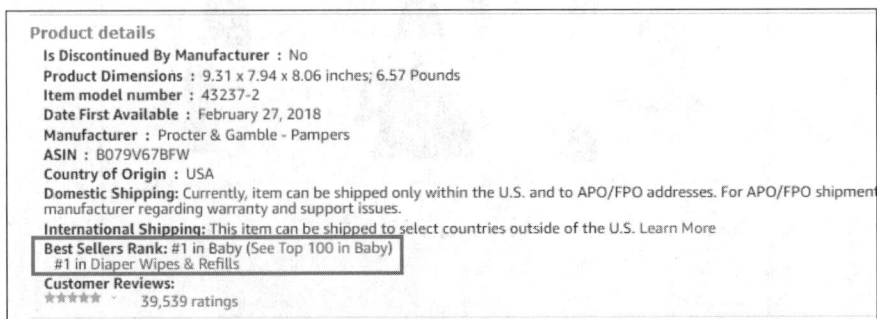

图 3-5　亚马逊商品详情中的排名信息

单击 Best Sellers Rank 排名栏中的"See Top 100 in Baby"超链接，页面将会切换到该类目中最热卖的前 100 名商品页面，如图 3-6 所示。

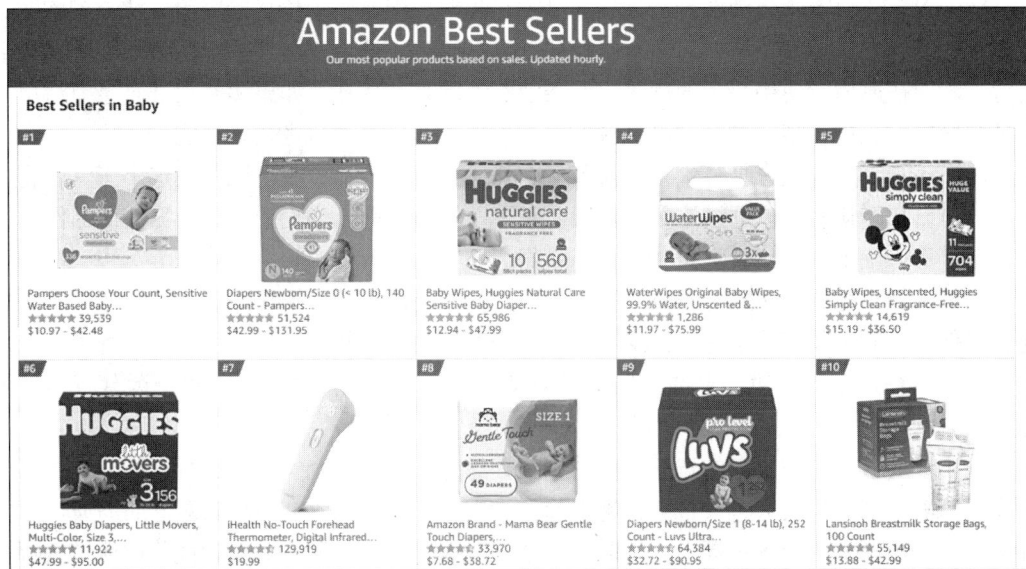

图 3-6　Amazon Best Sellers 排行榜

对于前 100 名的商品，卖家可以逐个评估，结合自己的实际情况决定是否选择该商品。

除了 Best Sellers 排行榜外，亚马逊还提供了其他几个参考维度，包括新品排行榜（New Releases）、销售飙升榜（Movers & Shakers）、最多愿望（Most Wished For）、礼物榜（Gift Ideas）等，如图 3-7 所示。

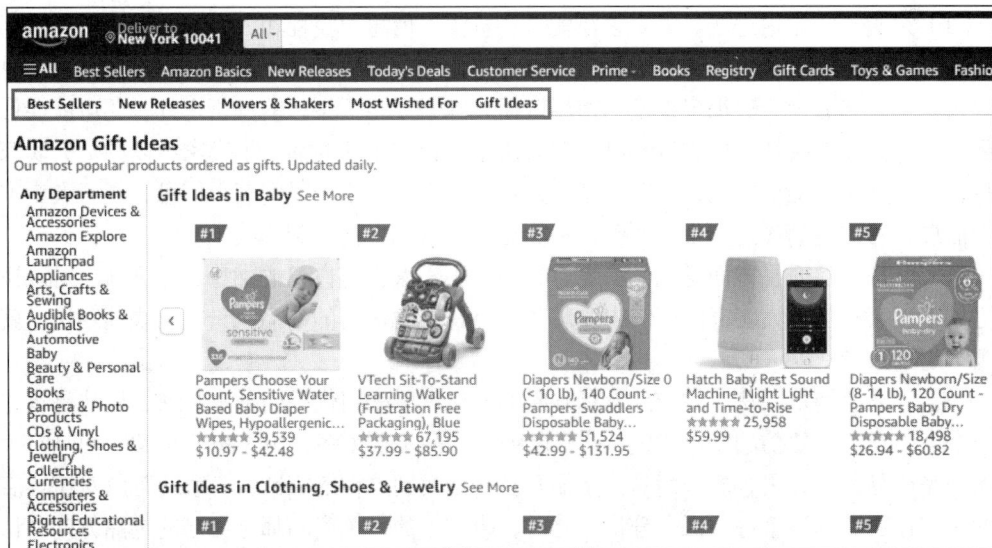

图 3-7　亚马逊畅销品参考维度

New Releases：这是亚马逊基于商品销量得出的热门新品榜单，每小时更新一次，这些商品一般都是上架 3 个月以内的商品。卖家通过这个榜单，既可以了解该类目的畅销品，又可以了解该类商品的销售情况。

Movers&Shakers：这个排名反映的是 1 天内同类目中涨幅最快的商品。通过这个排名，卖家可以找到上升潜力较大的商品，如果卖家对这个排名清单中的商品进行深度分析，有可能找到即将大卖的热销商品。

Most Wished For：当消费者对某些商品感兴趣时，但是因为价格等因素无法立刻购买，会把这些商品加入愿望清单。对于这些商品，价格一旦下调，亚马逊系统就会发邮件提醒消费者。添加在愿望清单中最多的商品，代表消费者的兴趣所在，如果卖家正好对愿望清单里排名靠前的商品感兴趣，拥有商品资源优势或价格优势，就可以考虑选择它们。

Gift Ideas：如果卖家打算销售带有节日、礼品元素的商品，就可以关注这个工具，它主要针对节日和赠送礼品。通过这个工具，卖家可以知道目前人们更愿意选择哪些商品作为礼品，在节日来临前有针对性地备货，提前布局。

（2）类目深挖选品法。对于大部分卖家而言，选择一个热卖的商品比较容易，但是如何长期保持自己的竞争优势就比较难了。很多卖家凭借一款商品赚取了丰厚的利润，但是随着商品生命周期的结束，业绩开始下滑，又因为没有新的热销商品，整个运营节奏就被打乱了。

亚马逊卖家要想在长期的竞争中保持优势，最好能专注一个类目，进行深挖，让自己成为该类目的专家。当卖家对一个类目越来越熟悉，专业度上积累会体现在对商品品质、消费者需求和市场瞭望的准确把握上；同时，专注于一个类目还有利于整合和优化供应链资源，从而构筑起自己所在领域的壁垒，在竞争中处于优势地位。

类目深挖选品法要求商品有一定的市场容量，卖家在可以切实满足一部分人需求的过程中，逐步成长、积累和沉淀。该方法适合打造"小而美、专而精"的店铺。

卖家要想通过类目深挖选品法打造自己在某一个类目上的优势，必须在选品和评估的过程中关注商品的上游，即商品的原产地。只有追根溯源，卖家才有可能获得更多的成本优势。

（3）大卖家新品跟进法。大卖家在资金、资源、信息、流程和人才等方面有优势，通常能更好地把握商品和市场。对于小卖家而言，跟进大卖家进行选品无疑是很好的选品方法。

大卖家在选品上会做很多维度的市场调研，除了立足于平台的分析之外，还可能会借助外部数据对商品的潜在市场进行预测，然后决定是否推出新商品。小卖家可以浏览大卖家的商品，观察其新品上市情况，就很容易在大卖家上新品的第一时间获得信息，基于大卖家的上新信息，对这些商品进行市场预测，从而与大卖家站在同一起跑线上。

大卖家在商品质量方面可能做得更好，但是小卖家也有自己的优势，即灵活，可以快速跟进。小卖家一旦从大卖家的店铺中发现了自己有能力运营的商品，只需要快速跟进，就能占领一定的市场。

（4）优秀店铺复制法。对选品没有方向的卖家可以采用优秀店铺复制法，做法是首先确定一个可以学习和效仿的榜样店铺，榜样店铺的商品不要太多，10～30 款即可，商品是大众化的刚需产品，店铺里有多个商品销量很好。一旦找到这样的店铺，卖家就可以对榜样店铺中的所有在售商品逐个进行深入分析，此时，店铺中的每个商品都是自己的选品方向，认真研究每个商品，在此基础上找到合适的商品，上架销售。

如果卖家找的榜样店铺不能完全满足自己的运营思路，那么，可以对多家店铺进行组合，分别从每家店铺中的商品中精选出自己感兴趣且市场销售状况较好的商品，形成自己的商品群。

需要指出的是，这里的复制指同类功能商品的复制和替代，而不是对榜样店铺的商品完全照抄。选品时，卖家可以选同款商品，也可以选择同类型但经过升级改造的商品。

（5）跨境电商平台推荐法。一般来说，各大跨境电商平台会为卖家从事跨境电商活动提供支持，卖家要好好利用这些服务。例如敦煌网的卖家可以从卖家中心的"行业动态"模块获得选品灵感，在"行业资讯"栏中查看"2021年跨境出口电商哪些品类好卖"（见图3-8），可知2021年跨境电商的热销商品包括运动品类、玩具品类、时尚品类等。

图 3-8　敦煌网 2021 年跨境出口电商热销商品

2．外部数据选品法

外部数据选品法包括 Google Trends 工具法、Alexa 工具法、境外社交媒体选品法、境外众筹网站选品法、供应商新品推荐法，下面逐一进行介绍。

（1）Google Trends（谷歌趋势）工具法。Google Trends 是一款免费的在线搜索工具。卖家可以通过它查看某个关键词在一定时间范围内的受欢迎程度和搜索趋势，而这些数据指标主要来自于谷歌搜索、谷歌购物、YouTube、谷歌新闻和谷歌图片。它通过分析谷歌用户的互联网使用行为，展现全球不同地区用户的搜索趋势。Google Trends 工具法可以为卖家选品、市场调研提供很好的参考，卖家可以使用该方法了解行业趋势和商品趋势，以及用户搜索的关键词信息。

（2）Alexa 工具法。Alexa 是一家专门发布网站世界排名的网站。Alexa 以搜索引擎起家，目的是让互联网用户在分享虚拟世界资源的同时，更多地参与互联网资源的组织。Alexa 每天在网上搜集超过 1000GB 的信息，不仅给出多达几十亿的网址链接，而且为其中的每一个网站进行了排名。可以说，Alexa 是当前拥有 URL 数量最庞大，排名信息发布最详尽的网站之一。

以亚马逊为例，在 Alexa 网站的搜索框中输入"amazon.com"，单击"排名查询"按钮，就可以看到排名情况（见图3-9）。图3-9中的 UV 全称是 Unique Visitor，即网站独立访客数，一个用户一天之内多次访问一个网站，记为一个访客；PV 全称是 Page View，即页面被浏览的总次数，一个页面被点击一次，记为一次浏览，一个用户多次点击或刷新同一个页面，记为多次浏览，累加不去重。由于统计方法不同，日均 PV 值大于 UV 值是很正常的。

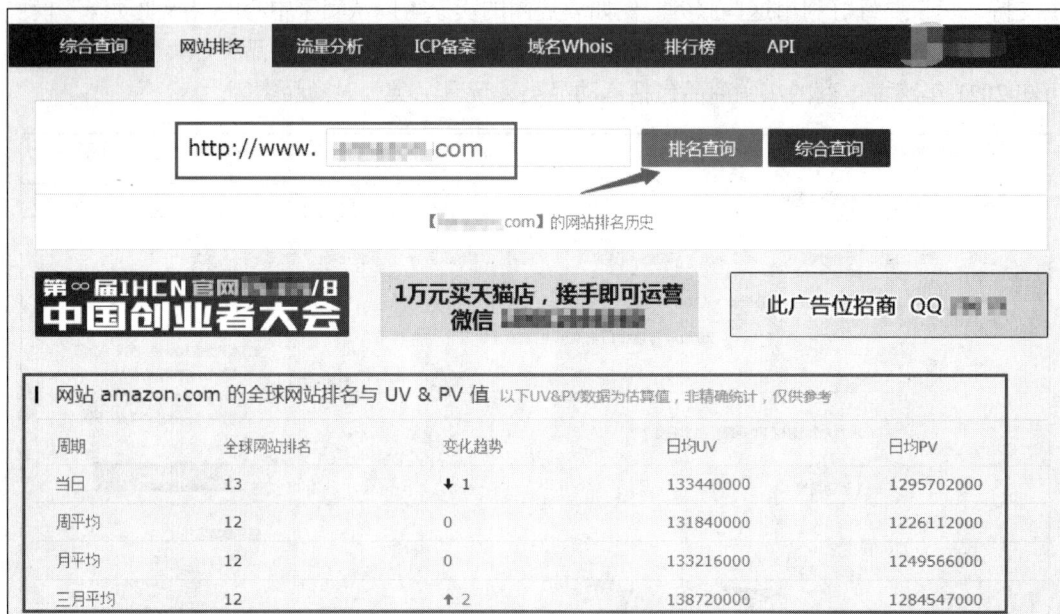

图 3-9　Alexa 网站显示的亚马逊的全球网站排名情况

我们还可以看到亚马逊的国家/地区排名情况，如在美国排在第 3 位（见图 3-10），可见亚马逊较受美国人欢迎。从图 3-10 中还可以看出亚马逊的流量来源，如美国、印度、日本、加拿大、韩国等。

网站 amazon.com 的国家/地区排名、访问比例

国家/地区名称	国家/地区代码	国家/地区排名	网站访问比例	页面浏览比例
美国	US	3	61.4%	67.9%
印度	IN	11	6.2%	4.6%
日本	JP	11	4.4%	4.2%
加拿大	CA	12	2.1%	1.9%
韩国	KR	9	2.0%	2.5%
墨西哥	MX	14	1.3%	1.0%
澳大利亚	AU	13	1.2%	1.0%
巴基斯坦	PK	6	1.2%	1.1%

图 3-10　Alexa 网站显示的亚马逊的国家/地区排名情况

如果卖家销售的商品模仿了其他大卖家，那么就可以利用 Alexa 分析模仿对象的网站，了解模仿对象的用户群体特征。

（3）境外社交媒体选品法。社交媒体通常是信息和流行的发源地，人们的购买行为经常会受到他人的影响，如"网红"穿的衣服、用的化妆品等很快会成为电商平台上的爆款，一线城市流行的服装款式经过一段时间会在二、三线城市流行。跨境电商卖家应对社交媒体保持高度关注，特别是和商品类目相关的话题，从中挖掘流行趋势产品。常见的境外社交媒体有 Twitter、YouTube、Instagram、Pinterest、Linkedin、Tik Tok 等。

（4）境外众筹网站选品法。众筹即大众筹资或群众筹资，由发起人、跟投人、平台构成，具有低门槛、多样性、依靠大众力量、注重创意的特征，是指一种向群众募资，以支持发起的个人或组织的行为。卖家可以根据商品的众筹完成程度进行选品，完成程度高的商品市场潜力大。

Kickstarter 是美国比较有名的众筹网站。该网站曾经有一款产品——减压魔方（Fidget Cube），众筹目标是 15000 美元，结果筹集到 6465690 美元，完成程度在 400 倍以上，减压魔方也毫无悬念地成为当年亚马逊平台以及社交媒体的爆款商品。

（5）供应商新品推荐法。如果说卖家站在销售端可以知悉市场需求，那么供应商则是站在供应链的上游影响市场趋势。一家实力比较强的工厂，往往可以从研发端影响市场趋势，通过对市场和趋势的理解，对商品进行更新换代，再用这些商品激发和满足消费者的内在需求。

作为亚马逊卖家，在选品的过程中，要多关注供应商传递出来的信息，不但要关注更新换代的商品，还要关注迎合市场需求开发出来的全新商品，如曾经热卖的平衡车、指尖陀螺等商品，这些商品都是通过在供应商端进行扩散后才进入市场的，给最早开始销售的卖家带来了丰厚的利润。

📖案例 1

以加拿大为例进行选品分析

首先，对加拿大的重大节日进行分析。例如，圣诞节前，加拿大人会大量采购圣诞商品装饰家、超市、餐饮店等，这时需求就比较明显。节假日商品大多会提前一个月开发及上架，另外，物流也需要预留出时间，这也是出于抢占市场先机的考虑。综合考虑以上因素，我们的选品方向就更明确了。

其次，对季节因素进行分析。冬季到来前，准备开发帽子、手套、围巾等保暖商品；夏季到来前，准备开发迷你风扇、笔记本冰垫、散热器等降温商品。

最后，在生活习惯方面，可以根据目标市场人群的生活习惯选品。2016 年，BrandSpark 进行了"第十三届年度加拿大购物者调查"，有超过 39000 名加拿大人参与了调查，该调查揭示了加拿大人在日常消费品方面的购物习惯。这项调查得出的结论如下：

（1）加拿大人喜欢创新，愿意为新商品买单。

在加拿大，无论是经济繁荣时期还是衰退时期，加拿大人都喜欢新商品。75%的被调查者支持创新，67%的被调查者愿意为新商品多付一些钱。报告显示，加拿大人在购物活动中购买首次上架新商品的概率为 13%，所以卖家需清晰地向加拿大人展示新商品将会给他们带来什么好处，即新商品必须要引人注目。

（2）加拿大人对购买过程持不同意见。

52%的被调查者称寻找划算交易的过程让购物更加有趣。56%的被调查者喜欢在多个店铺中购物以寻求最优价格，但随着搭配价格的兴起，这一比例有所下降。仅有 33%的被调查者认为一站式购物的便利比低价格更具诱惑力。

（3）大多数加拿大人喜欢"纯天然"保健品。

对于效果好的保健品，55%的被调查者愿意付出更多的钱去购买，而 53%的被调查者更愿意购买打着"天然"广告语的保健品，因为他们认为这种商品的效果更好。

（4）加拿大人信任有机食品，但因有机食品价格较高而购买的人数较少。

36%的被调查者承认有机食品更加健康，但是只有23%的被调查者定期购买有机食品。60%的被调查者称，如果有机食品的价格没那么高，他们愿意购买更多的有机食品。

（5）品牌忠诚度降低，加拿大人开始追求更优价格。

45%的被调查者称对品牌的忠诚度不如几年前，原因是商品价格上升，而且各品牌的促销活动比以前更多了。75%的被调查者称会查看每周打印的宣传页，40%的被调查者称每周都会查看数码宣传页。

三、货源的选择

出口商品货源的选择有两种渠道：一种是线下货源，另一种是线上货源。

（一）线下货源

线下货源是指在当地可以找到的实体店货源，包括专业批发市场和工厂货源。

1．专业批发市场

如果资金比较充裕，卖家首先在当地专业市场进货。这样做有两个好处：一是可以亲自验看商品的质量；二是确保有库存。例如，卖家要找电子商品就到深圳，要找服装类商品就到广州、虎门，要找 LED 灯饰类商品就到中山……如果能够和专业批发市场的经营者进行多次交易的话，卖家还有可能拿到较低的批发价，在专业批发市场有新货或热销款时也会较早得到通知。无论选择在哪里进货，一定要记住，首次进货一定要多品类，同一款商品一件就可以了，如果销售情况好就再进货。可见，专业批发市场货源的优点是方便、运输成本低、可见实物、可议价，且比较稳定。

2．工厂货源

如果能和工厂达成合作，工厂货源是最好的货源渠道，不但可以节省成本，商品售后也有保障，而且工厂货源是人性化的，可定款、定价、定量。采用工厂货源的缺点是，如果是小批量订货，很难与工厂建立合作。

（二）线上货源

1．网上商城批发

网上商城批发是一个比较常见的渠道，因为没有地域的限制，所以进货比较方便，成本也较低，且货源比较稳定，操作简单，缺点是见不到实物。例如，阿里巴巴批发网（即 1688 批发网）聚集了各类厂家，很多厂家都提供批发业务，商品也配有图片，还提供了"跨境专供"模块，如图 3-11 所示，但是该模块的厂家都要求卖家大量进货。如果店铺前期资金和经验不足，卖家可以在阿里巴巴小额批发区进货，虽然进价会高一些，但是风险低，待销量提高后再寻找好的货源。

2．做网店代理或代销

现在很多电商网站不仅提供批发业务，还提供代理或代销服务。网店代理比较适合电商新手，但是卖家在找这类代理的时候一定要多对比，可以先买回一两件商品试试，因为现在很多网站提供的商品在质量上没有保障，如果代理的商品出现问题，就会遭到客户投诉，最后不仅亏本，还可能降低店铺的信誉。

图 3-11　阿里巴巴批发网"跨境专供"模块

任务实施

小茗在掌握了有关选品的基础知识后，开始着手进行选品。

一、选择目标市场

小茗初入跨境电商行业，并没有稳定的客户以及货源渠道。考虑到欧美市场的购买力比较强、市场比较规范，小茗决定进入美国市场。

二、研究目标市场的热销商品

小茗通过浏览网页，发现美国市场每个月都有热销商品，但是仍然拿不定主意。小茗还了解到平衡车、鱼尾毯、指尖陀螺等商品曾是跨境电商平台比较热卖的商品。自 2019 年以来，口罩、消毒液、额温枪等商品的热度持续升温，供不应求，但随着出口政策的不断变化和平台的严格管制，此类商品的门槛也越来越高。从跨境电商亚马逊等平台来看，面包机、烧烤炉等厨房用具和烘焙材料的销售增长最快，平板电脑、教育软件和电子游戏等电子商品的销售也有了显著的增长。越来越多的人开始适应在家工作、学习、娱乐，制作果冻酱、酸奶、烤面包。根据数据显示，瑜伽垫在亚马逊最畅销商品中排名逐渐升高，跑步机的销售总额增长显著。在法国市场，哑铃和动感单车的销售额也增长了。跨境电商亚马逊平台上，花园、露台和草坪类商品销售额近年来增长明显。除此之外，办公家具、灯具和地毯的销售也增长了。

小茗是初学者，自身也热爱运动，于是决定销售哑铃。

📖 **案例2**

跨境电商——在美国卖什么商品好

1月：冬季服装打折，是服装的销售旺季，卖家可以多上架一些服装商品。

2月：2月14日是情人节，2月也是园艺商品、时尚饰品、珠宝和手表、箱包礼品的销售旺季。

3月：服装和家居用品的销售会在春夏季节快速升温，美容化妆商品的销量会随着春季新品的到来而强势反弹。另外，户外用品、桌球、水上运动用品的销售在春夏季节比较火热，礼品的销售会随着节日而火爆。

4月：园艺商品在4月的美国市场销量很好，女鞋和婚庆用品的销售会随着婚礼需求而激增。

5月：园艺商品、时尚饰品、珠宝商品、箱包商品、贺卡的销售会随着5月母亲节的到来而变得火热。

6月：6月是毕业季。空调等制冷电器会在6月开始热销，手机和消费电子商品也进入销售旺季，桌球、水上运动用品也比较热销。

7月：7月4日是美国的独立日。家具和家居用品会因为婚礼等需求而进入销售旺季。

8月：8月是学生返校采购季。返校采购季是服装、鞋类的一个热卖季节，也是手机、消费电子商品、办公用品、运动用品的一个热卖月。

9月：秋季是服装热卖的季节之一，美容化妆品会由于秋季新品的到来而热销。

10月：体育用品在10月会强劲打折，同时毛绒玩具开始热销。

11月：11月有感恩节，11月也是园艺商品的热卖时节，一些家电用品也开始打折，美容化妆用品会随着冬季休假的来临而热卖，毛绒玩具会热销，礼品会随着冬季诸多重要节日进入热销季。

12月：冬季是服装和鞋类热卖的季节。圣诞节期间园艺商品会热卖，取暖设备热销，时尚饰品、珠宝和手表在12月的销量会占到全年销量的四分之一。手机、消费电子商品热销，作为礼物或者自用的体育用品也进入热销季。冬季滑雪设备热卖，毛绒玩具热销。

▌三、遵循平台规则进行选品

小茗在考察了各个平台的成本后，决定借助敦煌网平台销售产品。首先，小茗需要了解敦煌网的政策规则。

小茗发现在敦煌网上销售产品要遵守"禁止销售（限售）的产品规则"及"禁止销售侵权产品规则"。

（1）禁止销售（限售）产品。

进入敦煌网卖家主页面，单击"政策规则"选项，进入之后再单击左侧的"规则体系"栏目中的"禁止销售（限售）的产品规则"，可在页面右侧分别查看规则、解析与案例分析，如图3-12和图3-13所示。

从"规则"部分可知，敦煌网禁止销售的产品包括但不限于18类产品，敦煌网限制销售的产品指需要取得产品销售的前置审批、凭证经营或授权经营等许可证明才可以发布的产品。卖家若已取得相关合法的许可证明，应在上传该类产品至敦煌网前，提前向敦煌网授权邮箱提供授权证明。

图 3-12　敦煌网禁止销售（限售）的产品规则

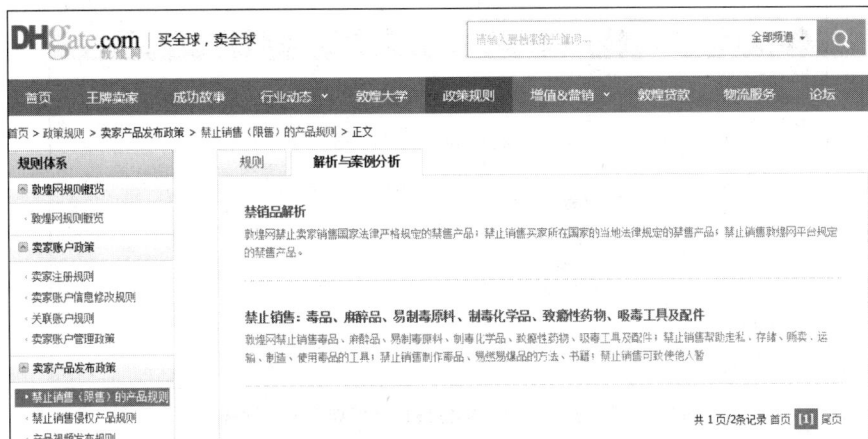

图 3-13　敦煌网禁止销售（限售）的产品规则解析与案例分析

从"解析与案例分析"部分可知敦煌网对禁销品的种类规定及原因解释。

（2）禁止销售侵权商品。

单击左侧"规则体系"栏目中的"禁止销售侵权产品规则"，查看规则、解析与案例分析、相关问答，如图 3-14、图 3-15、图 3-16 所示。

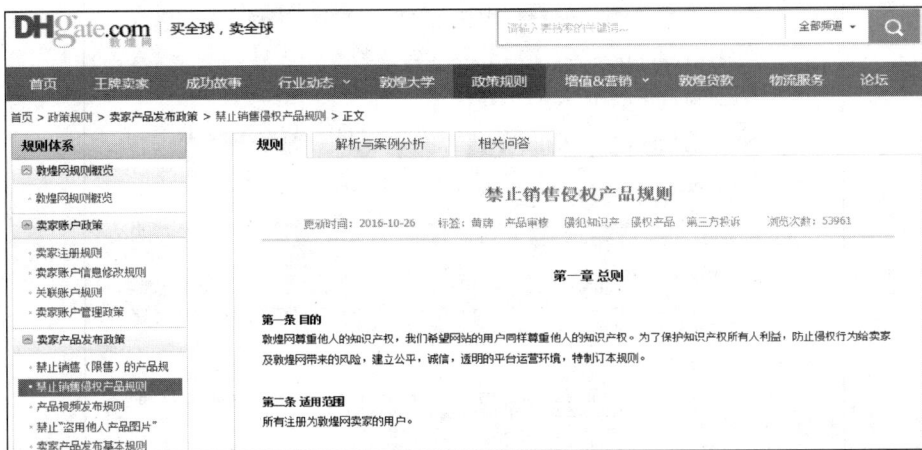

图 3-14　敦煌网禁止销售侵权产品规则

图 3-15　敦煌网禁止销售侵权产品规则解析与案例分析

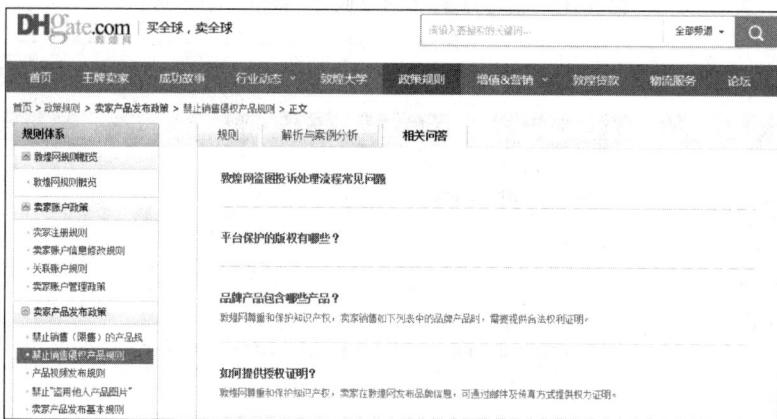

图 3-16　敦煌网禁止销售侵权产品规则相关问答

小茗通过了解敦煌网的政策规则，知道选择的哑铃产品不属于平台禁止（限制）销售的产品，于是在敦煌网卖家界面输入"哑铃"进行搜索，搜索结果页面如图 3-17 所示。从这些信息中可以看出，"哑铃"也是敦煌网平台销量较好的产品，这让小茗更加坚信了自己的选品。

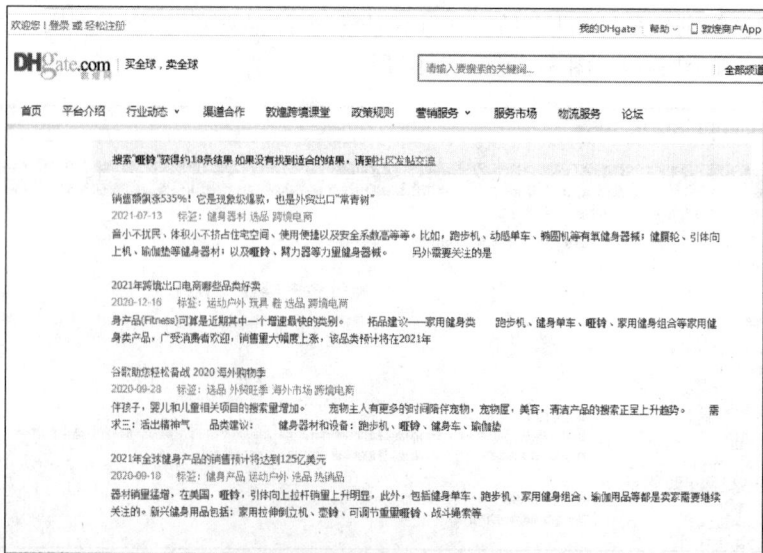

图 3-17　敦煌网卖家界面关于"哑铃"的搜索结果

因此，小茗完成了选品任务，决定销售"哑铃"。

任务二　跨境电商商品定价

任务引入

假定小茗选择的出口跨境电商平台是敦煌网，选择的出口商品是指尖陀螺，那么，小茗要为指尖陀螺定价多少呢？小茗希望价格越高越好，但是价格太高，商品就会丧失竞争力；但是定价过低，小茗无法从中赚取利润。本任务帮助小茗为指尖陀螺商品制定一个适中的价格。

相关知识

在定价方面，小茗需要明确跨境电商商品的价格构成、定价要点及定价策略。搜索排名对于商品销售至关重要，而价格因素往往与平台的搜索排名有非常大的关联。定价对跨境电商销售来说非常关键，也是店铺盈利的核心策略。跨境电商商品的定价与传统贸易商品的定价大同小异，只是增加了跨境电商平台费用。我们在分析定价之前要先了解以下几个名词：①上架价格（List Price，LP）：即商品在上传平台的时候所填的价格；②销售价格/折后价（Discount Price，DP）：即商品在店铺折扣下显示的价格；③成交价格（Order Price，OP）：即客户在最终下单后所支付的单位价格。这几个价格的联系体现在"销售价格=上架价格×折扣率"和"成交价格=销售价格-营销优惠（满立减、优惠券、卖家手动优惠）"这两个等式中。

一、跨境电商商品的价格构成及定价要点

跨境电商商品定价

（一）跨境电商商品的价格构成

从事跨境电商经营的核心目的是赢利，而利润=商品价格-商品成本，即商品价格取决于商品成本和利润。商品成本=进货成本+跨境物流成本+跨境电商平台成本+售后维护成本+其他综合成本。下面分别进行论述。

1．进货成本

进货成本指从供应商处采购商品的成本，一般包括工厂进价和快递成本。进货成本取决于供应商的价格基础。在进行跨境电商商品定价之前，首先应该了解商品采购价格处于这个行业价格的什么水平，即供应商的价格水平是否具备优势。选择一个优质的供应商是跨境电商经营的重中之重，优质的商品品质、商品研发能力、良好的电商服务意识都是选择供应商要考虑的因素，但最核心的因素是供应商的商品价格必须具备一定的市场竞争力，这样才可能拥有足够的利润空间做运营和推广。

2．跨境物流成本

跨境物流成本是商品实际成本的重要组成部分，根据跨境物流模式的不同而有所不同。在跨境物流费用的报价上，商品标价里通常会写上"包邮"（Free Shipping），这样的标价方式比较吸引客户。所以，卖家一定要将跨境物流费用计算在商品价格之中。

3．跨境电商平台成本

跨境电商平台成本是指基于跨境电商平台运营、向跨境电商平台支付的相关费用，一般包括入驻费用、成交费用、推广费用、平台年费和活动扣点，其核心是推广费用，如速卖通平台的外贸直通车项目推广费用。如果卖家的资金实力不够雄厚，对于商品的推广投入成本更应该谨慎且要有非常详细的预算，一般情况下，推广成本=（进货成本+跨境物流成本）×（10%～35%）。就入驻费用而言，目前只有 Wish、Shopee 平台不收取。就成交费用而言，速卖通按每笔成交额的 5%～10%收取，而亚马逊则按每笔成交额的 8%～15%收取，其他平台也有相应规定。跨境电商平台成本越高，商品价格就会越高，就越不具备价格竞争力。

4．售后维护成本

售后维护成本是很多跨境电商新手最容易忽视的一个成本。很多中小跨境卖家在我国境内发货，线长点多周期长，出现一些商品破损、丢件甚至客户退货退款的纠纷，售后维护为跨境电商的特性，这样的成本投入往往比较高，卖家在核算成本的时候应该把该成本明确核算进去。售后维护成本=（进货成本+跨境物流成本+推广成本）×（3%～8%），如果超过这个比例，建议放弃这类商品。

5．其他综合成本

其他综合成本包括人工成本、办公成本、跨境物流包装成本等。

6．利润

利润也是跨境电商卖家需要考虑的因素，利润越高，商品售价就越高。目前，速卖通平台的利润率普遍越来越低，一般在 15%～20%。为了方便卖家在后期参与平台打折活动，建议将销售利润率定在 40%以上。利润率分为成本利润率和销售利润率两种，成本利润率可以大于 100%，销售利润率不可能超过 100%，原因在于两种利润率的计算公式不同，其中成本利润率=（利润/成本）×100%，利润可以大于成本；而销售利润率=（利润/售价）×100%，利润不可能大于售价。

（二）跨境电商商品的定价要点

1．注意数量单位

跨境电商新手要注意数量单位，如 piece 和 lot。这个问题看上去比较简单，但是很多跨境电商新手做跨境电商时往往不注意这类细节，经常把数量单位搞错，最终导致订单成交后亏本发给客户。此外，跨境电商新手应该根据不同数量为商品制定不同的价格，这样可以吸引采购商下大订单，如 100 个多少价格、300 个多少价格、500 个多少价格等。

2．避免随意定价

随意定价是目前跨境电商新手最容易犯的错误。如果商品定价随便更改，会让客户感觉这个店铺在价格核算上不够专业，而且还会使之前买贵了的客户产生心理不平衡。因此，定价要细致严谨，卖家在制定价格之前要做好调研，不要轻易改变价格。

3．注意合理的销售方式

有些商品需要分件卖，有些商品需要分批卖，有些商品需要成批卖，这都有非常严谨的定价和销售策略，如低于 1 美元的商品一般建议分批卖。

4．进行充分的市场调研

卖家首先在所选的跨境电商平台上输入关键词，查看自己的价格在行业内属于什么水平；如果自己的商品没有特别具有竞争力的同行，一般建议利润占比为 25%。多了解同行，多关注竞争对手，多向他们学习，这样卖家的店铺才能真正成长并获得成功。

5.注意 C 类买家和小 B 类买家的区别

通过跨境电商平台可以找 C 类买家，他们的特点是购买数量少，有时甚至只购买单件商品，但对销售服务的要求高。对于这类买家，一般建议将商品价格定在正常的零售价格。同时，通过跨境电商平台也可以认识一些小额批发商（即小 B 类买家），他们的特点是能产生小订单，可以在价格上给予一定的让利，因为小 B 类买家后期成长起来对店铺的赢利是最强的支持，所以要特别重视这类客户的订单。

6.精准的国际物流快递核算

一个有责任心的跨境电商卖家要尽量帮助客户降低国际物流费用，在商品标价的时候建议将国际物流费用直接包含在商品价格中，同时标明商品包邮；对于商品的包装和重量要精心计算，选择可靠、价格低廉的跨境物流公司，商品的包装尽可能做到既牢固又便宜，这样能使店铺真正拥有一批忠实的客户，最终走向成功。

7.多了解境外网站上该商品的市场价格

这一点非常重要，如果目标市场是美国，就多去美国网站了解所售商品的终端零售价格，比较自己商品的价格与美国当地同类商品的价格，看看自己的价格是否具备竞争力；如果与美国当地的商品价格没什么差别，那价格竞争力就比较弱，客户下单的可能性就比较小。

8.考虑人民币与美元的市场汇率

对于很多已经有一定销售量的跨境电商卖家来说，应重点考虑人民币与美元的市场汇率，将商品美元价格的汇率预算得保守一点，以此规避人民币可能升值的风险。

9.注意平台收汇扣费成本

无论是 eBay、速卖通、敦煌网，还是其他跨境电商平台，其单笔美元收汇都会有非常高的收汇成本，这个成本一定要考虑进商品定价中。另外，建议店铺账户累积到较大余额时再去平台提现，这样能最大限度地节省提现费。

（三）跨境电商平台的价格调研

要想在激烈的跨境电商竞争中赢得订单，店铺商品的价格应该有比较明显的优势。只有进行充分的市场调研，做到知己知彼，不断调整价格，店铺才能真正具备竞争优势。

对于跨境电商平台的价格调研，卖家一般要了解下面几个核心点。

1.商品价格

首先进入常规的跨境电商平台，如速卖通、敦煌网、eBay 等，选择要调研商品的商品类目，统计前 10 页的商品价格，并计算出一个平均的价格水平，对照自己的商品价格，确定自己的商品价格是否具有优势。自己商品的价格水平最好处在中等偏下的位置，这样最有市场竞争力。

2.市场竞争度

进入速卖通、亚马逊、eBay 等跨境电商平台，从下面几个维度进行调研。第一，竞争者的数量。如果竞争者数量太多，那么该市场已经是红海市场，定价只会越来越低。第二，地区的分布。关注一下竞争对手店铺的地区分布，同一个地区的竞争者越多，自己的商品溢价能力越弱。第三，仔细分析核心竞争对手的实力，如店铺的综合能力、品类、营销推广能力等，竞争对手能力越强，自己的商品溢价能力就越弱。

3．店铺商品的差异化

这一点非常重要，因为一个店铺商品的差异化程度越高，意味着商品溢价能力越强，所以卖家要在店铺经营的过程中注重自己商品的个性化和差异化，在商品拍摄、店铺装修、商品的包装等方面有自己的个性和特色。

二、跨境电商商品的定价策略

（一）跨境电商商品的传统定价策略

了解传统的、最受欢迎的零售电商定价策略，有助于卖家混合使用这些不同的定价策略，为所销售的商品设定一个最合适的价格。电商卖家经常使用的、传统的商品定价策略主要有基于成本的定价、基于竞争对手的定价和基于商品价值的定价。

1．基于成本的定价

基于成本的定价可能是零售行业最受欢迎的定价策略。其最大的优点是简单。一家商店，无论是实体店还是电商店铺，无须进行大量的客户或市场调研就可以直接设定价格，并确保每个销售商品的最低回报。因而，这种定价又被称为"稳重定价"。

卖家要想运用基于成本的定价策略，就需要知道商品的成本，并提高标价以创造利润。该定价策略的计算方式为：价格=成本+期望的利润额。

例如，你拥有一家卖T恤的电商店铺。采购一件衬衫并打印样式，你需要11.5美元；这件衬衫的平均运费是3美元，所以你估计的成本是14.5美元；而你想在每件售卖的衬衫上赚取10.5美元的利润，所以你的衬衫价格应该是25美元。

如果你新增了一种新T恤，这种T恤需要额外的打印费，成本可能需要15美元，还需要3美元的预计运费，你的T恤价格应该为28.5美元，即18美元的商品成本再加上10.5美元的利润。

当然，卖家也可以使用百分比定价，可以简单地在商品成本上加上你期望达到的利润率进行定价。

例如，商品成本是3美元，按照速卖通目前的平均毛利润率15%，还有固定成交速卖通佣金费率5%，以及部分订单产生的联盟费用3%～5%进行计算。我们可以推导出：

价格=3÷（1-5%-5%）÷（1-15%）≈3.92（美元）

再保守点，价格=3÷（1-5%-5%-15%）=4（美元）

其中，5%的联盟佣金并不是所有订单都会产生的，但考虑到部分满立减、店铺优惠券、直通车等营销成本，以5%作为营销成本基本没有差错。

此外，还可以加上丢包及纠纷损失的成本，按照邮政小包1%的丢包率计算，又可以得到：

价格=3÷（1-5%-5%-1%）÷（1-15%）≈3.97（美元）

再保守点，价格=3÷（1-5%-5%-15%-1%）≈4.05（美元）

得到价格后，我们需要考虑该商品是通过活动销售还是作为一般款销售。

假如作为活动款，那么按照平台通常活动折扣要求40%（平时打40%折扣，活动时最高可以打50%折扣）计算，可以得到：上架价格=销售价格÷（1-40%）。

基于成本的定价策略可以让零售电商卖家避免亏损，但这种定价策略容易带来价格战。

2．基于竞争对手的定价

采用基于竞争对手的定价策略时，你只需"监控"竞争对手对特定商品的定价，并设置与其相对应的价格就可以了。

这种定价策略只有当你与竞争对手销售相同商品且没有任何区别时，才可以达到效果。实际上，如果你使用了这种策略，你就是在假设你对竞争对手已经做了一些相关研究，或者竞争对手拥有足够的市场地位，你假设他们的价格一定是匹配市场期望的。

这种定价策略可能会带来价格竞争，例如，你在亚马逊平台上销售商品，你有一款通常在自己网站上标价 299.99 美元的商品，因此你将亚马逊上该商品的价格也设定为 299.99 美元，希望订单能蜂拥而来。但你发现，订单并没有增加。后来，你发现你的竞争对手正在以 289.99 美元的价格出售相同的商品，因此你将价格降至 279.99 美元。不久之后，你们双方都会因为不断降价，把利润空间压缩得几乎可以忽略不计。因此，卖家要谨慎使用基于竞争对手的定价策略。

3．基于商品价值的定价

如果专注于商品可以给客户带来的价值，卖家思考的问题则是：在一段特定时期内，客户会为一个特定商品支付多少费用？然后根据客户的这种感知设定价格，这种定价就是基于商品价值的定价策略。因为这种定价策略取决于客户对商品的认知水平，所以又被称为"认知定价策略"。

基于商品价值的定价策略是最复杂的一种定价策略，因为这种策略需要进行市场研究和客户分析，卖家需要了解最佳受众群体的关键特征，考虑他们购买的原因，了解哪些商品功能对他们来说是最重要的，并且知道价格因素在他们的购买过程中占了多大的比重。

如果卖家使用的是基于商品价值的定价策略，这并不意味着只设定完一个价格后就结束了。相反，商品定价的过程可能会是一个相对较长的过程。随着客户对市场和商品的了解加深，卖家需要不断对价格进行重复、细微的改动。不管是从平均商品利润还是整体盈利水平来说，该定价方式都可以带来更多的利润。

（二）跨境电商商品的其他定价策略

1．折扣定价策略

利用电商平台的促销功能，设置折扣价是常见的定价策略。折扣价格并不是长期打折，折扣的目的是吸引客户，一般是在标价的基础上选择一定的折扣，把利润、成本全部标在"上架价格"中，并且把快递邮费也包括在标价里，这样比较容易吸引客户。卖家也可以定期做一些优惠活动，如"买就送"，参与平台的一些推广活动等。销售量越高，价格越优化，卖家在跨境平台上的排名就越有优势。需要注意折扣的英文表达，例如，如果卖家希望将商品打 9 折，其英文应该写"10% off"，而不是"90% off"。

2．引流型定价策略

对于新的跨境店铺，首先要做的是引流。此时一般的定价策略是，在速卖通等跨境电商平台上输入商品的关键词，找到行业的价格水平，如找到 10 家跨境电商卖家的价格，取一个价格的平均值，最后把商品的"上架价格"标为"平均值×（1-15%）"的价格。这样卖家可能有亏损，但是这样的标价再结合一定的外贸直通车（P4P）推广，很容易为店铺吸引比较高的流量。这个标价是折扣价，后期等店铺流量上来以后，卖家可通过调整折扣的方式，把价格调回正常水平。

还有一种引流型定价策略，又被称为"狂人策略"，具体做法是研究同行业卖家、同质商品销售价格，确定行业的最低价，以最低价减去其5%～15%的价格作为商品的销售价格。用销售价格倒推"上架价格"，不计得失确定成交价。"上架价格"的定价方法有以下两种。

（1）上架价格=销售价格/（1-15%）。此策略费钱，可以用来打造爆款，简单、有效，但不可持续，风险较大。

（2）上架价格=销售价格/（1-30%）。此策略略微保守一些，可以通过后期调整折扣让销售价格回到正常水平。

以上两种定价思路都可以在15%折扣下平出或者略亏，作为引流爆款的方法。

3．盈利款定价策略

盈利商品的调价能力（即商品溢价能力），是定价策略中最核心的部分。对确定能产生利润的商品，卖家应该在商品品质和供应商供应链能力方面做好把控，其品质必须非常可靠且稳定，供应商的供应能力（包括库存、研发等）应该完善且持续性强。

一个店铺的优质盈利商品必须具备下面几个特性。

（1）行业竞争不充分、不密集。卖家进入跨境电商平台调研，输入商品的关键词，查询这个阶段有多少竞争对手在销售同系列同款式的商品，查看其排名和商品曝光是否具备优势。一般来说，同类供应商越密集，商品定价越低，溢价能力越弱。

（2）商品的差异化特征。跨境电商商品应在照片拍摄、商品描述上具备差异化，在功能、属性方面有自己的特点。以女装为例，卖家在拍摄商品照片时聘请境外的专业模特，溢价能力就会增强。在船模型上刻字，给客户提供个性化、差异化的服务，商品溢价能力也会大大增强。

（3）营销推广测试新款。把你的商品推广到P4P或者利用Facebook等进行营销推广，添加购物车数据越多，溢价能力就会越强。

（4）客户对品牌的印象。品牌和高档仅是客户的感觉，客户会从店铺装修、店铺设计、图片美工、描述等细节感觉这个店铺的专业度和商品的档次，所以卖家一定要在店铺的设计和定位上下足功夫。店铺的设计越专业，商品溢价能力就会越强。

（5）抓住消费的季节性。很多商品会有季节性，如圣诞节、万圣节、情人节等。季节性越强的商品，商品溢价能力越强。

（6）销售量和好评率。这一点最为明显也最为直接。如果店铺的销售量高、好评率高、客户满意度高，商品溢价能力自然也强。

（7）对于供应商的压价能力。如果商品是爆款，销量非常大，店铺订货就会采用大额订单的模式，通常这时供应商就会给店铺一个更低廉的价格，店铺就拥有了一个比较大的价格空间，后期的溢价能力也就比较强。

总之，盈利商品是店铺的核心，卖家要依靠特色和差异化提升竞争力，要在拍摄、描述方面下足功夫，并且多给商品增加溢价能力；溢价因素越多，商品的后期利润就越高。

任务实施

小茗将借助基于竞争对手的定价、基于成本的定价以及基于商品价值的定价这3种策略对指尖陀螺进行定价。

一、基于竞争对手的定价

小茗首先访问敦煌网买家页面，输入"Finger Spinner"进行搜索，在搜索结果中看到了很多店家的销售价格信息，如图 3-18 所示。

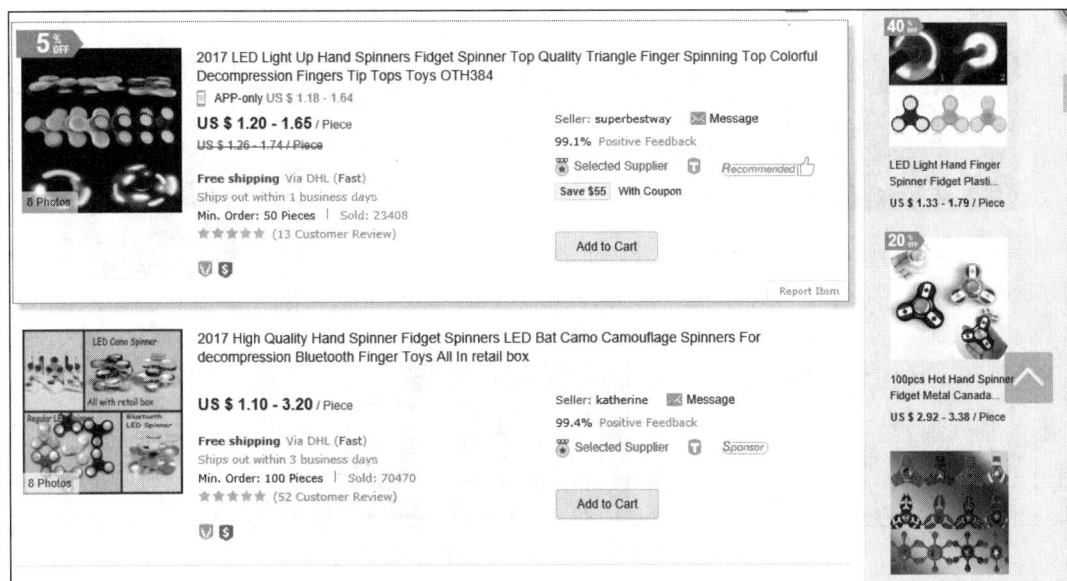

图 3-18　在敦煌网买家页面输入"Finger Spinner"的搜索结果

小茗单击"Price"标签进行排序，发现价格最低为 0.41 美元，最高为 1030.70 美元。小茗单击"Bestselling"标签，按照销量从多到少进行排序，总结出以下信息，如表 3-2 所示。

表 3-2　敦煌网指尖陀螺销量前 10 店铺定价表

名次	销量/件	MOQ/件	价格范围/美元
1	640042	30	1.94～1.68
2	621100	50	0.62～1.01
3	621007	30	1.94～2.68
4	617749	50	3.72～7.84
5	567435	40	1.51～2.05
6	563350	50	1.29～1.70
7	525770	30	2.14～2.92
8	519440	65	1.06～1.43
9	494165	30	2.09～2.86
10	486801	65	1.06～1.43

于是，小茗整理了前 10 家店铺的信息，发现敦煌网指尖陀螺销量最高的店铺销售了 640042 件，最小订单量（Minimum Order Quantity，MOQ）为 30 件，价格范围为 1.94～1.68 美元；销量第二的店铺销售了 621100 件，MOQ 为 50 件，价格范围为 0.62～1.01 美元。销量第三的店铺销售了 621007 件，MOQ 为 30 件，价格范围为 1.94～2.68 美元……在此基础上，小茗得出前 10 家店铺的最低定价为 0.62 美元，最高价格为 7.84 美元，MOQ 为 30～65 件。根据现有卖家的定价，小茗将指尖陀螺的定价范围初步框定在 0.62～7.84 美元。

二、基于成本的定价

因为小茗目前没有工厂货源，所以打算从阿里巴巴批发网上寻求货源。小茗打开主页，输入"指尖陀螺"进行搜索，得到图 3-19 所示的信息。

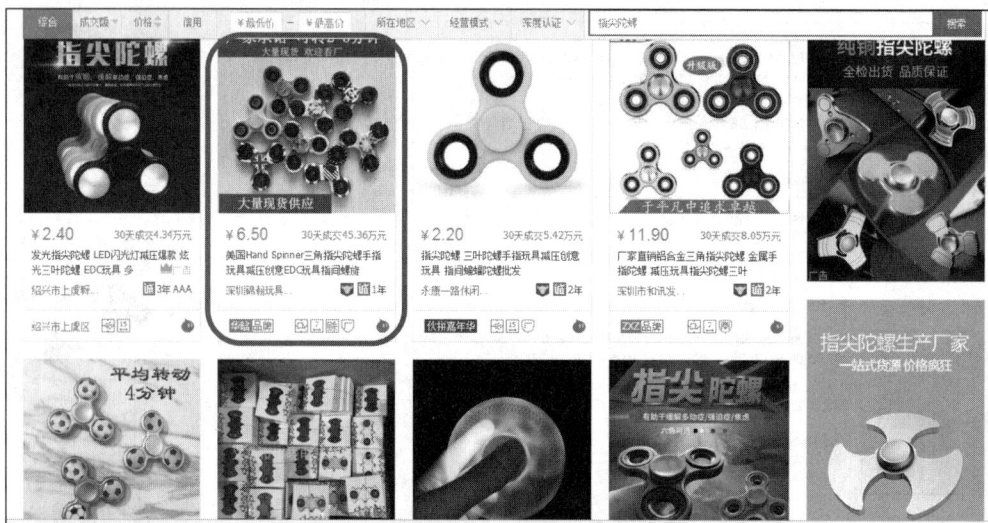

图 3-19　在阿里巴巴批发网主页输入"指尖陀螺"的搜索结果

小茗看到第二家店铺的标题中有"美国 Hand Spinner"字样，心想这种陀螺可能更适合美国市场，因此希望从第二家店铺采购 50 件指尖陀螺。他打开第二家店铺链接，假设选择采购 A#陀螺，采购价格为 7 元/件。小茗先将收货地选择为自家所在地"广东深圳"，然后在A#陀螺的数量栏输入"50"，他发现快递费由"7"元变为"23"元，如图 3-20 所示。

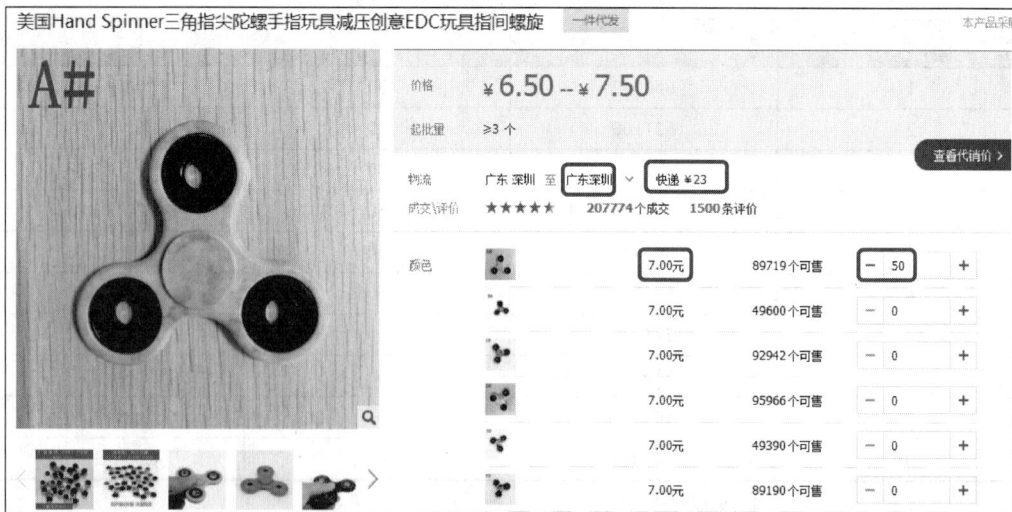

图 3-20　小茗在阿里巴巴批发网采购 A#陀螺的操作图

由此可知，小茗从阿里巴巴批发网采购 50 件 A#陀螺的进货成本是 7×50+23=373（元）。

为了提升商品的竞争力，敦煌网上的商品通常会设置为"包邮"（Free Shipping），因此我们需要计算出从广东深圳到美国的运费。从详情页可知每个指尖陀螺的重量为 60 克，50 个陀螺的重量为 3 千克。邮政小包只接受 2 千克以内的商品，资费标准为 90.5 元/千克，因此

50 个陀螺要分成两个小包发货，所以跨境物流成本=90.5×3+2×8（挂号费）=287.5（元）。定价取决于利润率，以下分两种情况进行讨论。

（1）假定小茗打算赚取 20%的利润，即利润=（373+287.5）×20%=132.1（元）。

敦煌网收取的支付手续费率为 2.5%，其他费用忽略不计，假定美元兑换人民币的汇率为 6.8，为了降低人民币升值的风险，此处将汇率设置为 6.4，则：

价格=（进货成本+利润+跨境物流成本）/[（1-支付手续费率）×销售数量×美元兑换人民币汇率]

=（373+132.1+287.5）/[（1-2.5%）×50×6.4]

≈2.54（美元）

注意，这个价格是小茗输入敦煌网的售价，敦煌网还要收取佣金费。假如佣金费为商品价格的 8.5%，那么买家看到的售价将是 2.54/（1-8.5%）≈2.78（美元）。

（2）假定小茗打算赚取 10%的利润，即（373+287.5）×10%=66.05（元），则：

价格=（进货成本+利润+跨境物流成本）/[（1-支付手续率）×销售数量×美元兑换人民币汇率]

=（373+66.05+287.5）/[（1-2.5%）×50×6.4]

≈2.33（美元）

加上敦煌网收取的佣金费，买家看到的售价将是 2.33/（1-8.5%）≈2.55（美元）。

综上，如果小茗想从销售 50 件指尖陀螺中赚取 10%～20%的利润，他在敦煌网卖家平台输入的定价范围将为 2.33～2.54 美元，买家看到的定价范围为 2.55～2.78 美元。同理，可以计算销售 100 件指尖陀螺的定价范围。

三、基于商品价值的定价

基于商品价值的定价策略适合于竞争者较少的商品，如果小茗销售的是某个大师设计制作的手工指尖陀螺，那么可以依靠文案提升客户的心理价格，进而制定一个利润率比较高的价格。但是小茗无法在短期内找到知名工匠，只是销售普通的指尖陀螺，因此不适合采用基于商品价值的定价策略。但随着我国大力弘扬"工匠精神"以及消费升级，我们有理由相信市场上会出现越来越多由我国工匠打造的独一无二的商品，基于商品价值的定价策略在未来应该有用武之地。

项目实训

差异化成就 3 家公司

在亚马逊平台上，安克（ANKER）一直是神话一样的存在。

很多中国卖家都在研究和模仿 ANKER，但真正能够模仿 ANKER 而做得很好的少之又少；但基于对 ANKER 的研究和学习，进而做出新的商品、开拓出新的思路的卖家有几家。下面就此做一个简单的分析。

ANKER 以移动电源起家（见图 3-21），一直主打黑白色调。ANKER 自己调研得出的结论是欧美人更喜欢黑色，所以，打开 ANKER 的店铺，黑色调格外明显。同时，ANKER 的商品以方正款式为主，商务人士为其首选客户群体。

图 3-21　ANKER 移动电源

很多想从 ANKER 身上学习的卖家，都采取了同样的黑色调和方正款，但由此成功的案例并不多。其中有两家公司同样以移动电源为主打，选择了和 ANKER 不一样的路，却做得非常成功。

Jackery 同样主推方正款式（见图 3-22），却选择了和 ANKER 完全不同的颜色——橙色。ANKER 的黑色给人以冰冷沉稳的印象，而 Jackery 的橙色却以鲜活亮眼的色彩吸引了客户的眼球。抛开品质方面，单纯从色彩层面来看，如果说 ANKER 是以成年稳重的商务人士为核心客户群，那么 Jackery 则明显可以获得女性群体以及更年轻的客户的青睐。

亚马逊平台上，在移动电源这个类目下，ANKER 占据霸主地位，而 Jackery 的另辟蹊径也让它占据了一定的地位。从商品 Review 数量可知，Jackery 的销售金额以亿美元为单位计，远超普通卖家。

此外，Lepow 以更加鲜活的形象切入移动电源市场（见图 3-23）。在品牌打造的过程中，Lepow 选取了绿色和黄色为主推色调。同时，在款式的选择上，Lepow 选取了圆润款式甚至带有卡通形象的款式为主打，一上架就俘获了年轻群体的心。在亚马逊平台上，Lepow 起步虽晚，但发展速度很快。

图 3-22　Jackery 移动电源

图 3-23　Lepow 移动电源

比较这 3 家的选品思路，ANKER 凭首发优势，主要面对商务人士群体，占得移动电源类目的霸主地位；而 Jackery 在选品中既从 ANKER 的发展中看到了商机，同时为了避免与ANKER 正面竞争，选择以亮色调获取了年轻群体的青睐；当 Lepow 进入移动电源这个市场时，想撼动 ANKER 的销售地位已经非常困难，于是，它以更加年轻化的群体为目标，做出有针对性的颜色和款式优化，也一举获得成功。

案例解析：

跨境电商卖家在选品时需要注意避免与其他卖家产生正面竞争，应采取"差异化"的选品策略。差异化是指企业在提供给客户的商品上，通过某种独特性打动客户，使客户能够把它同其他企业提供的同类商品有效地区别，从而达到企业在市场竞争中占据有利地位的目的。商品的差异化可以表现在商品设计、技术特性、品牌形象、促销及服务方式等某一方面或某几个方面。案例中的 3 家销售移动电源的公司在商品设计方面有所不同，通过"外观"的差异化满足了不同客户群体的需求，均取得了成功。

思考：

结合上述案例，分析各个跨境电商平台的卖家应该如何选品。

📖 项目小结

本项目对跨境电商的选品和商品定价的相关知识进行了讲解，并且模拟了初入跨境电商行业的小茗的选品及定价过程，步骤翔实，具有可操作性。

在选品方面，选品的考量因素包括商品处于生命周期的上升期、便于运输、售后简单、附加值高、具备独特性、价格合理、合规合法。选品的注意事项包括：符合平台特色，遵循平台规则；最大限度地满足目标市场需求。选品的分类包括主动选品和被动选品，选品的方法包括从日用品入手的方法和数据分析法。货源的选择包括线上货源和线下货源。

在商品定价方面，商品价格构成包括进货成本、跨境物流成本、跨境电商平台成本、售后维护成本、其他综合成本、利润等 6 部分。跨境电商商品的定价策略包括传统定价策略以及其他定价策略两种，其中传统定价策略包括基于成本的定价、基于竞争对手的定价和基于商品价值的定价 3 种策略，其他定价策略包括折扣定价策略、引流型定价策略以及盈利款定价策略。

📖 习 题

一、判断题

1. 高仿 A 货和 LV 手包可以在亚马逊平台上销售。　　　　　　　　（　　）

2. 敦煌网的销售对象是大批量采购商。　　　　　　　　　　　　　（　　）

3. 只要跨境电商商品质量够好，定价越高越好。　　　　　　　　　（　　）

4. 只要商品有特色，跨境电商选品可以不考虑平台特色。　　　　　（　　）

5. 敦煌网是免注册费的跨境电商平台，仅对交易的商品收取支付手续费，不收佣金费。

　　　　　　　　　　　　　　　　　　　　　　　　　　　　　　（　　）

二、简答题

1. 简述跨境电商选品与传统贸易选品的异同。

2. 假设你毕业后从事出口跨境电商贸易，请结合家乡的实际情况，谈谈你对选品的理解和想法。

3. 简述跨境电商商品的价格构成。

4. 简述跨境电商商品的定价策略。

三、实训题

1. 以某个跨境电商平台为例，选择一种商品并为其定价，要求写出选品的理由及定价步骤。

2. 浏览亚马逊、速卖通、敦煌网网站，分析其商品及定价特色，并形成实训报告。

商品发布和优化

学习目标 ↓

素质目标

掌握商品发布和优化的技巧，培养知识产权意识；
掌握文案策划的技巧，培养创新意识和品牌意识。

知识目标

了解发布商品的步骤；
了解优化商品的方法；
掌握文案的写作技巧。

能力目标

能够整理商品包并在不同平台上发布商品；
能够使用多种方法优化商品；
能够撰写优质的文案。

任务一　商品发布

任务引入

小茗大学毕业后在一家跨境电商企业任职，经理让其在速卖通平台上发布"无线汽车摄像头发射/接收器"商品信息，此时小茗已经确定了跨境电商平台及商品，接下来需要把商品信息发布到速卖通平台上，让买家可以搜索到。那么，小茗该怎么操作呢？

相关知识

小茗现在面临的问题是商品发布问题。小茗需要了解不同跨境电商平台发布商品的步骤及注意事项，还要充分利用视觉营销的技巧，拟定令人耳目一新的标题，选择搜索关键词，上传高质量的照片，撰写令人过目不忘的文案。

迎合买家的关注点是卖家发布商品信息取得成效的关键，通常来说，买家的关注点包括商品图片、商品标题、价格、是否包邮、商品功效等。因此，卖家发布的商品信息需要包括基本信息、销售信息、内容描述、包装信息、运费信息和其他信息等。

商品发布（一）　　商品发布（二）

一、整理商品包

（一）商品包的内容

商品包主要包括以下 8 个方面的内容。

（1）图片——Image；

（2）视频——Video；

（3）标题——Title；

（4）价格——Price；

（5）关键词——Keyword；

（6）短描——Short Description；

（7）长描——Long Description；

（8）其他信息——Other Information。

卖家需要在上传商品信息前整理拟销售商品的上述信息。

（二）整理商品包时的注意事项

价格已经在项目三讲过了，此处不再展开，接下来对商品包的其他方面的注意事项依次进行说明。

1. 图片的注意事项

一般情况下，卖家要选择高清、无水印的图片。不同跨境电商平台对图片的要求不同，卖家要根据要求提供图片，此处以速卖通平台为例进行说明。

速卖通平台对图片的基本要求为：图片横纵比例为 1∶1（图片尺寸在 800 像素×800 像素及以上，针对白底图）或宽高比为 3∶4（图片尺寸在 750 像素×1000 像素及以上，针对场景图），且所有图片比例一致，图片大小在 5MB 以内，图片格式为 jpg、jpeg、png 格式。

针对白底图的具体要求如下。

① 图片背景必须为纯白色或全透明。

② 商品主体需居中正面展示，与四边保持一定间距，建议不小于 50 像素。

③ 允许表达多 SKU、套装、配件等商品属性信息，保证商品主体清晰可识别。

④ 不允许出现品牌 Logo、水印、任何形式的边框以及促销"牛皮癣"等信息。

⑤ 不允许出现敏感类目、违禁商品、政治敏感、宗教敏感等信息。

针对场景图的具体要求如下。

① 允许背景为实物场景、模特演示，用于辅助说明商品的使用方式、使用效果、使用场景、品牌调性等。

② 允许表达多 SKU、套装、配件等商品属性信息，保证商品主体清晰可识别。

③ 不允许出现品牌 Logo、水印、任何形式的边框以及促销"牛皮癣"等信息。

④ 不允许出现敏感类目、违禁商品、政治敏感、宗教敏感等信息。

建议卖家在进行商品发布时要亲自拍摄商品图片，避免出现盗图行为。盗图行为是侵权行为，如果被原图卖家发现并投诉，轻则导致图片被删除，Listing 被屏蔽，重则可能导致账号受限，销售权限被移除。

2．视频的注意事项

各个跨境电商平台对视频的要求不同，需要遵循平台规则。下面以速卖通平台为例进行说明。

速卖通平台建议视频比例为 1∶1、3∶4、9∶16，时长 30 秒内，大小 2GB 内，内容包含商品主体，不能是 PPT 格式的动画、无黑边、无水印、不能使用中文等。

3．标题的制作流程和注意事项

（1）标题的制作流程。

一个好的标题能很快吸引买家，其重要性不言而喻。标题的制作流程如图 4-1 所示。

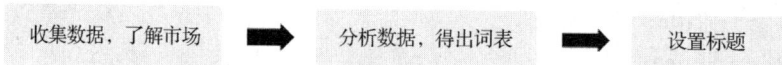

图 4-1　标题的制作流程

第一步：收集数据，了解市场。收集数据的途径有：①数据纵横；②关注卖家频道、卖家论坛；③eBay、亚马逊等跨境电商网站；④Google Trends（谷歌趋势）；⑤海外论坛。

第二步：分析数据，得出词表。在完成收集数据后，观察哪些词出现的频率最高，然后从中找出设置标题的灵感。

第三步：设置标题。在设置标题时，要注意商品标题与买家的搜索词具有高度的相关性。

（2）标题设置策略——三段法。

标题制作三段法如图 4-2 所示，具体介绍如下。

第一段，核心词，即行业热门词，能影响商品排行和点击率。卖家在设置标题时，一定要先了解搜索排序规律，然后才能把买家最想搜索的关键词设置成自己的商品标题，如"Wedding Dress"。

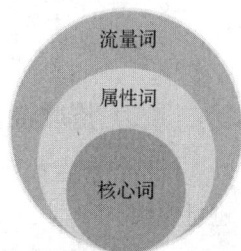

图 4-2　标题制作三段法

第二段，属性词，即描述长度、高度、颜色、材质、功能、配置、款式的词，能影响商品排行和点击率，如"White Wedding Dress"。

第三段，流量词，即能带来流量的词。

（3）标题的注意事项。

① 应包括商品关键词，能让买家更精准地搜索到卖家的商品。

② 显示商品特点，如颜色、尺寸、风格、材质等。

③ 显示能提供的特色服务。

④ 多用形容词描述商品，尽量写满关键词，可以多填写属性词，也可以引入流量词。

⑤ 符合平台的要求。例如，敦煌网平台对标题长度的限制为 140 个字符，速卖通平台规定标题不能超过 128 个字符，亚马逊平台规定标题不能超过 200 个字符。

以"指尖陀螺"商品为例，敦煌网平台上一位卖家发布的标题为"Hot Hand Spinner Fingertips Spiral Fingers Fidget Spinner Toy EDC Hand Spinner Acrylic Plastic Fidgets Gyro Anxiety Toys Gift for Kids"，共 134 个字符。亚马逊平台上一位卖家发布的标题为"Fidget Spinner, HianDIer Metal Rainbow Colorful EDC Spinner Super Quiet Fidget Toys 3-5 Mins Ultra Durable Fast Bearings Finger Toy Unique Pointer Design for ADD, ADHD, Anxiety, Autism Adult Children"，共 197 个字符。可见，标题要在规定范围内尽可能长。

此外，还有其他要求需要卖家遵守。例如，亚马逊平台要求每个单词的首字母要大写，不要全部使用大写字母，连词（and、or、for）、冠词（the、a、an）、介词（in、on、over、with）不得大写；在商品信息方面，亚马逊平台要求尺寸和颜色变体应包含在子 ASIN 的商品名称中；勿包含价格或促销信息，如 Hot Sale、Free Shipping、New Arrival、Promotion 等（这种做法在 eBay 和速卖通平台上经常使用，但在亚马逊平台上是禁止使用的）；勿使用主观性评价用语，如 Hot Item 或 Best Seller；不得在品牌或制造商信息中使用卖家名称，除非卖家的商品为自有品牌（Private Label）。

4. 关键词的设置步骤及注意事项

（1）商品关键词的设置分 4 步完成：第一步，确定核心词；第二步，向上延伸，采用更大范围的词，展现更广的覆盖面；第三步，向下延伸，更有针对性，更准确；第四步，平行延伸，近义词、同义词，以及不同组合替代。

📖 **案例 1**

手机壳商品关键词设置

第一步，确定核心词。

    Phone Case

第二步，向上延伸，采用更大范围的词，展现更广的覆盖面。

    Phone Accessories

第三步，向下延伸，更有针对性，更准确。

    材质：PU Case，Leather Case，TPU Case

    型号：Case for iPhone，Case for SAMSUNG

    用途：Phone Protection Case

    修饰词：Hard Case，Soft Case，Waterproof Case

第四步，平行延伸，近义词、同义词，以及不同组合替代。

Phone Cover，Mobile Case，Mobile Phone Case

（2）关键词挖掘。

关键词挖掘包括站外选词和站内选词，如表 4-1 所示。

表 4-1 关键词挖掘渠道

站外选词	站内选词
① Google Adwords	① 选品专家
② Keyword Discovery	② 搜索词分析
③ Watched Item	③ 关键词工具
④ Watch Count	④ Bestselling
⑤ Amazon Negative Reviews	⑤ Super Deals

（3）关键词设置的注意事项。

在设置关键词的时候需要注意两点：一是站在买家的视角设置关键词，二是关键词的数量要尽可能多。

5．短描的注意事项

短描的特点是简短、信息量大。

短描的描写技巧：详细说明标题中的重要关键词，或者加入一些标题中无法体现出来但对商品很重要的信息。

短描的注意事项如下。

（1）言简意赅，用概括性的单词或者短语让商品的描述更加清晰，后面的段落可以作为补充或者说明。

（2）检查单词，是否有重复出现的单词，是否能够用其他单词进行替换。

（3）检查拼写和语法，避免出现错别字。

（4）稍加润色，添加能够引起买家购买欲望的词语。

（5）可以模仿，但是不要抄袭，如果不知道怎么写，可以使用 AMZHelper 软件抓取其他卖家的短描进行改写，但是不要全都照搬。

总之，短描的作用是让买家了解商品的功能、作用、各种规格，除了要详细地说明商品包含的信息，还要考虑买家的需求、痛点。

6．长描的制作要求及注意事项

长描就是商品详细描述，即商品详情页，作用是打消买家的疑虑，促使买家下单。如何制作好的商品详情页，对于卖家来说非常重要。卖家可以在商品详情页中插入多张不同于主图或辅图的图片。

（1）商品详情页的制作要求。

① 统一的模板，清晰的结构。

② 高清的图片，整齐的排版。

③ 亮度适合，商品展示充分。

④ 优秀的关联模板，优惠的店铺活动。

（2）遵循平台的特殊要求，例如敦煌网平台对商品详情页的特殊要求如下。

① 根据不同的商品类型，商品详情页中须包含商品尺寸说明。

② 商品详情页中须使用正确的语法与完整的语句，禁止使用列表或列点的形式进行描述。

③ 商品详情页中建议包含多张商品细节图，禁止使用 GIF 动图。

④ 商品详情页中建议包含品牌、材质、型号、准确尺寸、商品功能属性、售后服务、物流时效、护理方式等内容。

⑤ 商品详情页中禁止展示空白信息或仅展示平台提供的描述模板。

⑥ 商品详情页中禁止出现包邮、特供等词语，禁止与标题的相似度达到50%以上。

（3）评价商品详情页的标准。

① 转化率。

② 访问深度。

③ 页面停留时间。

④ 跳失率。

⑤ 客单价。

转化率指在访问某一网站的访客中，转化的访客占全部访客的比例。访问深度指访客在浏览网站的过程中浏览了网站的页数。页面停留时间指访客停留在页面上的时间。跳失率指访客通过相应入口进入，只访问一个页面就离开的次数占该入口总访问次数的比例。客单价指每一个买家平均购买商品的金额。优质的商品详情页，需要具备转化率高、访问深度高、页面停留时间长、跳失率低、客单价高等特点。其中，最重要的标准是转化率。通俗地说，买家浏览了卖家的店铺后，下单的比例较高；买家在店铺页面上停留的时间较长；买家看了某店铺的页面后，又去浏览其他页面，但最终会在该店铺下单；每位买家购买的平均单价高。

7. 其他信息的注意事项

卖家准备的商品包还包括其他信息，如亚马逊卖家需要准备 UPC/EAN/GCID 码，速卖通卖家需要提前确保"欧盟责任人"负责商品合规。

二、商品发布操作

（一）发布商品的步骤

商品发布要遵循平台的要求，这里以速卖通平台为例进行说明。在速卖通平台上发布商品分为批量发布商品和单个发布商品两种做法。批量发布商品需要事先下载模板，填写 Excel 表格，然后上传 Excel 表格等步骤，难度相对较大，适合老卖家。单个发布商品适合新手卖家，在发布单个商品时，通常需要经过 6 个步骤，即选择商品类目、填写基本信息、填写价格和库存信息、填写商品详细描述、填写包装与物流信息、填写其他设置信息。

（二）发布商品的注意事项

（1）勿侵权。

所有的跨境电商平台都规定禁止卖家出现侵权行为。例如速卖通平台规定严禁卖家未经授权销售涉嫌侵犯第三方知识产权的商品或发布涉嫌侵犯第三方知识产权的信息，若卖家出现这种行为，则有可能被买家或者知识产权所有人投诉，平台会随机对店铺信息、商品（包含下架商品）信息、商品组名进行抽查，若涉嫌侵权，则信息、商品会被退回或删除，平台也会根据侵权类型对卖家进行处罚。速卖通平台将侵权分为商标侵权、著作权侵权和专利侵权。

（2）类目正确。

如果商品属于多个类目时，卖家可以选择一个有利的类目。如果卖家选错类目，就会收到系统的提醒通知，发布的商品也会被下架。

（3）价格合理。

价格对商品的销量有着决定性的作用。价格条款包括单位价格金额、计量单位、计价货币和价格术语，卖家一定要确保价格合理。

> **📖 小知识**
>
> ### 速卖通平台发布商品常见问题
>
> 什么是重复铺货？有什么工具可以自查吗？重复铺货会增加商品曝光的概率吗？
>
> 目前，速卖通平台主要从商品主图、标题、属性 3 个角度判断是否重复铺货。判断重复铺货的规则有两个。
>
> 规则 1：商品主图完全相同，且标题、属性相似，视为重复信息。
>
> 规则 2：商品主图不同（如主图为同件商品不同拍摄角度的图片），但标题、属性、价格高度相似，视为重复信息。
>
> 速卖通平台已推出重复铺货自查工具。卖家可以在"商品诊断"页面查看重复商品的信息。
>
> 重复铺货不会增加商品曝光的概率，速卖通平台还会将重复铺货行为列为搜索作弊行为，原因在于：重复铺货严重影响了买家的选购体验，增加了买家的选购成本，严重影响了商品的排名。

📊 任务实施

小茗发布"无线汽车摄像头发射/接收器"商品的具体操作步骤如下。

一、整理商品包——商品发布准备

第一步：整理 8 张图片，要求未侵权、无水印，如图 4-3 所示。

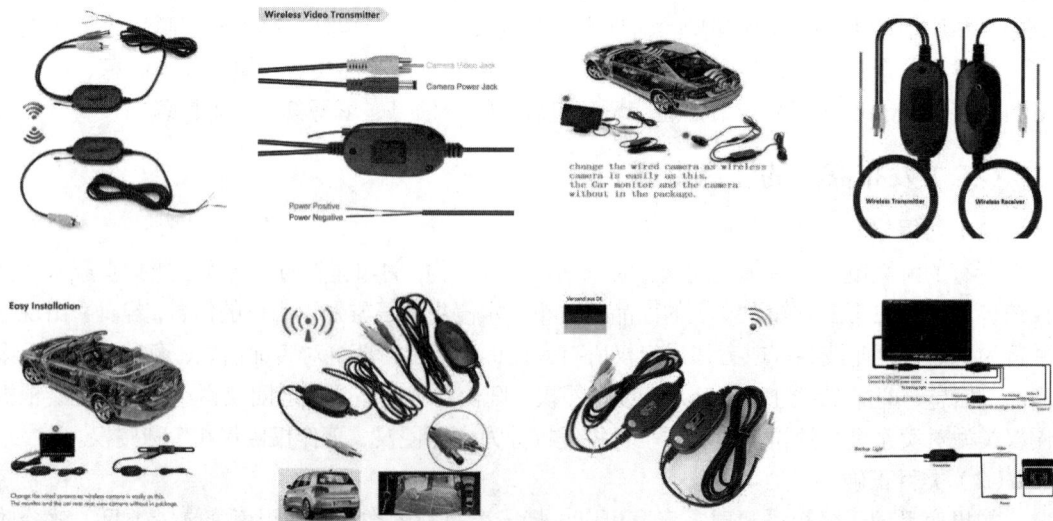

图 4-3 "无线汽车摄像头发射/接收器"商品图片

第二步：拟定标题。

"Podofo 2.4G Wireless Module Transmitter&Reciver for Car Reverse Rear View Backup Camera Monitor Parking Assistance Vehicle Cam"，共 126 个字符，未超过 128 字符。

第三步：设置关键词。

设置了 3 个关键词，分别是：Car Camera Transmitter & Reciver，Car Wireless Module，Parking Assistance。

第四步：整理短描。

Brand Name: podofo

Origin: CN(Origin)

Item Height: 2inch

Item Length: 14inch

Display: LCD

Material Type: Plastic

Sensor Number: 1

Item Type: Parking Assistance

Item Weight: 0.1kg

Special Features: Car Rear View Camera

Item Width: 13inch

Wire or Wireless: Wireless

Style: Parking Assistance

Voltage: DC 9V /12V

Parking Assistance Type: Rear View Camera

商品短描的特点在于短小，信息量大。

第五步：整理长描。

Podofo 2.4G Wireless Module Transmitter & Reciver for Car Reverse Rear View Backup Camera Monitor Parking Assistance Vehicle Cam

Features:

1.Podofo 100% brand new Wireless RCA Video Transmitter & Receiver Kit for Car Rear View Camera Note: It should connect to 9V / 12V power.

2.Receiver/transmitter signal range: 10m (open areas without other strong signal interference, it will far away)

3.Wireless RCA Video receiver/transmitter; avoid complicated wiring, to be used with in-car monitor, head unit, DVD player and camera, etc

4.Easy to install: the receiver connect to monitor. The transmitter connect to rear camera.

Product Description:

Camecho wireless receiver&transmitter mainly used for wireless backup camera

Parameter-Receiver/transmitter frequency: 2370MHZ;

Power output: 100MW;

Voltage: DC 9V /12V;

Video IN/OUT: PAL/NTSC composite video signal;

Signal range: 100m (in jam-free open areas);

Working TEMP: −20°C− +80°C;

Receiver sensitivity: −85Dbm;

Working current: DC=9V / 12V 200mA;

AV OUT interface: RCA jack.

Package List:

1 x Wireless Receiver(lit up red light)

1 x Wireless Transmitter (lit up blue light)

商品长描的特点在于详细描述商品，作用在于对商品进行进一步说明，消除买家的疑虑，促使买家下单。

第六步：落实关联欧盟责任人。

小茗找经理要到了"关联欧盟责任人"名称，即"Like Sun GmbH"。

二、发布商品

发布商品时需要先登录速卖通卖家账号，单击"商品"选项，然后单击"商品管理"选项，再单击"新增商品"按钮（见图 4-4）进行商品发布操作。

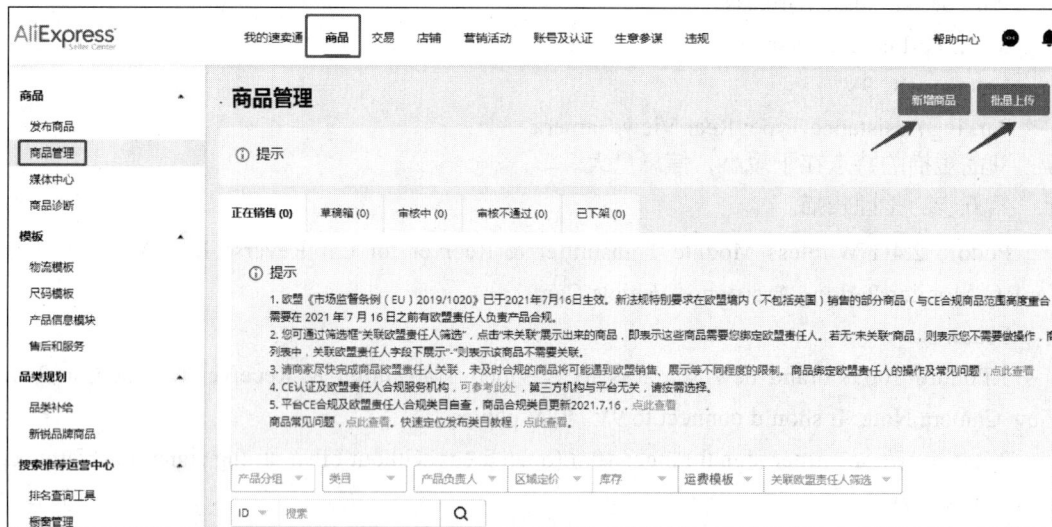

图 4-4　速卖通"新增商品"页面

第一步：选择商品类目。

选择发布语系，设置商品标题和类目，如图 4-5 所示。

发布语系通常选择"英文"。

商品标题是匹配关键词搜索、影响商品曝光率的关键，须使用英文填写。标题要清楚、完整、形象。填写商品标题时需要做到以下几点。

（1）商品标题要包含商品的关键信息及销售亮点，如商品名称、性能、特点、颜色、功能等。

图 4-5　选择商品类目界面

（2）包含此类商品常见的关键词。

（3）使用空格间隔，避免使用不常见的标点符号。

（4）尽量多填入一些能够让买家在查找商品时会搜索的词，注意不要超过 128 个字符。

（5）速卖通会自动标识免运费的商品，因此在标题中不需要写出"Free Shipping"。

（6）遵守英文标题的书写规则。

类目选择方式有以下 4 种。

（1）在类目下拉列表中手动选择。

（2）输入类目名称/拼音首字母进行搜索。

（3）输入英文商品关键词，如 MP3。

（4）从最近使用的 10 个类目中选择。

第二步：填写基本信息。

单击"下一步"按钮进入"发布商品"界面，此处要上传商品图片和商品视频、填写商品属性等，如图 4-6 所示。

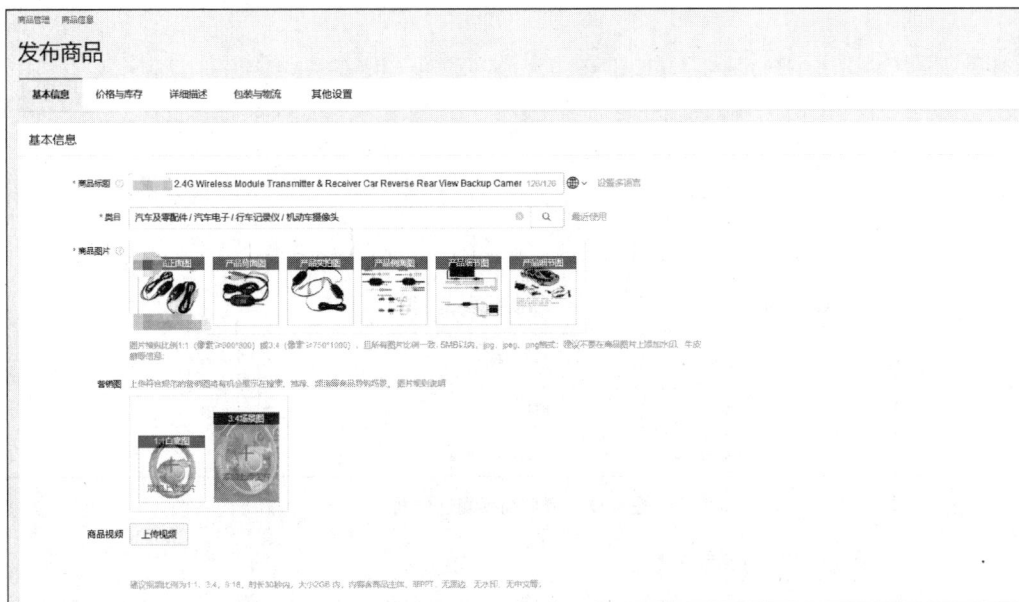

图 4-6　填写商品基本信息界面

（1）商品图片和商品视频。

跨境电商网店的图片可以在店铺没有进行任何付费推广的情况下吸引很多流量，为卖家节省推广费用。

上传商品图片时需要注意以下几点。

① 不要抄袭其他卖家的图片，以免受到平台的处罚。

② 要尽量上传正面、侧面、背面、细节、包装等图片。

③ 图片格式为 jpeg，大小在 5MB 以内，白底图分辨率不低于 800 像素×800 像素，场景图分辨率不低于 750 像素×1000 像素，选择正方形且尺寸统一的图片。

④ 最好上传 8 张图片。

小茗上传了 8 张图片，未上传商品视频。

（2）商品属性。

商品属性是对商品特征的补充说明，卖家要尽量详细准确地填写系统推荐的属性和自定义属性，这样可以方便买家更精确地搜索到商品，提高商品曝光的机会，更重要的是让买家清晰地了解该商品的属性，减少买家的顾虑和沟通的成本，提高交易的成功率。本例中，商品品牌为 "Podofo"，认证为 "无（None）"，产地为 "中国"，不带参考线，材质为 "Abs 塑料"，视频线长度为 "6 米（6m）"，如图 4-7 所示。自定义属性默认显示一行，最多可以添加 5 行，此处小茗添加了 4 行自定义属性。

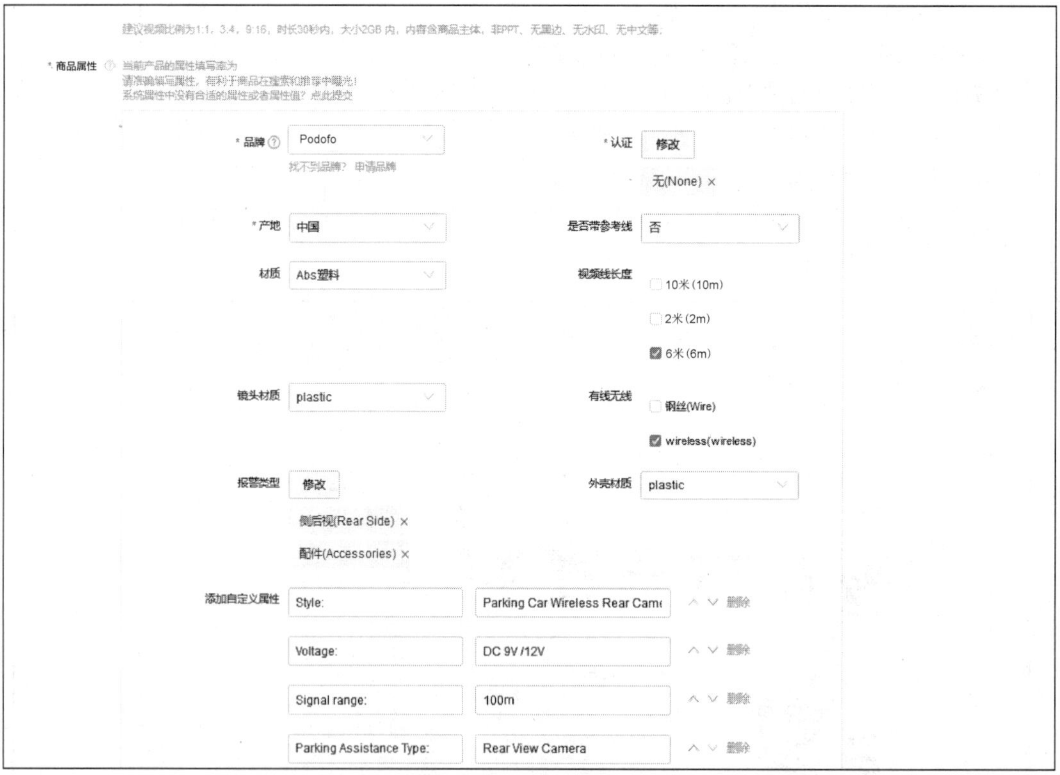

图 4-7　填写商品属性界面

第三步：填写价格与库存信息。

此处需要填写商品的最小计量单元、销售方式、颜色、发货地等信息，最小计量单元选择 "件/个（piece/pieces）"，销售方式选择 "按件出售"，颜色选择 "金色、橙色、红色、蓝色"，发货地选择 "中国、俄罗斯"，商品的发货地与商品的零售价、商家仓库存、商品编码是对应的，从中国发货的商品零售价为 "14.49 美元/件"、商家仓库存为 "905 件"，商品编码为"R0026";从俄罗斯发货的商品零售价为"10.49美元/件",商家仓库存为"50件",商品编码为"RUWHR0026",如图4-8所示。

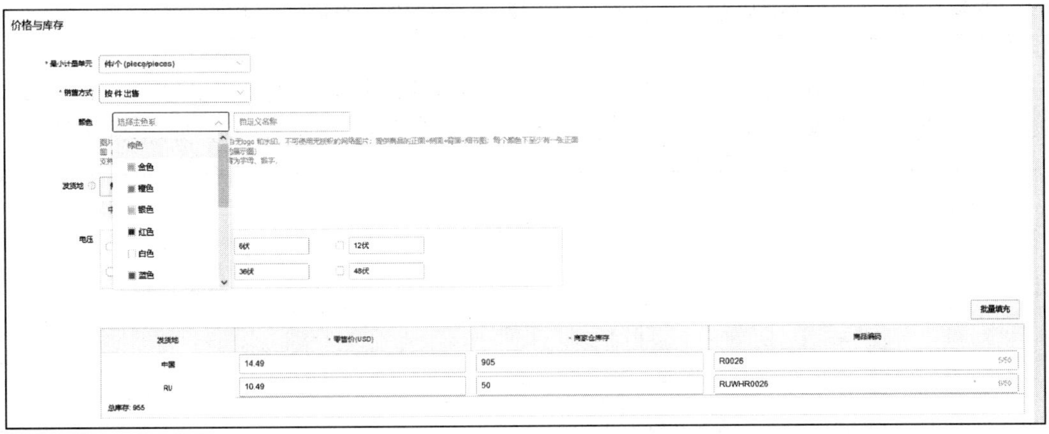

图4-8 填写商品价格与库存信息界面

第四步:填写商品详细描述。

商品详细描述是将商品名称和属性中不能涵盖的商品信息进一步详细地展示给买家,将买家比较关注的商品信息展示出来,让买家尽可能多地了解商品,同时也体现卖家的专业性,进行商品推销。此处小茗将之前整理的详细描述信息全部复制过来了,如图4-9所示。

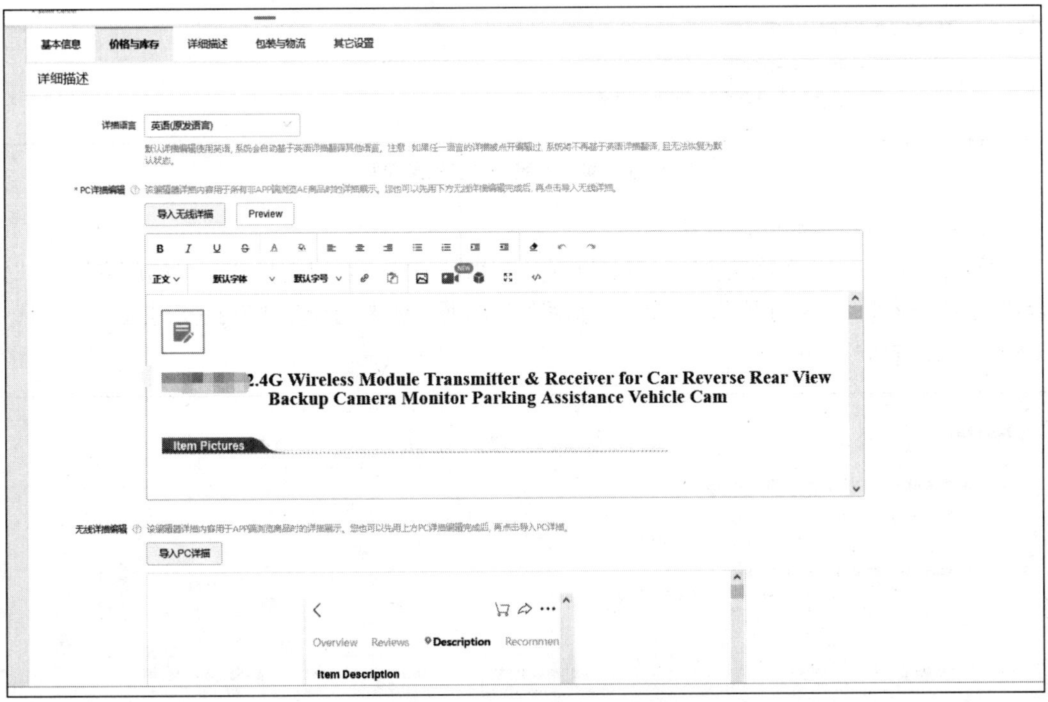

图4-9 填写商品详细描述界面

由于面对境外买家,所以商品描述要使用英文撰写。另外,速卖通平台对商品详细描述的要求是:严禁留下任何形式的私人联系方式。

第五步:填写包装与物流信息。

此处需要填写发货期、物流重量、物流尺寸,选择运费模板、服务模板等。

填写物流重量和物流尺寸时务必认真仔细，当卖家设置了非免运费运输方式时，系统会根据所填写的物流重量和物流尺寸自动计算出买家应付的运费。错误的物流重量和物流尺寸将会导致买家支付错误的运费，卖家有可能因此遭到投诉。运费模板和服务模板可以从事先设置的模板中选择。

本例中，发货期填写"3 天"，物流重量填写"0.16kg/件"，物流尺寸填写"14cm×13cm×2cm"，运费模板选择"巴西包邮模板"，服务模板选择"新手服务模板"，如图 4-10 所示。

图 4-10　填写包装与物流信息界面

第六步：填写其他设置信息。

卖家在填写其他设置信息时，需要选择库存扣减方式，可以选择"下单减库存"或"付款减库存"选项，此处小茗选择"付款减库存"选项。还要选择是否支持支付宝，此处选中"支持"复选框，如图 4-11 所示。

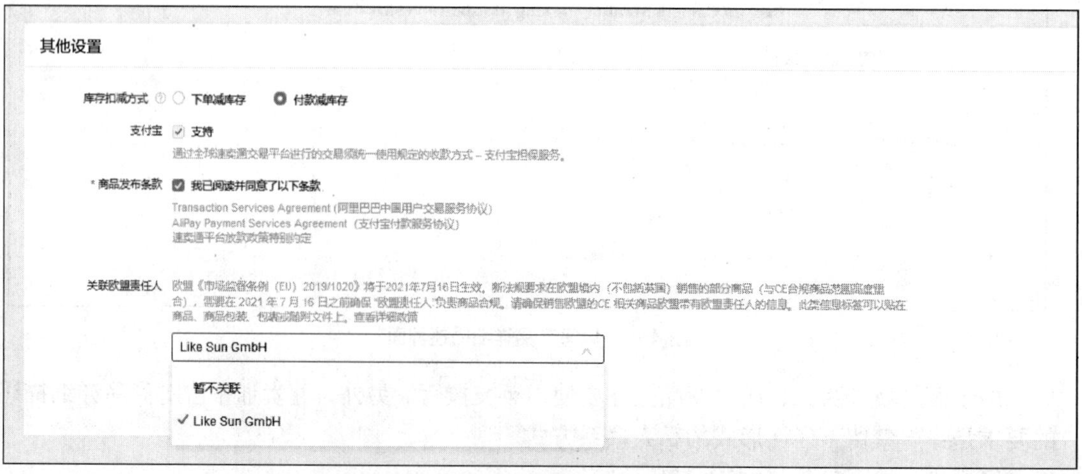

图 4-11　填写其他设置信息界面

最后，选中"我已阅读并同意了以下条款"复选框，单击"提交"按钮，即可完成商品信息的上传。需要注意的是，如果卖家在欧盟境内销售商品，则需要填写"关联欧盟责任人"，此处填写"Like Sun GmbH"。

任务二 商品优化

任务引入

假定小茗已经将"无线汽车摄像头发射/接收器"商品上传至速卖通平台，而且速卖通平台已通过审核。经营了一段时间后，小茗发现存在访问流量下降、销售额下降、转化率低等问题。那么，小茗该如何改变这一状况呢？

相关知识

小茗面临的问题是商品优化问题。小茗需要从商品标题、详细描述、价格等方面进行优化。

商品优化（一）　商品优化（二）

一、对商品标题进行优化

（一）商品标题需要优化的情形

（1）档期内滞销。如果卖家上传的商品浏览量低或者访客数少的情况超过心理预期，如14天、30天、60天等，就可以对标题进行优化。

（2）在同款商品竞争中居于弱势。如果卖家上传商品的销量与平台上其他店铺同款商品的销量相比，明显处于弱势，而价格相差不大，卖家就可以对标题进行优化。

（3）曝光量低，跳失率高。当商品曝光量低、跳失率高时，可能是因为标题未能将商品的属性、卖点等信息进行充分展现。为了让潜在买家感受到商品的价值，卖家可以对标题进行优化。

（二）商品标题优化的技巧

新品上架时，卖家在对新商品不熟悉的情况下，可采用店铺提供的免费的推广方式，如限时限量折扣、全店铺打折、满立减、发放优惠券等进行推广。一段时间后，卖家可根据相关商品的数据，对商品标题进行优化。

技巧1：敦煌网买家频道——搜索联想。

跨境电商卖家可以使用敦煌网买家频道的搜索联想，发现买家的热搜词，如图4-12所示。

技巧2：借鉴爆款标题。

跨境电商卖家也可以借鉴爆款标题。在敦煌网寻找爆款商品的方法为：在敦煌网首页搜索框中输入关键词进行搜索后，单击"Bestselling"按钮对搜索结果进行排序，排在前面的即是爆款商品（见图4-13），这些商品的标题即爆款标题。

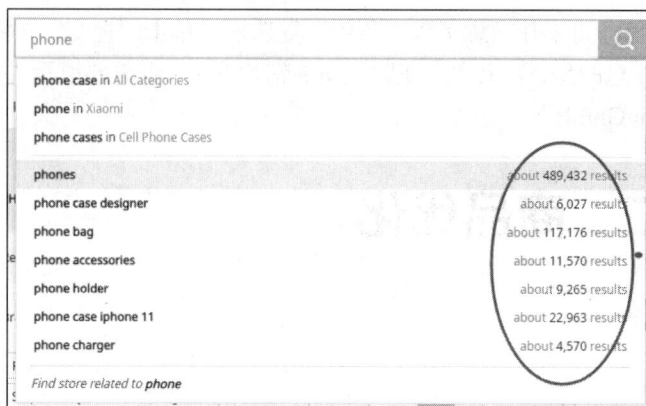

图4-12 敦煌网买家频道的搜索联想

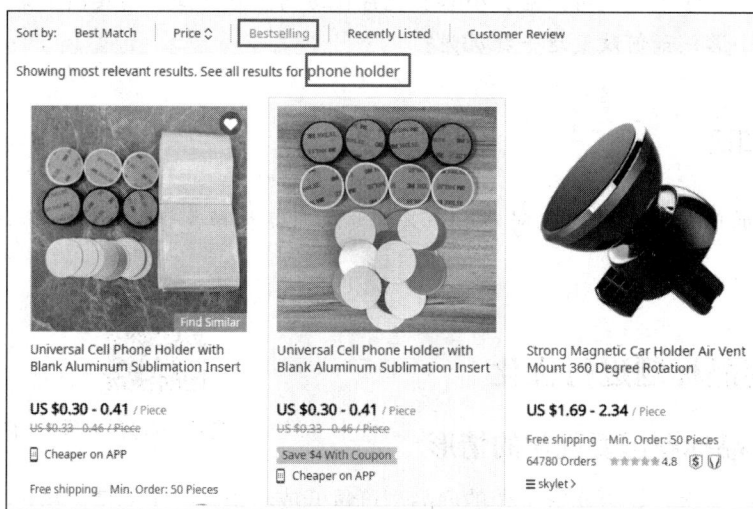

图4-13 借鉴敦煌网爆款标题拟定标题

技巧3：参考eBay、亚马逊等跨境电商网站的标题。

敦煌网或速卖通卖家可以参考eBay、亚马逊等跨境电商网站的标题，模仿其撰写的材质、长短、图案类型等细节。

技巧4：筛选关键词。

（1）建立商品关键词库。在优化标题前，先建立商品关键词库，尽可能找出所有能描述、修饰该商品的关键词。

（2）准备描述商品的关键词。从商品关键词库中筛选出能准确描述该商品的关键词。

（3）参考竞品关键词。使用竞品关键词搜索，再将竞品与自身商品进行比较，如果与自身商品相符，则保留竞品标题里的关键词。

（4）使用搜索栏自动推荐关键词。搜索栏下拉框会自动弹出当前的热搜词或相关商品使用度较高的关键词，以及与搜索词相关的长尾关键词，供卖家参考。

（5）参考站内工具提供的关键词。速卖通平台的"数据纵横"模块提供关键词分析工具，供卖家参考。

（6）使用站外工具。

常用的站外工具有以下3个。

① Google AdWords。卖家可以注册登录，制作自己的广告。这里要说的是，其中的"关

键词规划师"对操作有非常详细的说明,当卖家把信息填写完成后,将会出现具体的参数提示,包括搜索量变化趋势、广告组竞争度等。

② eBay 的 WatchCount。它同样可以用于站外关键词搜索。

③ Keyword Spy。卖家可以使用 Keyword Spy 查看关键词的各种数据及付费参考。

📖 **案例2**

商品标题优化示例

乔娜于 2021 年 6 月发布了一款女士真皮鳄鱼纹钱包,原标题为"2021Women Fashionable Genuine Crocodile Veins Wallet/Purse"。发布两周后,乔娜发现流量不佳。她通过数据分析后发现"Purses and Bags"的搜索人气较高,与所发布商品的匹配度高,因此将标题修改为"2021 New Fashion Women Genuine Wallet/Purse/Handbag with Crocodile Veins Hot Sale"。

技巧5:重要词语写在前面。

考虑到买家的阅读习惯,建议卖家把商品的材质、特点、销售方式、商品名称等关键词靠前展示,将物流、运费、服务等内容放在后面。

技巧6:恰当使用促销词。

促销词虽然与商品本身没有紧密的联系,但是这类词有出其不意的效果,例如"Gift for Valentine's Day""Factory Shop""Custom""the Lowest Price""Hot Sale""Best Selling"。促销词不仅能补充说明商品的属性、功能,还能触动买家的购物心理。

二、对商品详细描述进行优化

(一)完善基本信息

买家受到商品图片和标题的吸引,进入商品详情页后,首先看到的是商品的基本信息。凡是平台上要求填写的信息,卖家都应该根据商品情况正确填写。商品发布页面会提示该商品属性在平台上的平均完整度,卖家在填写商品属性时应尽量高于该平均值,以增加商品被搜索的机会。

(二)优化图片

1.优化主图

主图可放 8 张,卖家应充分利用图片功能,注重主图的展示效果,可以从正面、侧面、反面、细节、包装等方面呈现商品。

(1)图片的大小。

图片的大小建议为 800 像素×800 像素,图片为 JPEG 格式。

(2)图片背景。

图片背景应简明清晰,色彩对比鲜明。

(3)图片上杜绝出现中文。

如果图片上出现中文信息,会影响买家读取信息,降低买家的购物体验。卖家要在图片上展示买家的常用语言。

(4)不要过分修图。

尽管视觉效果绝佳的图片能带来更多的点击与购买,但是过分修饰图片,会直接导致买家产生较高的期望值。待买家收到商品，更容易引起失望情绪，轻则给予卖家差评，重则投诉卖家，要求退换货。

（5）图片的排版。

在商品颜色较多的情况下，应重点突出一个单品。卖家可选择当前流行的颜色款或颜色热销款作为主推商品，将该图片放大，而将其他颜色的图片缩小，如图 4-14（a）所示。

卖家应重视模特效果图。从吸引力来说，使用模特的效果比不使用模特的效果好，如图 4-14（b）所示。

单张图片可以添加多角度拍摄的图片，从而全面展示商品，如图 4-14（c）所示。

如果卖家想突出商品卖点，可以使用"单品图+细节图"的方式处理商品图片，如图 4-14（d）所示。

（a）

（b）

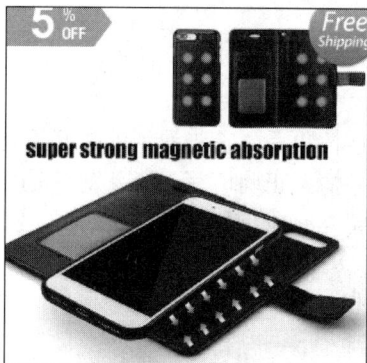

（c）

（d）

图 4-14　图片展示示例

图片加上简洁的促销、打折文字也可以增加点击量，如"Hot""47% OFF"。

（6）图片上不要有明显的站外联系方式。

2．优化详情图

建议详情图数量在 15 张以内，以 8～12 张为宜，以节省买家打开网页的时间和流量。未来，移动端是发展趋势，详情页的图片会趋向于少而精。详情页中商品的参数、包装方式要详写。商品的参数越详细，越能体现卖家对商品的熟悉程度，买家会自然地觉得卖家很"专业"，可以信赖。而包装方式既体现了卖家的经营实力，也说明了卖家对物流的熟悉程度。卖家将打包好的商品图片呈现给买家，会让买家产生"已经拿到商品"的感觉。

（三）优化文案

电商主要依靠色彩、图片和文字传达信息。优质的文章可以体现卖家对商品的熟悉与热爱以及对买家的理解与尊重。

1．设置问候语

买家访问店铺，卖家应该积极回应。在展示商品之前，卖家可以先设置问候语，欢迎买家光临选购并表达感谢之情，预祝买家购物愉快。但有很多店铺忽视了这一点，而销量好的店铺大多设置了问候语，如图 4-15 所示。

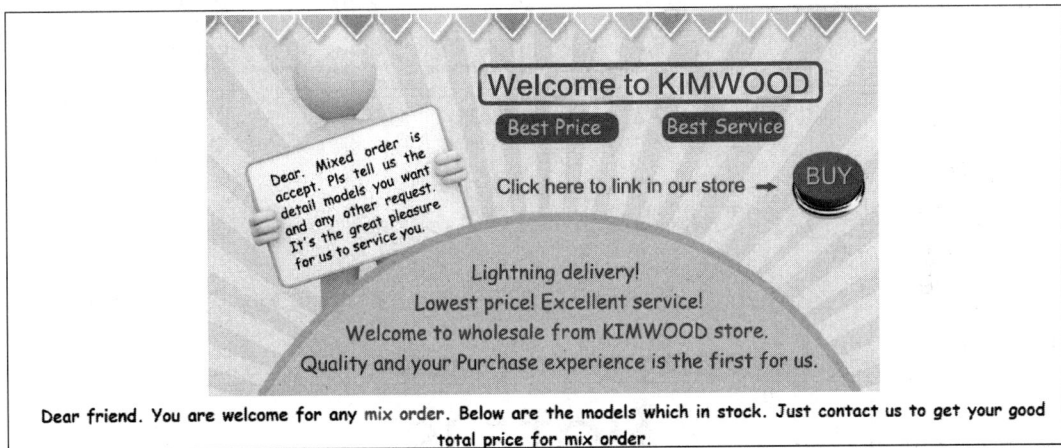

图 4-15　店铺问候语

2．优化购物须知

不同的店铺会使用不同的营销方式。在买家选购商品之前，卖家应尽可能设身处地地为买家着想，将买家购物时可能遇到的问题收集起来，以购物须知的方式呈现给买家，解决买家的后顾之忧，如图 4-16 和图 4-17 所示。如果店铺有优惠活动，卖家应提醒买家活动时限，指导买家使用店铺优惠券。

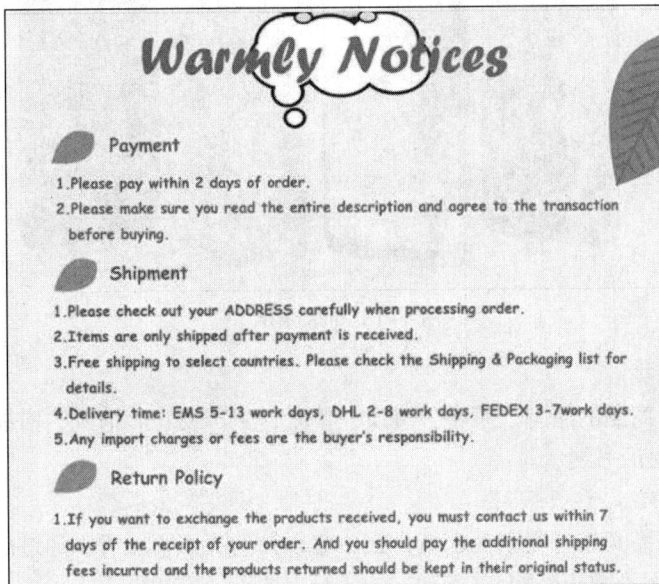

图 4-16　温馨提示

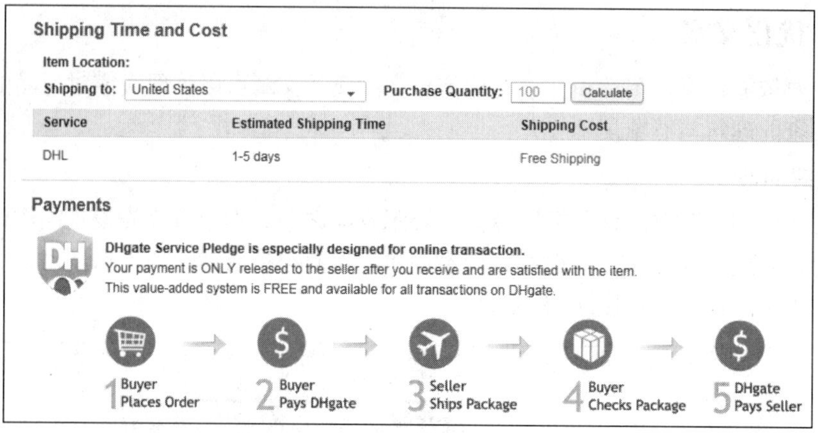

图 4-17　物流信息

3．优化商品描述

商品描述根据不同的角度可以划分为以下 5 类。

（1）商品展示类。

卖家可通过图文结合的方式，展示商品的色彩、细节、优点、卖点、包装、搭配及效果，如图 4-18 所示。

图 4-18　商品展示

（2）实力展示类。

卖家可以展示商品的品牌、荣誉、资质、销量、生产及仓储情况，增加买家对商品的信任。图 4-19 所示为证书展示。

（3）吸引购买类。

卖家通过将商品卖点与买家需求结合在一起以打动买家，还可以通过展示买家评价（见图 4-20）、热销盛况刺激买家购买。

图 4-19　证书展示

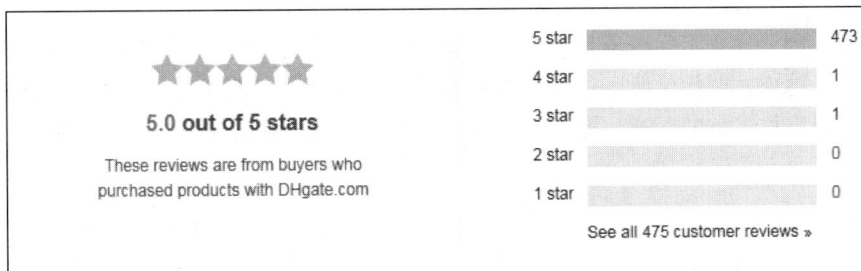

图 4-20　买家评价

（4）交易说明类。

卖家对商品的购买、付款、收货、验货、退换货、保修均做出说明，解决买家的后顾之忧。图 4-21 所示为商品购买指示。

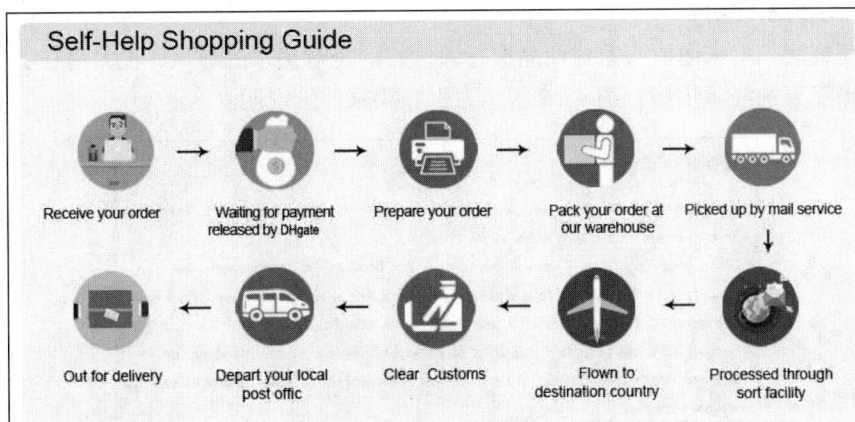

图 4-21　商品购买指示

（5）促销说明类。

卖家可以展示当前的热销商品、搭配商品、促销活动和优惠方式，以吸引买家下单。图 4-22 所示为组合购买。

图 4-22　组合购买

4．增加卖家承诺

卖家应使用买家习惯的语言给予承诺，以增强买家的信任感，如图 4-23 所示。

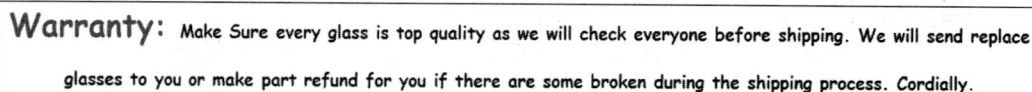

Warranty: Make Sure every glass is top quality as we will check everyone before shipping. We will send replace glasses to you or make part refund for you if there are some broken during the shipping process. Cordially.

图 4-23　卖家承诺

5．指导买家购物

在电商平台上，文字代表语言的力量。卖家可用一段浅显的文字，指导买家如何挑选商品，如何选择物流，如何付款，如何参与店铺活动，以及如何使用店铺或平台的优惠券等，这些能拉近卖家与买家的距离，提升买家的购物体验，提高商品的销量。图 4-24 所示为优惠券领取界面。

图 4-24　优惠券领取界面

6．引导买家评价

交易完成后，卖家邀请买家对商品进行评价，既是对买家的尊重，也为潜在买家提供参考，表现出卖家的经营热情。图 4-25 所示为引导买家评价说明。

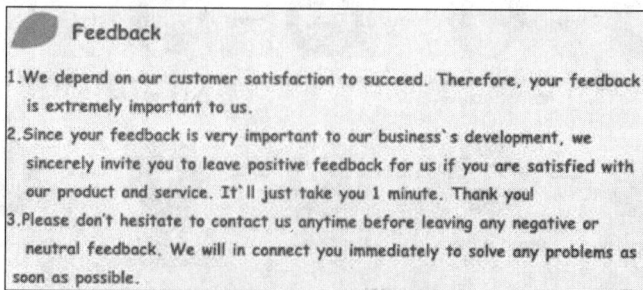

图 4-25　引导买家评价说明

7．鼓励买家忠诚

卖家可以邀请买家成为本店的会员，以优惠的方式鼓励买家继续在本店消费，获得长期忠诚的买家，提高商品销量和店铺的回头率。

另外，优秀的卖家不仅能了解买家的购买需求，还能引导买家的购买需求。对当前商品的优缺点做进一步的分析，引导买家购买有上升需求的商品，也是一种不错的选择。

三、对商品价格进行优化

价格影响商品在平台上的排名，影响点击率，最终决定买家是否下单购买。

（一）商品自我优化

1．降低店铺出单数较少的商品的价格，形成价格区间

降低店铺出单数较少的商品的价格，刺激买家浏览和购买。

📖 **案例 3**

价格优化案例

乔娜在亚马逊平台上发布了一款眼镜，定价为 9.99 元。之后，她发现绿/银色的眼镜比较难卖，因此将该颜色的眼镜的价格设置为最低，为 6.99 美元；其他颜色的眼镜的价格不变，最终商品售价上显示一个价格区间 6.99～9.99 美元（见图 4-26）。如果买家按照商品价格从低到高搜索，就比较容易看到该商品，从而增加了商品的曝光率。

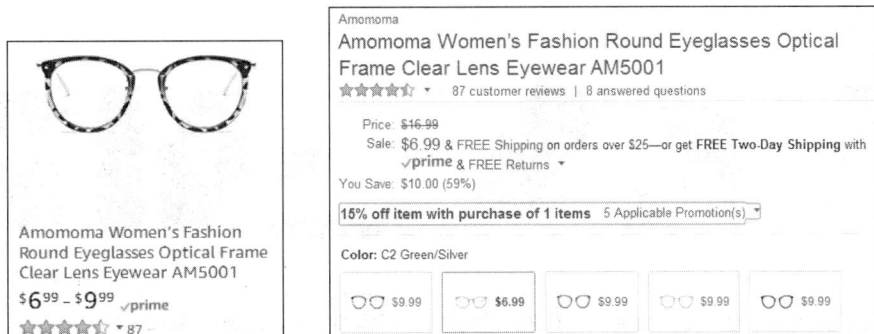

图 4-26　眼镜价格优化

2．合理设置批发价格

为了刺激买家购买 2 件及以上商品（重量在物流规定的范围内），卖家可按批发价格设置，如给予 3%～10%的折扣，从而促使买家下单。

（二）参考竞品价格

卖家优化商品需要参考竞品的价格。因此，竞品的进货价格、折扣率和折扣后的价格都是卖家需要了解与分析的。

（三）巧用价格临界点

买家在购物时，心里会有预算，常以数字 0 或 5 作为价格临界点。例如，卖家把商品价格设为 10 美元，就不如设置为 9.99 美元，因为这样会让买家觉得没有超过预算，下单会更加干脆。另外，亚马逊卖家需要考虑非会员购物的包邮临界点。在美国，Prime 会员费为 99 美元，Prime 会员可以享受任意金额包邮，而非会员需满 35 美元才包邮，为了让非会员卖家

享受包邮服务，把商品价格定为 35 美元比定为 34.99 美元更合适。

任务实施

一、优化商品标题

第一步：找出在速卖通平台上在售的"无线汽车摄像头发射/接收器"爆款商品。

在速卖通平台买家主页搜索栏中输入"无线汽车摄像头发射/接收器"的英文"wireless car camera transmitter receiver"进行搜索，然后单击"Orders"按钮，就可以找到在速卖通平台上销售的爆款商品，如图 4-27 所示。

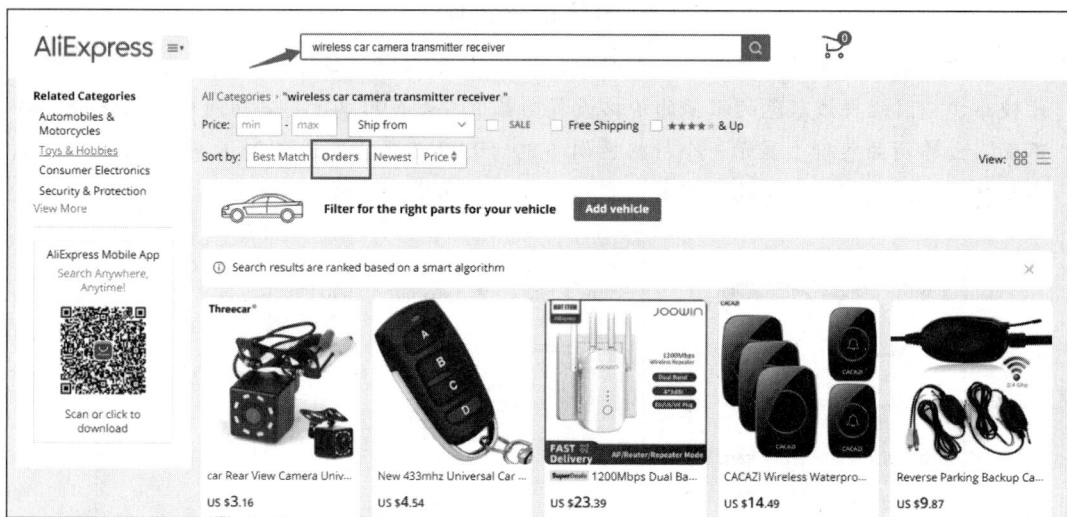

图 4-27　速卖通平台上在售的"无线汽车摄像头发射/接收器"爆款商品

第二步：对这些爆款商品的标题进行分析。

可以看到销量排第一的商品标题为"car Rear View Camera Universal 12 LED Night Vision Backup Parking Reverse Camera Waterproof 170 Wide Angle HD Color Image"，销量为 1679 件。这款商品为汽车摄像头，与小茗销售的商品不同，小茗销售的是无线汽车摄像头的发射器与接收器，但这个标题的可取之处在于它使用了"Universal"（通用的）这个形容词。与小茗销售相同商品且销量最高的商品排在第五位，标题为"Reverse Parking Backup Cam Monitor 2.4G Wireless RCA Video Transmitter Receiver Adapter Kit for Car DVD Monitor Rear View Camera"，这个标题的可取之处在于它将"Parking Backup"（停车支持）这几个词前置，更容易引起移动端买家的注意力。

第三步：优化标题。

根据第二步分析结果对原标题"Podofo 2.4G Wireless Module Transmitter&Reciver for Car Reverse Rear View Backup Camera Monitor Parking Assistance Vehicle Cam"进行优化，加上"Universal"，并且将"Parking Assistance"前置，因为有字符数量限制，删除"&""Vehicle""Cam"这些相关性较弱的词，优化后的商品标题为"Podofo Universal 2.4G Wireless Parking

Assistance Module Transmitter Reciver for Car Reverse Rear View Backup Camera Monitor",修改后的字符数为 124 个。

二、优化商品的详细描述

第一步:分析速卖通平台上"无线汽车摄像头发射/接收器"爆款商品的详细描述。

这里仍然借鉴速卖通平台爆款商品的详细描述,爆款商品的详细描述很详细,使用的图片看起来很美观、专业,给人一种值得信任的感觉。

第二步:优化详细描述。

再看小茗上传商品的详细描述,确实存在很多需要改进的地方,小茗决定参考爆款商品的详细描述调整所发布商品的详细描述。

三、优化商品的价格

小茗在上传商品时输入的价格为每件 14.49 美元,高于爆款商品的价格——每件 9.87 美元,价格高可能是造成商品滞销的核心因素。假定该商品通过阿里巴巴采购网采购并经邮政小包运输的成本为 9 美元/件,因此,小茗决定基于竞争对手的价格降低价格,将价格定为每件 9.87 美元。

任务三 文案策划

任务引入

假定小茗准备在阿里巴巴国际站上销售广告机,他已经从厂家拿到商品信息,需要撰写文案,这时应该如何做呢?

相关知识

小茗面临的问题是文案策划,小茗需撰写的文案属于网店详情页文案。为了拓宽推广渠道,小茗需要掌握文案的写作技巧,并将其运用到商品推广中。

文案策划

一、文案概述

文案来源于广告行业,是"广告文案"的简称,多指以文字创意表达广告内容的表现形式。文案有广义和狭义之分,广义的文案包括标题、正文、口号的撰写和对广告形象的选择搭配;狭义的文案包括标题、正文、口号的撰写。

(一)文案的重要性

在跨境电商交易中,买卖双方通过网络进行交易,这让文案变得非常重要。一个好的商品文案，可以提高转化率，减少买家咨询的时间成本，优化买家体验，增加品牌的美誉度。

（二）文案的种类

1．按照表现形式的不同划分

（1）横幅广告文案。

横幅广告文案是最早的文案表现形式，它一般呈矩形，文件格式为 JPEG、GIF、FLASH 等，分为静态横幅、动画横幅、互动式横幅。这种文案通常出现在店铺首页或者跨境电商平台的首页，如图 4-28 所示。

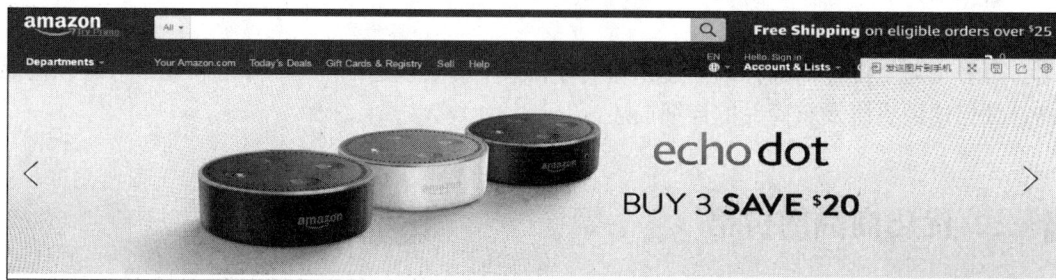

图 4-28　横幅广告文案

（2）网店详情页文案。

网店详情页文案是普遍使用的电商文案形式，它的作用在于向买家介绍商品，如图 4-29 所示。无论卖家是通过跨境电商平台还是自建网站销售商品，网店详情页文案都是必不可少的。

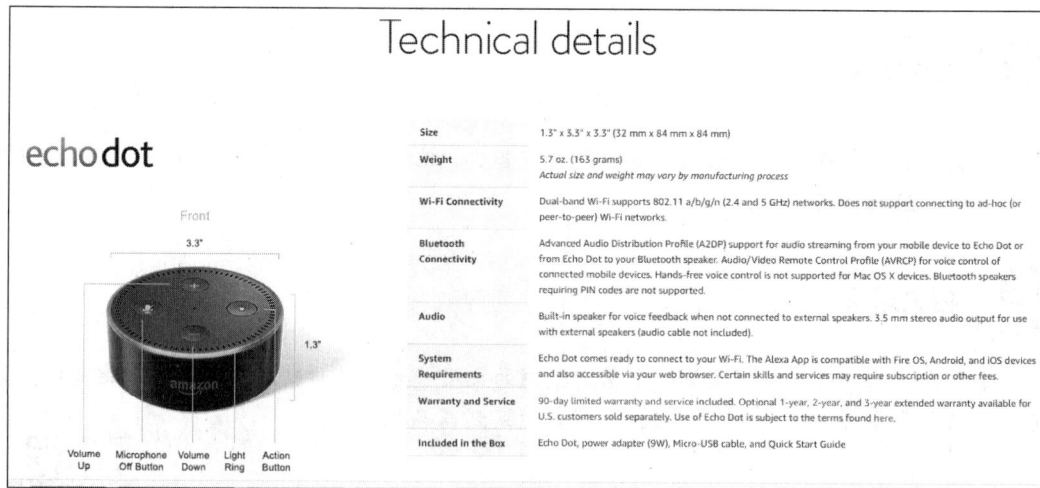

图 4-29　网店详情页文案

（3）电商品牌文案。

电商品牌文案是目前比较流行的电商文案形式，它以讲故事的形式向买家传达企业的文化和价值观，通常应用在企业的自建网站中。以某知名品牌为例，它的成功主要得益于 3 个要素：①品牌定位（为肥胖人士打造的服装品牌，找到了市场空隙，填补了市场空白）；②众多买家的反馈（兴奋地介绍自己的喜悦之情，终于找到合适又时尚的衣服）；③媒体使其品牌效应放大。

（4）网络推广文案。

网络推广文案的写作方式比较自由，符合当下的网络文化潮流，它通常应用在博客、微博、微信、电子邮件中。

2．按照文案载体的不同划分

按照文案载体的不同，电商文案可以划分为网店文案、博客文案、微博文案、微信文案、论坛文案、电子邮件文案6种类型。

3．按照文案营销对象的不同划分

按照文案营销对象的不同，电商文案可以划分为公司文案和商品文案。公司文案的目的在于宣传企业形象、建立品牌认同感和信任感。商品文案的目的在于让企业所经营的商品更有认知度、销售力，更好地获得目标受众（潜在买家或买家）的认知，更有效地把商品价值传达给目标受众，激发买家的购买欲望。

二、文案策划的流程

（一）找准商品卖点和买家痛点

卖家要对现有的市场做调查和市场需求分析，明确撰写广告文案的真正目的，还要确定商品对应的消费人群。找到买家所需的商品卖点，这样买家才会被文案的标题或图片展示的内容所吸引。到现场进行实地调查的成本较高，一般的电商企业无法承受。在互联网时代，进行市场调查的方法灵活多样，如经常浏览竞争对手的店铺，看其买家是如何评价的，尤其要重点关注"差评"。"差评"就是买家的痛点，卖家从中也可以挖掘出自己商品的卖点。

（二）收集各种新颖的想法

卖家以自己的想法为基础，结合当下热门、深受人们关注的事件或者一些好的素材进行分析、联想，形成新颖、多样的想法。

（三）撰写自己的想法

卖家根据前期的调查和自己的想法，拟定文案的标题，撰写文案内容，最后再对已经写好的文案进行反复检查和筛选，确保没有错别字和语句不通顺的问题。

1．拟定有吸引力的标题

买家首先看到的是文案标题，如果标题无法在一瞬间抓住买家的眼球，买家可能难以继续阅读，此时即使内容再好也是无用的。所以，我们在撰写商品文案时，必须起一个非常吸引人的标题。需要注意的是，只有网络推广文案才需要拟定标题，横幅广告文案、网店详情页文案、电商品牌文案无须拟定标题。

2．内容展示

所有的文案都要求有内容。内容是关于商品的全面、多角度的介绍，可以让买家充分了解商品的优势和特点。内容可以是专家的点评、证明文件、价格、付款方式等信息，卖家需要把商品分解成各个利益点，然后用买家习惯的语言进行描述。

如果卖家希望买家认真阅读完自己的文案，就必须激发买家足够的好奇心。在正文开始之前，卖家需要强调令买家好奇的内容，这样才能让买家对"长篇大论"的文案保持热情。

（四）制作图文结合的页面

确定了文案的内容和框架之后，卖家要把相关内容交给设计人员，让他们设计好最终的图文结合页面。

三、文案的写作技巧

文案是有意运用一些语言文字，将买家带入一种既定的心理状态，从而让他们购买商品或服务。在介绍文案的写作技巧之前，需要了解文案写作的 FABE 法则。

FABE 法则是卖家在写作文案时需要遵循的原则，FABE 是 Features（属性）、Advantage（优势）、Benefits（益处）、Evidence（证明）4 个英文单词的首字母。

F 指商品的特质、特性等基本功能，以及它是如何满足人们的各种需要的。

A 指商品的优势，这些优势是看不到的，需要卖家进行描述。

B 指商品能带给买家的益处，一切以买家利益为中心，通过强调买家得到的利益，激发买家的购买欲望。

E 指证明，包括技术报告、买家来信、报刊文字、照片、示范等，具有足够的客观性、权威性、可靠性和可见证性。

此处以纯棉 T 恤为例介绍 FABE 法则的应用。纯棉 T 恤的 F 指纯棉，A 指吸汗、透气，B 指买家在夏天穿着它会感觉比较凉爽、舒适，E 指用检验报告说明材质，用买家评价展示商品优势。

接下来介绍文案的写作技巧，主要有以下几个技巧。

技巧一：走出自我意识，进入买家意识。

买家在看文案的时候，思考的问题是如果购买这个商品会给自己带来哪些好处。因此，卖家在撰写文案的过程中要走出自我意识，进入买家意识。

📖**案例 4**

例一

原文案：我们已经经营 5 年多了。

新文案：从开始到现在我们已经经营 5 年多了，请放心，您将准时得到满意的服务。

例二

原文案：我们喜欢做甜点。

新文案：我们用热情精心为您制作每一块甜点（见图 4-30），您肯定会喜欢这些美味的点心。

图 4-30　甜点

技巧二：从物的视角转入人的视角。

本着以买家为中心的理念，卖家撰写的文案也必须转换视角，从介绍"物"转向介绍"人"。

📖**案例 5**

例一

原文案：哈根达斯冰激凌美味可口。

新文案：爱她，就请她吃哈根达斯！

例二

原文案：人头马酒，美味香甜。

新文案：人头马一开，好运自然来。

技巧三：多讲故事，少讲道理。

大多数买家都喜欢听故事，不喜欢说教，所以文案要做到多讲故事、少讲道理。

📖 **案例6**

同样是卖水果，不会讲故事的卖家半价售卖橙子，而褚橙则可以凭借"人生总有起落，精神终可传承"的广告语高价销售。买家买褚橙，一是因为褚橙确实好吃，二是褚橙背后的故事。创始人褚时健以70多岁高龄重新创业，激励和影响了无数人，使"励志橙"享誉大江南北。

技巧四：嫁接人类文化的符号。

文案要善于嫁接人类文化的符号，让买家看完文案后产生一种积极的联想，增强其购物体验。

例如，"真功夫"品牌的快餐业绩显著，与"中国功夫"相关。买家认为"真功夫"就是餐饮界的"中国功夫"，品质信得过。

又如，"壹号土猪""天地壹号""生命壹号"的热卖源自于中国人喜欢"壹号"。当然，"壹号土猪"和"天地壹号"的热销还与品牌优势相关，这两大品牌均出自广东天地食品集团，其创始人陈生毕业于北京大学，如图4-31所示。

图4-31 嫁接人类文化符号广告

技巧五：让道具说话。

例如，销售裤子的卖家为了表达裤子透气、柔软、亲肤的特点，在文案中贴出了一张一位男士躺在草坪上的图片，以及一张婴儿睡在棉花上的图片，以衬托裤子的透气、柔软等特点，如图4-32所示。

图4-32 裤子广告

技巧六：攻心为上，以情动人。

提高转化率的一个技巧是用故事感动买家，文案应注意激发人性真善美的一面。

📖**案例 7**

严杰是深圳市点石成金科技有限公司的创始人，他曾经在速卖通平台上销售 LED 灯。其商品上架初期，销量不佳，询盘的买家也不多。于是，严杰尝试在文案中加入品牌故事，如图 4-33 所示。

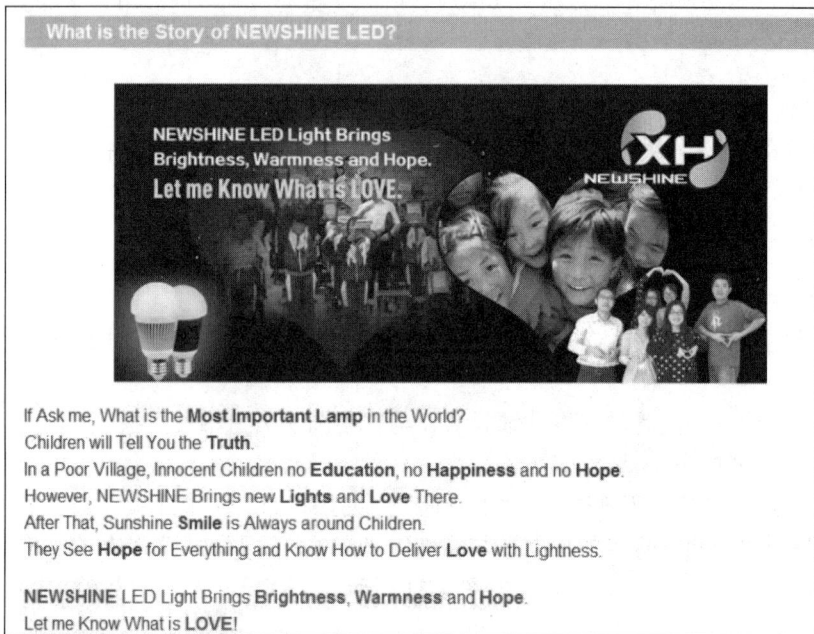

图 4-33　品牌故事

有了品牌故事后，询盘量发生了较大的变化，3—4 月询盘量增长了 42%，4—5 月询盘量增长了 70%。某位加拿大买家未看打样就订购了 16 万元的商品。

📖**案例 8**

如何为你的跨境电商网站写品牌故事文案

如何写作跨境电商网站的品牌故事文案？这要从品牌的 5 个要素出发，这 5 个要素分别是品牌名称、品牌标识、品牌信条、品牌受众、品牌故事。

第一个要素：品牌名称。

一个品牌需要一个名称，品牌名称是品牌与受众的第一接触点。好的品牌名称要简单、易记、有故事，可以是一个字，也可以是一组有意义的词。例如，香港地区的一家时尚垂直电商网站 Lots of Buttons，其品牌名称 Lots of Buttons 就是一组有意义的词，也符合联合创始人 Ken Lee 和 Jong Lee 对它的品牌定位——一个全球大型在线纽扣商店。如果再在这个品牌名称上添加一个故事，那会让受众印象更加深刻。

第二个要素：品牌标识。

品牌标识可以让一个品牌在图像上区别于其他品牌，在视觉上让受众感受到品牌的特征，从而加深品牌形象在受众头脑中的印象和记忆。Lots of Buttons 网站的品牌标识是一个由针线和纽扣等元素组合而成的图像（见图 4-34），符合 Lots of Buttons 网站自身定位，并能让受众产生积极正向的联想。

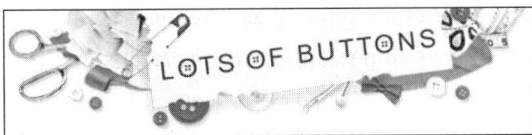

图 4-34　品牌标识

第三个要素：品牌信条。

品牌信条可以是一个理念/口号/广告语，也可以是一个定位。品牌信条通常简洁、精练，同时能明确表达品牌主张的观点和价值观。品牌信条可以随着市场和受众的变化而不断变化，但始终要符合品牌的核心价值观和准则。例如，Lots of Buttons 网站要做全球大型在线纽扣商店（World's Largest Button Store）。品牌信条可以是风趣幽默的，能让人看到时不禁会心一笑。例如，Eatingtools 的 "Don't Eat With Your Hands"，Bambibaby 的 "We deliver everything but the baby"。可见，创作一个好的品牌信条，不仅可以让受众很快了解品牌传递的价值，还可以使其话题化，让受众谈论并达到口口相传的目的。

第四个要素：品牌受众。

品牌受众是品牌定位的服务对象。例如，Lots of Buttons 的品牌受众主要是服装制作者、设计师，而 Tern Bicycles 网站的品牌受众主要是不主张搭车而喜欢自由运动的城市族群，Yellowberry Company 网站的品牌受众主要是喜欢运动、时尚的少女。文案的品牌受众明确，可以让目标群体快速识别卖家的品牌。

第五个要素：品牌故事。

再平凡的商品都有一个故事，再微小的企业都有一个梦想！为品牌讲一个故事，不管是关于商品、创始人、买家还是其他，只要与品牌的价值、精神相关都可以。讲故事的方式不局限于文字、图片、音频、视频，可以综合运用多种表现形式，以达到最佳效果。讲品牌故事不仅要讲，更重要的是践行，是品牌为受众、社会创造价值，履行对品牌服务的承诺。例如，Lots of Buttons 网站讲述了一个全球在线大型纽扣商店的故事。Lots of Buttons 网站放眼世界，满足全球的不同买家对纽扣的需求，并拥有高度发达的全球物流系统。写一个好的品牌故事文案，主旨在于向目标受众传递品牌价值，建立情感上的连接和认同，以此获取受众的信任和支持。因此，品牌故事文案必须具备客观性和真实性。而故事只要能打动受众的心，能引起受众共鸣，就是好故事。

以上是写出打动受众的品牌故事文案的 5 个要素，也是打造一个会讲品牌故事网站的最主要的 5 个要素。如果说打造一个品牌就像种植一棵大树，这 5 个要素就是大树的骨干。除了这几个骨干，还有枝叶，如公司团队、新闻媒体、条款说明、隐私声明和联系方式等。

Lots of Buttons 的品牌故事

Welcome to Lots of Buttons!

Lots of Buttons was founded to help crafters and clothing makers find the materials they need at the lowest prices. Most crafters and designers can't access the buttons they want if they live in a small city, are looking for a rare button, or don't have the time to look through many stores. Buttons are hard to find! They're also expensive, as keeping enough buttons in a retail location to allow people to find what they want is costly. Lots of Buttons is the cheapest button store online by far, typically selling at 50% off other stores.

Lots of Buttons also makes it her prime mission to educate people about saving the environment by finding the lost button, rather than scrapping an item of clothing. Our team also delights in assisting charities and communities with materials and gifts for projects involving crafting, sewing and making clothing for and with people in disadvantaged situations. Through the "Buy a Button, Give a Button" program, Lots of Buttons seeks to provide communities, churches and charities with creative materials.

With easy, and low-cost access to buttons and other crafting and sewing materials, Lots of Buttons is starting a revolution, one button at a time.

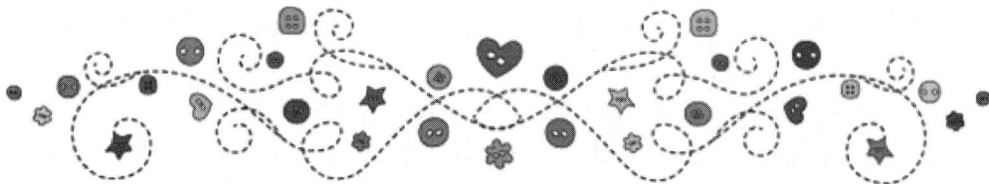

We carry over 26,000 different buttons, and add buttons to our selection every week. Come visit us often to see our newest finds. Our goal is to eventually put every single button in the world online so that you can choose the exact button you're looking for!

Please send us an email at hey@lotsofbuttons.com if there's something we can improve. We would love to hear from you. We're a start up that launched last year, so we have lots to learn in the process. But we will always bring you great service and the best price for every button you buy. That's our promise!

Happy sewing and crafting, and we hope you have a fun and memorable time using our buttons!

Sincerely,

Sonia and the Lots of Buttons Team

任务实施

第一步：列出广告机的详情页大纲。

广告机（Advertising Player）详情页目录包括商品信息、商品展示、其他商品、商品细节、商品优势、交易信息、公司信息、常见问题解答、联系我们9个方面。

（1）Product Information

（2）Product Display

（3）Other Products

（4）Product Details

（5）Product Advantage

（6）Trade Info

（7）Company Information

（8）FAQ

（9）Contact Us

第二步：根据大纲补充信息。

- 商品信息（见表4-2）

表4-2　Product Information

Size	Display Area/mm	Resolution	Pixel density	Brightness/ (cd/m²)	Contrast	View Angle/ (H/V)	Response Time/ MS
10"	222.72×125.28	1024×600	117PPI	320	400:1	178°/178°	5
18.5"	376.3×301	1366×769	84PPI	200	1000:1	178°/178°	5
21.5"	271.3×479.8	1920×1080	86PPI	200	2000:1	178°/178°	5
32"	698.4×392.8	1366×768	60PPI	350	1800:1	178°/178°	5
43"	941.184×529.416	1388×768	49PII	400	4000:1	178°/178°	6
49"	1073.8×604	1920×1080	49PII	300	4000:1	178°/178°	6.5
55"	1209.6×680.4	1920×1080	49PII	400	5000:1	178°/178°	6.5
65"	1488×868	1920×1080	49PII	360	5000:1	178°/178°	6.5

- 商品展示（见图4-35）
- 其他商品（见图4-36）

floor stand advertising player

图4-35　商品展示

wall-mounted advertising player　　　video wall

图4-36　其他商品

- 商品细节

（1）可选择前面盖或后面盖开启，其材料采用超白防静电钢化玻璃，使画面的清晰度得到很大提升，并且保证了色彩还原度。

（2）铝型材外框不仅防火安全，而且具有耐腐蚀、耐磨、不变形的特性，同时散热性能好，还可更换不同的颜色。

（3）液晶屏采用三星、LG原装A规屏幕，具有高对比度、高亮度、图像失真率小的特性，并且能够极大地提高画面的层次感、真实感。

Product Details

（1）Front or back opened cover for your choice. The material is super white anti-static tempered glass, which greatly increased the clearness and kept the original color the picture.

（2）Aluminum frame not only safe and fire proof, but also anti-corrosion, wearing resistant, and no deformation. Meanwhile it has good heat radiation feature and color changeable.

（3）The A grade Samsung and LG screen, which have high contrast ratio, high brightness and low image distortion. What is more, it greatly improved the sense of hierarchy and vividness of the picture.

- 商品优势

（1）人性化设计多种控制板，分为安卓版、网络版、单机版 3 种。其中，安卓版、网络版可以添加 Wi-Fi/3G，并可根据买家需求设置多语言操作。

（2）强大的网络传输设置，支持有线、无线多台设备远程联网，由中央服务器控制，实现多地一人操控管理。

（3）国际综合布线，实现现代行业标准及安全保障，为商品的稳定保驾护航。

（4）拥有一批资深的研发工程师，他们具有多年的行业研发经验，可根据每一位买家的要求提供 ODM 定制服务。

（5）我们最突出的优势是拥有独立的五金数控机床，能有效控制质量和保证交货时间。

Product Advantage

（1）A variety of user-friendly design main boards, android board, network board, USB updating board. Among them, android board and network board could be added with Wi-Fi/3G, and set multi-language operation according to user's needs.

（2）Powerful network transmission settings; controlled by a central server, support remote network of multi devices with wire or wireless, it realized machines of different places could be operated only by one person.

（3）Wire routing based on national standard and realized the modern industry level, safety guaranteed, it paves the way for stable product quality.

（4）We have a group of senior R&D engineers with many years industry experience in research and development, providing ODM customized services according to customer's request.

（5）Our most prominent advantage is that we have an independent hardware CNC machine tools, can effectively control the quality and ensure the delivery time.

- 交易信息

最小起订量：1 件；Fob 价：每台 100～2000 美元；装运港：深圳；支付方式：T/T、L/C、西联；供货能力：每月 2000 台；到达时间：15～20 天；包装：出口木箱、出口纸箱、4 厘米厚泡沫。

Trade Info

MOQ: 1 set

FOB: USD 100～2000 per set

Port: shenzhen

Pay:T/T, L/C, West Union

Supply: 2000 sets per month

Lead time: 15～20 days

Packing: export wooden box、export carton box、4cm foam

- 公司信息

我们公司创立于 2007 年 11 月，位于中国制造业名城——广东省深圳市，是一家生产多媒体广告机、触屏式信息机的专业研发生产商。我们能为买家提供：从概念创意的设计到商品的量身定制，从专业的制造创新到最终的生产销售；承接 OEM、ODM 订单，交期与品质均能达到一流的生产标准。

我们的技术结合理论与实践，拥有先进的生产线和检测设备，商品销往欧洲、北美洲、南美洲等地。我们的商品均符合 ROHS、C-TICK、CE 和 FCC 标准。公司的主要买家是大型系统集成商、广告代理和广告媒体运营商、综合社区物业、写字楼、酒店、学校、医院、银行、电信公司、证券公司等。

Company Information

Our company was established in November 2007, located in China manufacturing city-Shenzhen, Guangdong Province. We are professional producer of multimedia advertising player, touch screen kiosk. And we can offer customers from concept creative design to tailor products, from professional manufacturing innovation to a final production sales. Including OEM, ODM order, delivery time and quality, all that can reach the first-class production level.

Our technology combines theory with practice, we have advanced production lines and inspection equipment. We sold out our products to Europe, north American, south American, etc. All of our products comply with RoHS, C-Tick, CE and FCC standards. Company's main customer are large system integrators, advertising agents and advertisement media operators, comprehensive community properties, office buildings, hotels, schools, hospitals, banking, telecommunications companies, securities companies and so forth.

- 常见问题解答

FAQ

1. Q: Are you a factory or trading company?

A: We are a factory. We integrate R&D team, manufacture, quality control team, sale and after-sale service.

2. Q: Where is your factory located? How can I visit there?

A: Our factory is located in Shenzhen, GuangDong Province, China. About 15 minutes by car from Shenzhen airport we pick you up there. All our clients, from home or abroad, are warmly welcome to visit us!

3. Q: For the first order, can we place a sample order?

A: Yes, of course. It's our honor to offer you sample.

4. Q: About the quality control, how your factory guarantee it?

A: Quality is priority. We have Total Quality Management System to control quality. We have our own professional engineer with many years' experience. Our factory has gained FCC, CE, RoHS authentication.

5. Q: What is the delivery time?

A: For the one have in stock finish product, the delivery time is within 3～5 days; with enclosure only in stock is 7～10 days; without in stock 20～25 days; for customized samples and large quantities bulk order, the delivery time is 20～30 days.

6. Q:What is the price? And do you provide customization, OEM or ODM service?

A: Our price is depend on the functions, sizes, designs, quantities, applications etc, please send the inquiry and tell us more about your requirements and project then enable us to quote the price accordingly. We have structure engineer team which can provide customization, OEM or ODM service.

7. Q:What is your after-sale service?

A: Best service provided for our customers not only before sale service but whole life of the goods.

-Warranty period:one year for whole machine. We will help solve it on line via Team Viewer with our engineer.

-How to deal with warranty: If damaged by non-artificial, the buyer should pay the freight when sending the defect parts to the seller, and the seller should pay the freight when sending the replacements or repaired parts to the buyer.

8. Q: What is your MOQ?

A: MOQ:1pc. Any quantity is acceptable when you place your order. And the price is negotiable for large quantity.

- 联系我们

阿里巴巴国际站允许卖家将私人信息显示出来，但这并不意味着买卖双方可以不用在阿里巴巴国际站平台上进行交易，如果系统显示卖家长时间不在阿里巴巴平台进行交易，那么这个卖家在阿里巴巴的信保额度就会降低，这会在一定程度上影响卖家在平台的订单量，也会降低线下的交易机会。因此，此处内容不显示卖家的真实信息。

Contact Us

××××× Technology Co.,Ltd.

Add:

Tel:

Fax:

Website:

E-mail:

📖 项目实训 ●●●● ● ·

跨境电商出口"侵权"痛点解析

近期，跨境电商行业传出爆炸性新闻：近4000家跨境电商独立网站（以婚纱礼服为主）被美国婚纱与礼服行业协会（ABPIA）告上法庭。同时，这些企业的 PayPal 账户将可能被冻结，其被诉的原因可能与侵权有关。

据了解，此次近 4000 家跨境电商独立网站涉嫌侵犯美国一家婚纱公司的著作权，且部分网站的 Alexa 全球排名在 1 万以内。"这类现象在跨境电商出口领域并不多见。"一位业内资深专家表示。

据了解，多数独立网站卖家事先并没有得到通知，账号服务器权限就被直接转移到 Godaddy（域名注册商），也就意味着被直接回收，无法正常使用。有不少企业原本将在年末时提现，为来年的布局做准备，此次所受打击巨大。以平均一家企业损失 2 万美元估算，此次案件涉及金额达 8000 万美元，是自 2015 年年末"美国亚马逊大批量下架平衡车"案件后的又一大案。

如何应对是这些跨境电商企业亟待解决的问题。收到邮件的企业表示，将力所能及地提供证据表明并未侵权。据专业律师分析，已经被起诉的商家应当迅速成立一个联盟，聘请律师进行应诉，找出自己并未侵权的证据，积极应对这场突如其来的变故。

案例解析：

此次案件涉及的跨境电商企业主要从事跨境电商出口业务，并不受跨境电商试点城市和综合试验区的限制，在全国范围内都可开展，因此，这类案件对试图通过跨境电商促进外贸转型、提升竞争力的中国外贸来说意义更加特殊。"这个案件对美国婚纱行业的冲击太大了。例如，他们卖 1000 美元，我们的跨境电商企业只卖 100 美元，还是同款。"一名跨境电商领域的专家表示，巨大的价格差使得一些最早从事跨境电商出口的中国网站获利匪浅。"但现在这个阶段，通过价格战赢得市场已经行不通了，同类的中国企业互相打压价格，企业自身利润下降。"专家补充，"这类案件的症结在于没有理顺商业秩序和竞争秩序。"对外经济贸易大学国际商务与经济合作学系主任王健表示："中国的外贸企业需要从知识产权入手，建立自己的品牌；而从更远的角度看，中国到了规范竞争秩序的时候了。"

思考：

这个案例给跨境电商卖家带来怎样的经验与教训？

📖 项目小结 ●●●●●●

本项目对商品发布、商品优化、文案策划的相关知识进行了讲解，并且应用速卖通及阿里巴巴国际站模拟上述任务的具体操作。

在商品发布方面，卖家首先要整理商品包（包括图片、视频、标题、价格、关键词、短描、长描、其他信息），其次要按照跨境电商平台的规定上传商品。卖家发布商品时需要注意 3 点：勿侵权（图片、标题）、类目正确、价格合理。

在商品优化方面，卖家需要从商品标题、详细描述、价格等方面进行优化。其中，商品标题优化的技巧有 4 个：敦煌网买家频道——搜索联想，借鉴爆款标题，参考 eBay、亚马逊等跨境电商网站的标题，筛选关键词；商品详情描述的优化包括 3 个方面：完善基本信息、优化图片、优化文案；商品价格的优化方法有 3 个：商品自我优化、参考竞品价格、巧用价格临界点。

按照表现形式的不同，跨境电商文案包括横幅广告文案、网店详情页文案、电商品牌文案和网络推广文案。文案策划的流程包括 4 个步骤：找准商品卖点和买家痛点，收集各种新颖的想法，撰写自己的想法，制作图文结合的页面。撰写文案要遵循 FABE 法则。撰写文案的技巧包括 6 个：走出自我意识，进入买家意识；从物的视角转入人的视角；多讲故事，少讲道理；嫁接人类文化的符号；让道具说话；攻心为上，以情动人。

习 题

一、选择题

1. 完整的标题应该包括（   ）。
   A. 核心词 B. 属性词 C. 流量词 D. 高频词

2. 以下属于流量词的有（   ）。
   A. for mother   B. from factory shop
   C. free shipping   D. big size

3. 以下属于属性词的是（   ）。
   A. 100% cotton   B. new arrival   C. hot sale   D. sleeveless

4. 商品描述从不同角度可以划分为（   ）。
   A. 商品展示类   B. 实力展示类   C. 吸引购买类
   D. 交易说明类   E. 促销说明类

5. 通过展示买家评价、热销盛况刺激买家购买，属于（   ）。
   A. 商品展示类   B. 实力展示类   C. 吸引购买类
   D. 交易说明类   E. 促销说明类

二、判断题

1. 商品的核心词指表明商品所属类目的词。   （   ）
2. 考虑买家的阅读习惯，标题中的关键词应该前置。   （   ）
3. 填写商品属性词时，越详细越好。   （   ）
4. 商品图片对美工要求很高，修饰得越漂亮越好。   （   ）
5. 只有网络推广文案才需要拟定标题，横幅广告文案、网店详情页文案、电商品牌文案则不需要拟定标题。   （   ）

三、实训题

1. 在敦煌网平台上发布商品，并用 PPT 展示汇报。
2. 在敦煌网平台上优化商品，并用 PPT 展示汇报。
3. 自选商品，制作一份商品推广文案。

项目五　店铺优化及推广

学习目标 ↓

素质目标

掌握店铺装修的工具和方法，培养美感意识，树立正确的审美观；
掌握店铺优化及推广的技巧，培养营销意识。

知识目标

了解店铺的作用；
掌握运营店铺的注意事项；
掌握店铺装修的工具和方法；
掌握店铺优化技巧；
掌握店铺推广技巧。

能力目标

能够维护账户安全；
能够装修店铺；
能够优化店铺；
能够推广店铺。

任务一　店铺装修与优化

任务引入

经过前面任务的操作，小茗已经发布了商品，但是因为他没有创建自己的店铺，导致客单价较低，所以他希望创建店铺并且进行店铺优化，以提高客单价，获取更多的利润。那么小茗该怎么操作呢？

相关知识

小茗现在面临的问题是店铺装修及优化问题。小茗需要创建店铺，并且对店铺进行精心的装修，提升店铺服务等级，然后在此基础上增加流量和提高转化率。

一、店铺认知

跨境电商初学者需要了解在跨境电商平台注册账号不等于平台所认定的开店。例如，在亚马逊平台注册账号就是开店，而在速卖通平台或敦煌网平台开店，仅仅注册账号是不够的，还需要完成开通店铺流程，条件之一就是发布商品数量达到 10 个以上。

（一）店铺的作用

店铺有助于卖家展示自身的实力，更好地管理商品。专业的店铺装修会给买家留下深刻的印象，有助于促进买家下单，提高客单价。

（二）店铺信息的获取

如何进入店铺呢？敦煌网和速卖通平台的买家可以单击商品信息页面的"Store Home"选项，分别如图 5-1 和图 5-2 所示。

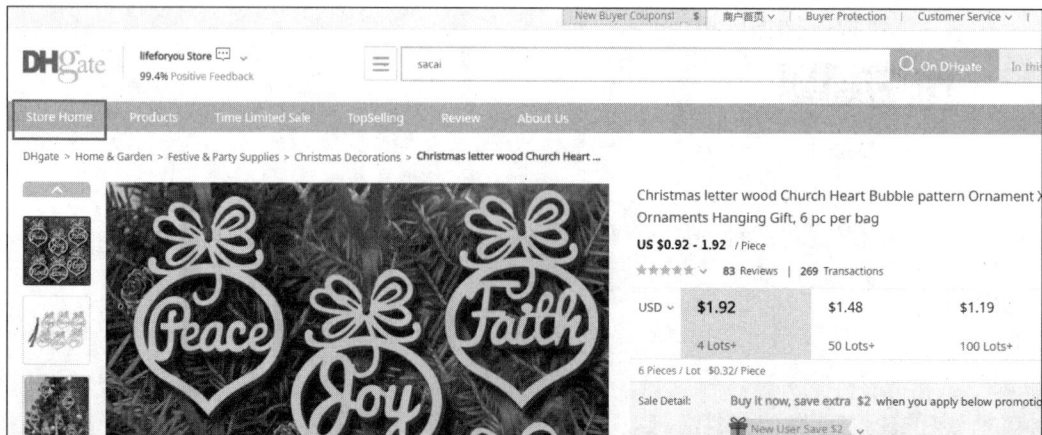

图 5-1　敦煌网平台的店铺入口

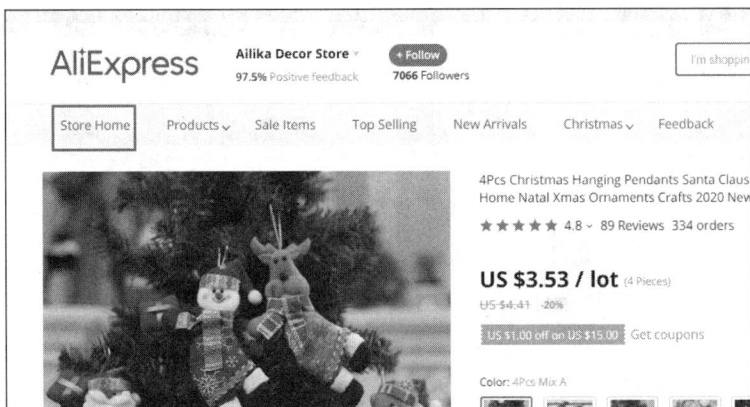

图 5-2　速卖通平台的店铺入口

亚马逊平台的买家可以单击商品信息页面上方的"Visit xxx Store"超链接或者单击页面右侧的"Sold by"中的店铺名称超链接，即可访问店铺页面，如图 5-3 所示。

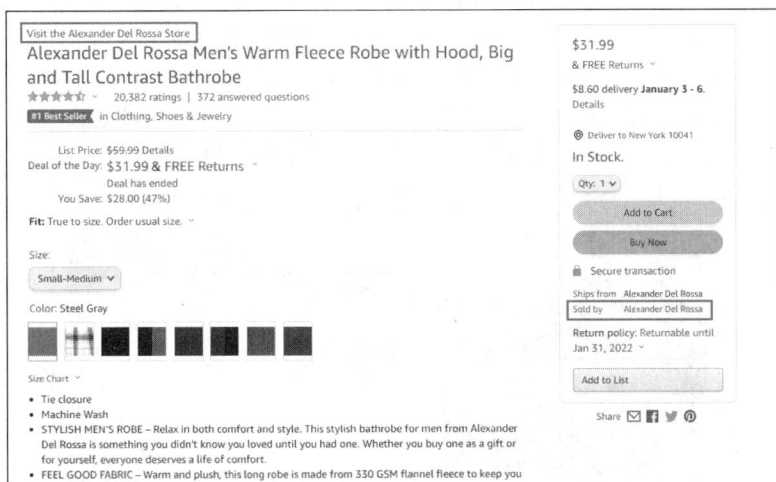

图 5-3　亚马逊平台的店铺入口

不同平台的跨境电商店铺页面大同小异，图 5-4 所示为速卖通平台店铺页面，图 5-5 所示为敦煌网平台店铺页面。

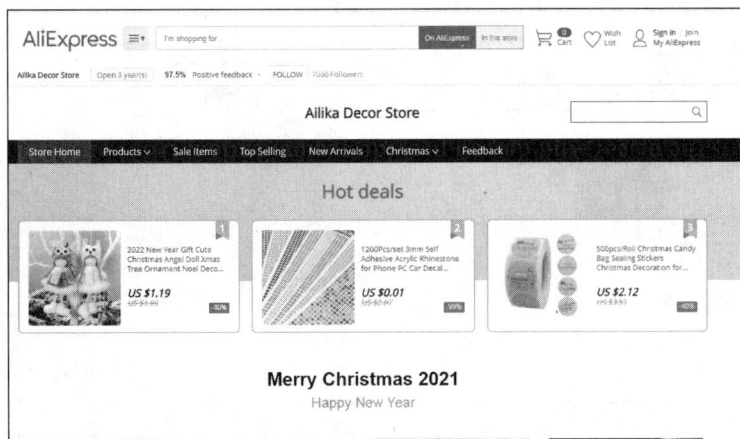

图 5-4　速卖通平台店铺页面

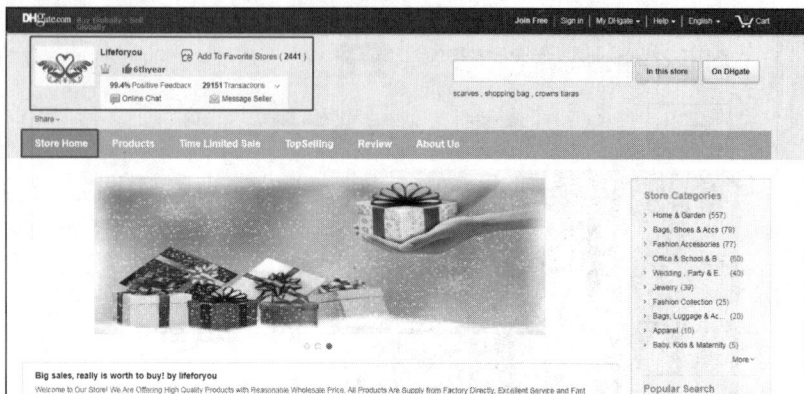

图 5-5　敦煌网平台店铺页面

各个平台展示的店铺信息也有所差异，例如速卖通平台店铺通常会显示店铺名称、店铺评分等信息，如图 5-6 所示，图中店铺的名称为 "Dream-life Store"，店铺评分满分为 5 分，分为 3 个，其中 "Item as Described"（商品描述准确性）得分为 4.8 分，"Communication"（沟通质量及回复速度）得分为 4.8 分，"Shipping Speed"（物流运送时间合理性）得分为 4.7 分。

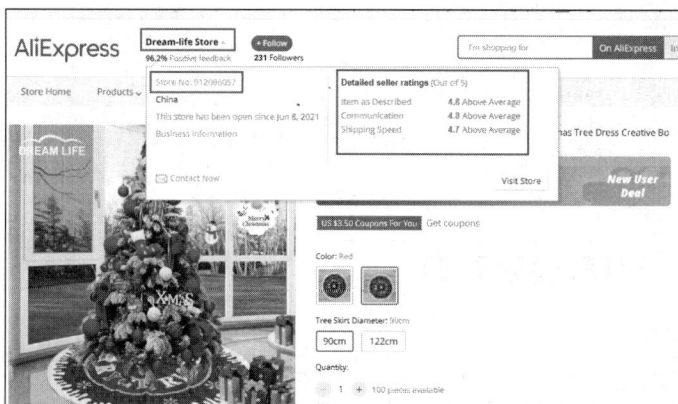

图 5-6　速卖通平台店铺信息

亚马逊平台店铺展示的信息较多，当买家进入店铺页面后首先看到的不是店铺宣传图片或商品图片，而是店铺 Logo、店铺名称、店铺星级、过去 12 个月的评价数、好评率、公司名称、公司地址、买家反馈等信息，如图 5-7 所示。

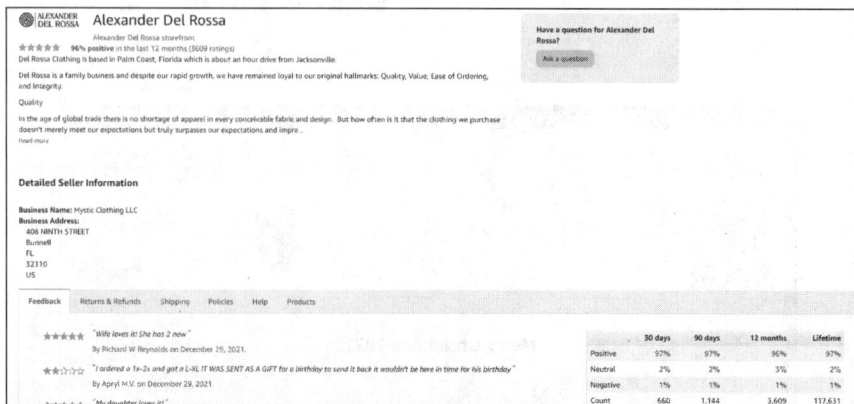

图 5-7　亚马逊平台店铺信息

（三）运营店铺的注意事项

在运营店铺的过程中，账号安全是最重要的。卖家的很多行为都会影响账号安全，这需要卖家熟悉并且严格遵守平台规则。不管是亚马逊、Wish 平台，还是 eBay 平台，多店铺运营都是平台明文禁止的。这里的多店铺运营不是指一个卖家在不同平台开设多个店铺，而是指一个卖家在同一个平台注册多家店铺，这样会引起账号关联。平台判定多店铺运营有很多维度，主要包括注册的邮箱、电话、身份证信息、信用卡账号，以及计算机的 MAC 地址、光猫的 MAC 地址、计算机 IP 地址、浏览器缓存等。

亚马逊和 Wish 在判定多个账号为同一家企业或者同一个人经营的时候，不会马上关闭店铺，而是在后台给卖家发送提示信息，告诉卖家它们发现哪些店铺是卖家的店铺。如果卖家被系统发现是同一个人运营多家店铺之后，当其中任何一个店铺因为某些原因被关闭后，其他店铺也会被关闭。

亚马逊卖家在运营的过程中如果不小心触碰到一些亚马逊平台禁止的行为，就会收到红旗邮件、警告邮件等。下面总结了一些亚马逊平台的禁止行为，卖家在运营的过程中要多加注意，不要触碰。

1．不要发生转移交易或买家的行为

亚马逊平台不允许卖家通过广告、营销（特惠）、提示等各种行为，将买家引到其他平台。卖家不可通过在电子邮件、销售商品页面中放置超链接、URL、网址等方式转移交易或买家。

2．不要使用未授权和不准确的企业名称

在亚马逊平台上使用的企业名称，需要准确地标识卖家的身份，不要使用会引起误解的名称，使用的名称不要包含他人的商标，也不要出现侵权行为。企业名称后缀不能是.com、.net 等。

3．不要主动向买家发送与营销相关的电子邮件

除进行订单配送和售后服务外，不要主动向买家发送与营销相关的电子邮件。

4．正确处理好买家的电话号码

不要使用买家的电话号码联系买家，根据买家订单联系买家时，仅使用"买家与卖家消息"，不要在"买家与卖家消息"之外传递任何类型的买家信息（包括电话号码）。

5．不可多个账户进行操作

亚马逊禁止同一个卖家在同一站点持有多家店铺，不允许多账号注册引起账号关联。

6．不可滥用亚马逊销售服务

反复上传大量商品数据，过度或者不合理使用亚马逊平台，这些行为都会让亚马逊开始限制卖家的操作。

7．不可操纵买家评分及评价

评价是亚马逊非常看重的地方，卖家不可用补偿（免费、折扣）等行为换取买家好评，也不要评价自己和竞争对手的商品。卖家可以要求买家留评，但是要以客观的邀请方式进行。

8．不可操纵商品销量排名

商品排名靠前，可以让买家更容易搜索到卖家的商品，增加流量，而销量是影响商品排名的重要因素。卖家不可通过刷单的行为获取虚假订单，不能购买自己的商品，不能通过补贴的方式让买家购买商品，也不能在商品详情描述中表达有关该商品销量排名的信息。

9．不能滥用搜索

商品的搜索排名也是获取流量的重要因素。对于商品的搜索排名，亚马逊禁止卖家通过付费刷自然排名的行为。同时，卖家不能提供误导或不相关的目录信息，不能在隐藏的关键词属性中添加自己商品识别的信息，如商品名称，ASIN 等。

亚马逊通过这些禁止行为确保销售计划和买家购买上的安全与公平。除了以上禁止行为外，还有个别商品有个别的禁止行为。卖家应避免发生这些禁止行为，否则亚马逊可能会扣留相关款项，甚至禁止销售。

二、店铺装修

卖家开通店铺后，接下来需要对店铺进行装修，精心装修的店铺有助于延长买家浏览店铺的时间，提高转化率。卖家在装修店铺的时候需要注意两点，即完善店铺装修模块和统一店铺风格。

（一）完善店铺装修模块

以速卖通为例，卖家登录速卖通账户后，单击"店铺"按钮，即可对店铺进行装修，需要注意以下几点。

（1）充分利用店铺装修的基本工具。卖家应进一步完善店招模块、图片轮播模块的内容，将店铺的主推商品放置在图片轮播位，有利于买家看到。

（2）充分利用商品推荐模块工具。对于已经上架的商品，卖家打开"商品管理"页面，在"正在销售"商品对应的"操作"栏中单击"编辑"按钮，然后选择"橱窗推荐"选项，即可使用商品推荐模块工具。

（3）巧用自定义模块工具。针对不同国家、不同语言习惯的买家，卖家应设置多国语言按钮。卖家进入店铺装修后台，添加自定义模板，然后按照指示操作即可。

（4）巧用关联模块工具。通过关联模块工具，卖家能最大限度地呈现店铺的其他商品，从而增加买家可选择商品的数量，提高客单价。

> 📖**小知识**
>
> ### 网店装修不只是为了"美"
>
> 网店装修不等同于美工设计。一些跨境电商卖家不惜花重金聘请资深的平面设计师，打造出高端大气的首页，却没有收获询盘和反馈。这是因为"美"并不能直接转化成购买力。网店装修要考虑整个首页的布局和需要注入的营销元素，需要具有逻辑性的商品详情页和高质量的文案，而过度的设计在境外买家看来是华而不实的。

（二）统一店铺风格

（1）根据商品优化店铺风格。卖家在设计店铺风格时主要考虑商品的属性及适用人群。如果卖家销售的是商务男装，店铺风格应该设计成沉稳内敛；如果销售的是母婴商品，店铺风格应该设计成色彩柔和、场面温馨；如果销售的是少女时装，店铺风格应该设计成俏丽活泼。

（2）根据活动优化店铺风格。一般来说，除了考虑商品自身的属性，店铺如果想要有更多的流量，还应考虑参加平台的一些活动，此时店铺风格与平台活动在氛围上要吻合。

三、店铺优化

在卖家开通店铺之后，首先需要做好选品和铺货工作，这样当买家访问店铺后就会有更多的选择，从而提高成交转化率。此处以速卖通为例，根据速卖通买家群体分析，大部分买家属于低价购买群体，因此店铺选品应该以低价商品为主，类目包括衣服、鞋包、电子商品、运动器材、太阳镜、化妆品等，可以在 1688 跨境专供平台上铺货，进价便宜，利润高，还可以使用全球交易助手一键铺货。

店铺优化

（一）店铺优化的途径——提升卖家服务等级（Detail Seller Rating，DSR）

卖家的商品质量和服务能力对买家的购买决策有着至关重要的影响，特别是在商品描述及评价、沟通效率、纠纷处理率和态度等方面。买家在选择商品时，期望能快速识别商品和服务表现良好的卖家。

仍以速卖通为例，速卖通当月服务等级是根据上月的每日服务分均值计算得出的。每日服务分采用百分制考核方式，一共有 6 个考核项（见表 5-1），每日更新，每日服务分等于 6 个考核单项得分之和，即每日服务分（满分 100 分）=成交不卖率得分（单项满分 10 分）+未收到货物纠纷提起率得分（单项满分 15 分）+货不对版纠纷提起率得分（单项满分 15 分）+ DSR 商品描述得分（单项满分 30 分）+ DSR 卖家服务得分（单项满分 15 分）+ DSR 物流服务得分（单项满分 15 分）。每个考核单项最低分为负 100 分，即只要有一项表现特别差，每日服务分就可能为零分。

表 5-1　速卖通每日服务分考核项

考核项	单项满分	指标解释
成交不卖率	10 分	考核期内卖家未全部发货且（卖家发货超时或买家取消订单）的订单数/[考核期内卖家未全部发货且（卖家发货超时或买家取消订单）的订单数+全部发货的订单数]
未收到货物纠纷提起率	15 分	考核期内（买家因未收到货物提起退款的订单数-买家主动撤销退款的订单数）/考核期内（买家确认收货+确认收货超时+提起退款的订单数）
货不对版纠纷提起率	15 分	考核期内（买家因货不对版提起退款的订单数-买家主动撤销退款的订单数）/考核期内（买家确认收货+买家确认收货超时+提起退款的订单数）
DSR 商品描述	30 分	考核期内 DSR 商品描述准确性平均分
DSR 卖家服务	15 分	考核期内 DSR 沟通质量及回应速度平均分
DSR 物流服务	15 分	考核期内 DSR 物品运送时间合理性平均分（不包括采用线上发货且 DSR 物品运送时间合理性=1、2、3 分的订单）

速卖通平台会在每月 3 日前更新评级结果，每次评级结果都会影响当月的资源分配。在速卖通平台上，不同等级的卖家在橱窗推荐数、平台活动权利、直通车权益、营销邮件数等方面享有不同的资源。等级越高的卖家享有的资源奖励越多，优秀卖家将获得 "Top-rated Seller" 的标志。买家可以在搜索商品时快速发现优秀卖家，并选择优秀卖家的商品下单。等级较低的卖家将无法报名平台活动，且在搜索排序上会受到不同程度的影响。速卖通卖家服务等级及奖励资源如表 5-2 所示。

表 5-2　速卖通卖家服务等级及奖励资源

奖励资源	卖家等级			
	优秀	良好	及格	不及格
橱窗推荐数	3 个	1 个	无	无
平台活动权利	优先参加	正常参加	正常参加	不允许参加
直通车权益	开户金额返利20%，充值金额返利10%（需至直通车后台开通）	开户金额返利15%，充值金额返利5%（需至直通车后台开通）	无特权	无特权
营销邮件数	2000	1000	500	0

需要注意的是：（1）搜索排序受每日服务分影响，与当月服务等级无关；
　　　　　　　　（2）提前贷款享有最高比例的特权，不再与服务等级挂钩

对于卖家服务等级被连续评为不及格的卖家或给买家带来严重不良体验的卖家，平台保留清退的权力。卖家可以在"我的速卖通"中查看当前所处等级，以及与等级对应的详细报表。速卖通平台卖家服务等级评分标准如表 5-3 所示。

表 5-3　速卖通平台卖家服务等级评分标准

评级	优秀	良好	及格	不及格
标准	上月每日服务分均值≥90 分	上月每日服务分均值≥80 分且＜90 分	上月每日服务分均值≥60 分且＜80 分	上月每日服务分均值＜60 分

需要注意的是：截至上月底，过去 90 天内考核订单量＜60 笔的卖家，不参加卖家服务等级考核；开店时间≥180 天且过去 30 天内考核订单量≥60 笔的卖家，考核周期为 30 天；不参加卖家服务等级考核的卖家，默认享有的权益等同于及格，这部分卖家需努力提高订单量，以获得参加考核资格

（二）店铺优化的技巧

如果要优化店铺，速卖通卖家可以参考以下几点。

1．降低买家不良体验订单率（Order Defect Rate，ODR）

买家不良体验订单率=买家不良体验订单数/考核订单数

由以上公式可知，卖家如果要降低买家不良体验订单率（ODR），要么减少买家不良体验订单数，要么增加考核订单数。买家不良体验包括成交不卖、未收到货物、货不对版、商品描述不准确、沟通质量差、客服回应速度慢、运输时间不合理等。

（1）减少买家不良体验订单数。

① 加强库存管理，减少发货失误。速卖通卖家需要在平时加强库存管理，定期检查商品的外观有无生锈、霉腐、褪色等情况，零部件有无缺损。发货前仔细核对品名、数量、颜色、款式等，尽量减少发货失误。尤其是在店铺参加活动期间，更需要加强库存管理。

② 加强与买家的沟通，安抚买家可能产生的负面情绪。在买家与卖家开始接触之后，卖家需要积极与买家沟通，安抚买家可能产生的任何负面情绪。

买家咨询时，卖家应简洁、清晰地解答卖家的疑问。

买家确认下单后，卖家要发送站内信，告知买家已经在备货。如果缺货，要马上告知买家，协商解决。

卖家发货后，应发送站内信，告知买家已经发货，并提供物流方式和物流跟踪单号，供

买家查询；告知买家预计到达时间，提醒买家关注。

卖家发货一段时间后，应主动关注物流信息。如果有任何晚于计划到达时间的可能，卖家应积极告知买家，解释晚到原因，安抚买家的焦虑情绪。

买家收到货后，卖家应发送站内信，询问买家对商品的满意程度，解答买家在收货后的各种疑问。如果买家满意，卖家可建议买家给予好评；如果买家不满意，卖家与买家协商解决。

（2）增加考核订单数。

增加考核订单数就是增加商品销量。卖家可以通过优化商品标题、商品详情页、价格及设计营销活动来增加销量。

2. 提高买家好评率

买家在平台上购物，最看重的还是商品本身。卖家在描述商品时应该实事求是，不可夸大。

（1）选择性价比高的物流方式。

选择物流方式时，卖家需要先考虑买家可接受的物流方式，再根据卖家与物流商达成的协议进行选择。

（2）通过赠送小礼物、关心客户等方式提升买家购物体验。

卖家可通过获取买家相关信息，结合店铺运营的经验，分析买家类型。针对经济型买家，卖家为其提供平价的商品，并附赠一定价值的小礼物，以获得买家的好感。针对情感型买家，卖家可通过节日问候、重要日子关怀提醒等方式，表达对买家的关心，提高买家对店铺的好评率。

任务实施

第一步：创建店铺。

首先，进入速卖通卖家界面，单击"店铺"下的"店铺装修"选项，出现提示"您尚未创建自己的店铺"。此时，需要单击"上传商品"按钮上传商品，上传的商品要达到 10 件以上才能开通店铺。

第二步：装修店铺。

在速卖通卖家界面中单击"店铺"下的"店铺装修"选项，然后单击"进入装修"按钮，如图 5-8 所示。

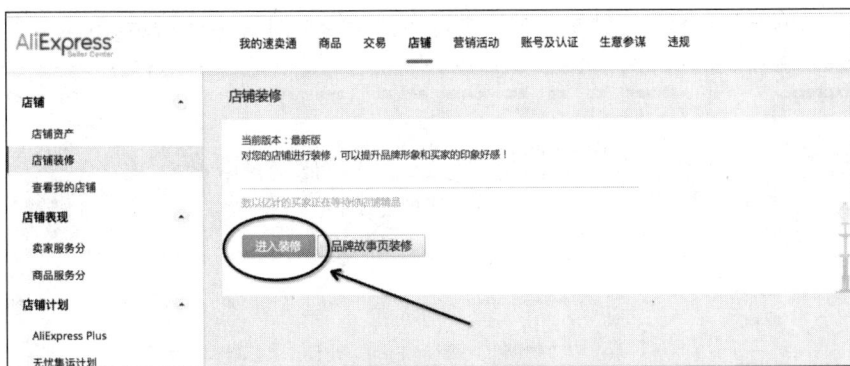

图 5-8　速卖通店铺装修页面

速卖通平台的店铺装修分为移动端和 PC 端两个装修页面（见图 5-9），目前暂不支持将 PC 端的装修结果同步至移动端，需要单独装修。

图 5-9　速卖通平台店铺装修页面

装修界面的左侧导航条常规展示为首页、自定义页、新品页面，部分店铺还会展示品牌故事页、大促承接页（一般以平台活动名称命名，此处为"BLACK FRIDAY FEST"，如图 5-10 所示。

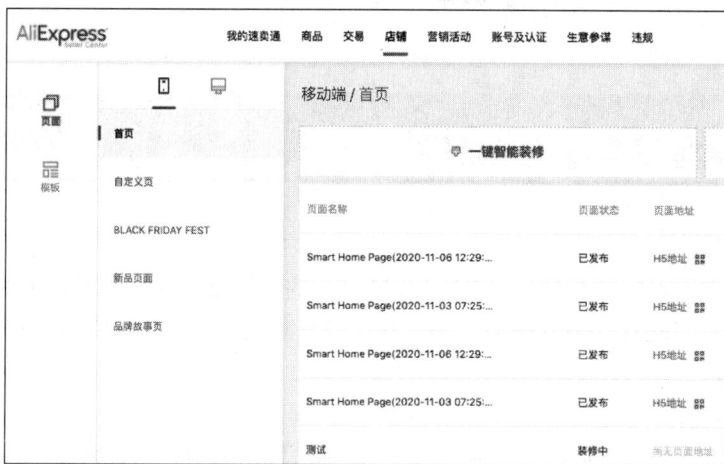

图 5-10　速卖通店铺移动端装修首页

小茗选择单击"一键智能装修"按钮进行店铺装修，如图 5-11 所示。

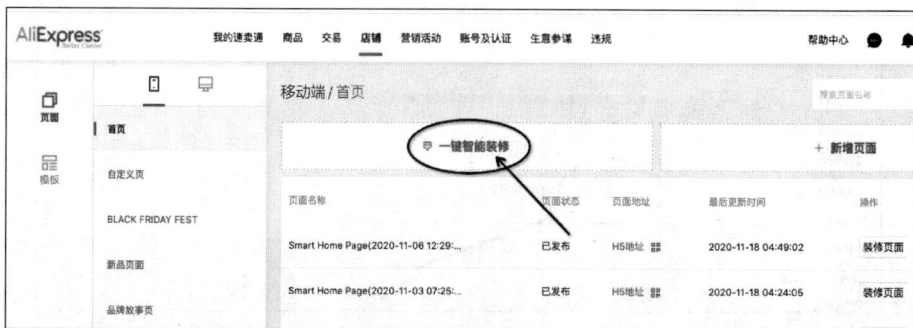

图 5-11　速卖通"一键智能装修"界面

第三步：提升卖家服务等级，提高店铺评分。

任务二 店铺推广

任务引入

小茗已经完成了店铺优化，希望接下来进行店铺推广。他应该怎么操作呢？

相关知识

小茗现在面临的问题是店铺推广问题。在市场推广方面，新店铺和已经运营一段时间的店铺有所不同，新店铺首先需要从选品、选词和商品描述等方面进行初步的推广。而已经运营一段时间的店铺要在做好自然流量引入的基础上，继续选择合适的推广方式以增加流量，如使用平台的推广工具、委托专业推广公司进行推广、通过社交网络服务进行推广等。

一、新店铺的推广

新店铺和已经运营一段时间的店铺是有区别的，卖家通过对比就能发现新店铺的不足，然后有针对性地进行推广。

店铺推广

（一）新店铺的不足之处

一般情况下，新店铺有下列不足之处。

（1）缺少热卖商品，导致店铺无法根据市场精准定位。

（2）店铺信誉低、评价少，导致转化率低。

（3）人气低、排名靠后，流量少且不稳定。

（二）新店铺推广的步骤

卖家可根据新店铺的不足，再结合商品类型及店铺特点制定营销方案。

第一步：推广方案的思路。

首先，从选品、选词和商品描述等方面进行初步的推广；然后，根据数据分析结果，调整推广方案，优化店铺；最后，使用基础营销方式，完善推广方案。

第二步：推广方案的搭建。

1. 搭建初步推广方案

（1）做好选品。新店铺选品可以按照 2：7：1 的法则进行。

"2"表示市场上的热销商品占 20%，目的是低价引流。

"7"表示市场上类似的热销商品占 70%，可以打折促销，提高转化率。

"1"表示品牌商品占 10%。

这一法则的目的是靠热销商品进行引流，靠类似热销商品赚取利润，靠品牌商品获取品牌价值。例如，某卖家想销售手机配件，就需要查看目前市场上哪些款式、材质、价位的手机配件更受欢迎。

① 一模一样的——价格更低，做引流款。

② 款式略有差异的——打折，但是还有利润空间。

③ 材质不同的——打造高品质商品。

需要注意的是，那些与热销品相近的商品就是店铺的主打商品。其他商品最好也进行推广，以确定店铺更吸引买家的商品类型。例如，某卖家想要打造自己的特色，不想参考其他店铺的商品，在不知道哪些款式比较受欢迎之前，可以选择几款自己认为可能比较受欢迎的商品，按照重要程度进行推广。不管基于哪种情况，这里都要强调一个原则：新店铺一定要尝试用更多的优质商品做推广。

（2）做好选词。买家搜索的关键词一般可以分为两类：热门关键词和长尾关键词。热门关键词即竞争大、流量高的词，如 phone cases；长尾关键词即竞争小、有一定流量的词，如 cell phone cases for iphone 5s。

热门关键词适合短期投放，不建议新店铺长期大量添加热门关键词进行推广，因为前期市场定位不准确会导致广告费被白白浪费。卖家可以等到有一定交易量时再进行重点推广。

长尾关键词是店铺最主要的流量来源，适合长期投放。建议卖家按照长尾关键词流量的高低分开使用。对于主打商品，应使用较高流量的长尾关键词；其余的长尾关键词放入其他商品中使用。

长尾关键词和热门关键词结合使用，多用长尾关键词，合理竞价直通车。

（3）优化商品描述。当完成一个商品的上架之后，卖家还要注意以下几点。

标题的描述：突出卖点，如促销、材质、质量等。

图片的处理：图片要做一定的处理，以便全方位展示商品。

商品详情描述：从质量、认证入手，展示卖家实力、上传买家好评截图等。

综上所述，卖家需要从选品、选词、商品描述等方面入手，搭建初步的推广方案。

2．调整推广方案

（1）重视日常操作。关注已有关键词的排名情况，及时调整，保证流量；把控预算，保证足够的推广时长；通过行业资讯等渠道获取搜索词，及时做出调整，添加市场上新增的与商品相关的词。

（2）及时进行数据分析。采用各种推广之后，需要一至两周的时间分析店铺的数据，再进行推广方案的调整。

将曝光比较高的词和转化率比较高的商品进行组合；对于曝光比较高、点击比较少的商品，建议优化标题、调整图片排位等，如果有替代的商品可以进行替换；对于点击比较多、一直没有订单的商品，可以分析商品详情描述中是否有可改进之处。

3．完善推广方案

在完成店铺优化的基础上，新店铺还可以选择速卖通提供的推广方式，使推广方案更加完善。

（三）新店铺营销活动介绍

速卖通的常规营销活动包括平台活动、单品折扣、满减活动、店铺优惠券等，如图 5-12 所示。

1．平台活动

速卖通的平台活动主要有 Flash Deals、试用频道、拼团数据、品牌闪购频道、金币频道等。卖家参加平台活动可以提高商品曝光率，获得大流量，提高转化率。

2．单品折扣

速卖通单品折扣活动用于店铺营销，可以很好地进行商品的促销及展示。单品折扣力度越大，越吸引买家下单。

（1）单品折扣的特点。

一方面，单品折扣是比较直观的店铺营销手段，参与了单品折扣活动的商品主图会出现折扣标志，商品详情页也会出现折扣标志。

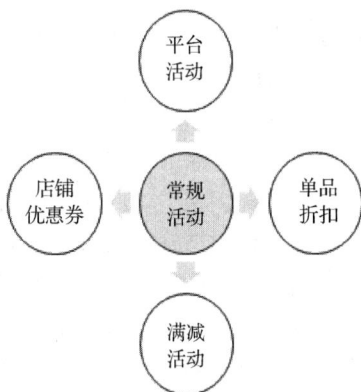

图 5-12　速卖通的常规营销活动

另一方面，单品折扣是比较有效的店铺/单品营销手段，是店铺快速推出新品/打造爆品的必备工具。

（2）设置单品折扣的注意事项。

① 单品折扣活动可以即时生效，也可以设定特定时间生效。

② 勿提价再打折，否则会影响该商品搜索排名。

③ 结合直通车，营销效果会更好。

④ 活动过程中允许新增或下架商品，且实时生效。

⑤ 支持单个商品设置粉丝/新人专享价，速卖通卖家可以针对店铺的某些商品设置折扣率和促销数量，规定活动时间。

3．满减活动

满减活动包括满立减、满件折、满包邮 3 种活动类型，均不限制活动时长和活动次数。其中，满包邮活动通过包邮作为利益点，可有效提高客单价。另外，满减活动优惠可以同店铺其他活动优惠累计使用。对于已经参加单品折扣活动的商品，买家购买时以单品折扣活动后的价格计入满减活动优惠规则中，需准确计算利润。

4．店铺优惠券

速卖通卖家可以设置对所有商品都适用的优惠券，也可以根据客单价（客单价=销售额/买家数）设置满减优惠券，让买家先领券再下单，以提高购买转化率。店铺优惠券可通过多种渠道推广，包括店铺常规展示、官方渠道推广和定向渠道推广。

二、常规店铺的推广

新店铺经过一段时间的经营，积累了一定的销量以后，卖家的推广方案也应进行一些必要的调整。卖家可以在做好自然流量引入的基础上，继续选择合适的推广方式以增加流量，如使用平台的推广工具进行推广、委托专业推广公司进行推广、通过社交网络服务进行推广等，下面分别进行介绍。

（一）使用平台的推广工具进行推广

跨境电商卖家可以使用平台的推广工具进行推广，如速卖通卖家可以使用直通车。

速卖通直通车是速卖通平台会员通过自主设置多维度关键词，免费展示商品信息，以大量曝光商品吸引潜在买家，并按照点击付费的全新网络推广方式。

速卖通直通车首次使用最少需要充值 500 元，而且一旦充值就不允许退出，也不允许提现。选择需要推广的商品，再选择关键词竞价排名推广，按点击收费。热门的关键词要想排到第一页，每次点击需要支付几元甚至十几元。直通车可以控制每天消耗的金额。例如，设定每天消耗上限为 100 元，那么当天花费 100 元后，推广的商品将停止展示，也就不会产生更多的花费，这样可以避免短时间内花掉过多的推广费。

速卖通直通车的优点在于直通车是速卖通官方推出的，任何人都可以申请开通直通车，增加商品的曝光量；缺点在于直通车竞价排名竞争激烈，往往需要较高的投入，但能否达到与之相对应的推广效果则无法保证。

（二）委托专业推广公司进行推广

速卖通卖家还可以委托专业推广公司进行店铺推广。专业推广公司一般拥有大量的境外买家资源，能够有针对性地引入境外买家流量，增加商品和店铺的浏览量，并且通过将需要推广的商品加收藏、加购物车、店铺加收藏等方式，提高商品和店铺的人气，从而提高商品的搜索排名。委托专业推广公司进行推广需要注意以下三点。

1．推广的切入点

速卖通店铺中往往有数百种甚至上千种商品，卖家应该有针对性地选择少量有潜力的商品进行推广，打造一到两个爆款。爆款的销量可以占据整体销售额的 50%以上，还可以起到引流的作用，带动其他商品的销售。

2．推广公司的选择

由于速卖通的买家群体在境外，这与境内电商网站不同，因此卖家在选择专业推广公司时，要注意它们是否拥有境外买家资源，能否保证是海外 IP 访问。

3．推广效果

卖家登录速卖通卖家后台，单击"数据纵横"可以看到推广效果；在实时数据中可以看到实时的商品点击量、加收藏次数、加购物车次数等；在商品分析、商铺分析中也可以看到相关的数据。大部分商品在推广后能够取得较大幅度的搜索排名提升。

（三）通过社交网络服务（Social Networking Services，SNS）进行推广

通过社交网络服务进行推广也是一种方法，具体内容可以参考项目六。

任务实施

小茗尝试通过以下两个途径进行店铺的推广操作。

途径一：借助速卖通平台的推广工具。

首先登录速卖通卖家账号，单击"营销活动"选项，就可以看到卖家开展的营销活动（见图 5-13），然后单击"单品折扣"按钮。

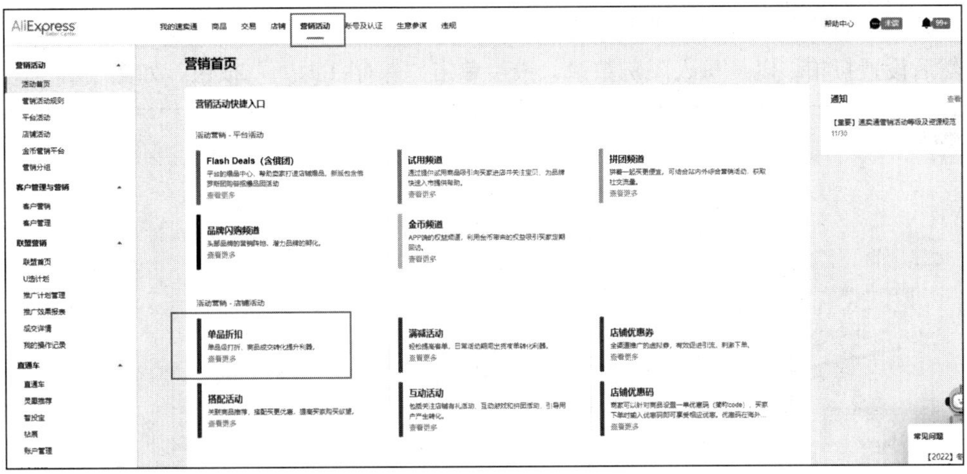

图 5-13 速卖通营销活动界面

在打开的"单品折扣"界面中单击"创建活动"按钮，如图 5-14 所示。

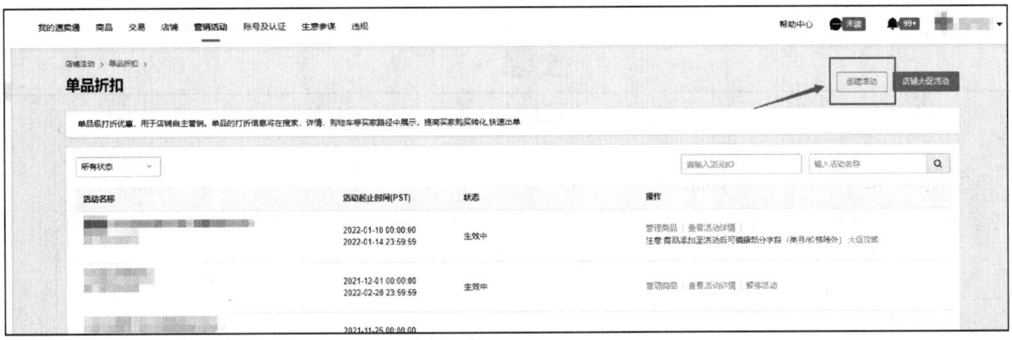

图 5-14 速卖通创建单品折扣活动入口

在"创建活动"界面中输入活动名称，选择活动起止时间，然后单击"提交"按钮，如图 5-15 所示。

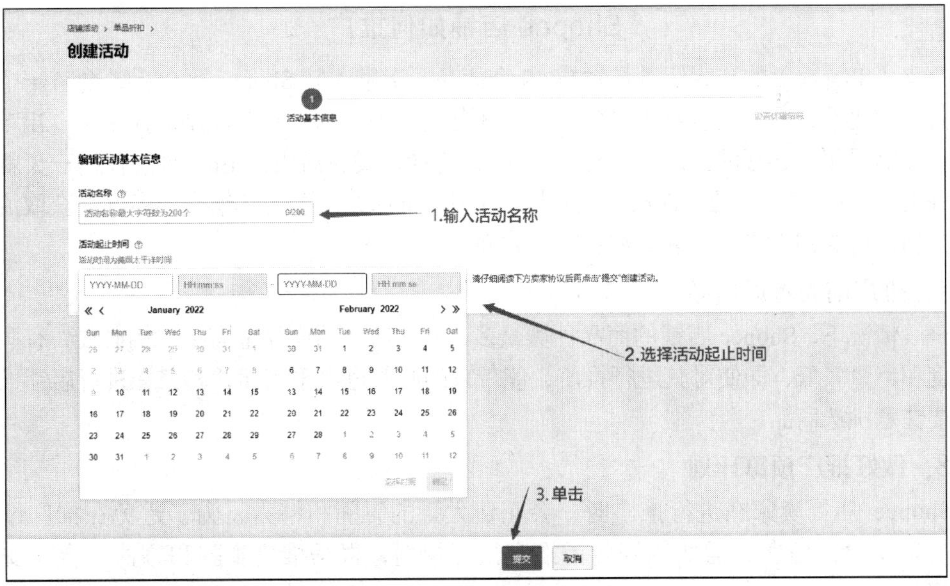

图 5-15 速卖通创建活动界面

打开"编辑活动"界面，卖家开始添加需要打折的商品，可以单个添加，也可以批量添加，然后设置折扣，以及每人限购数量，最后单击"保存并返回"按钮，如图 5-16 所示。

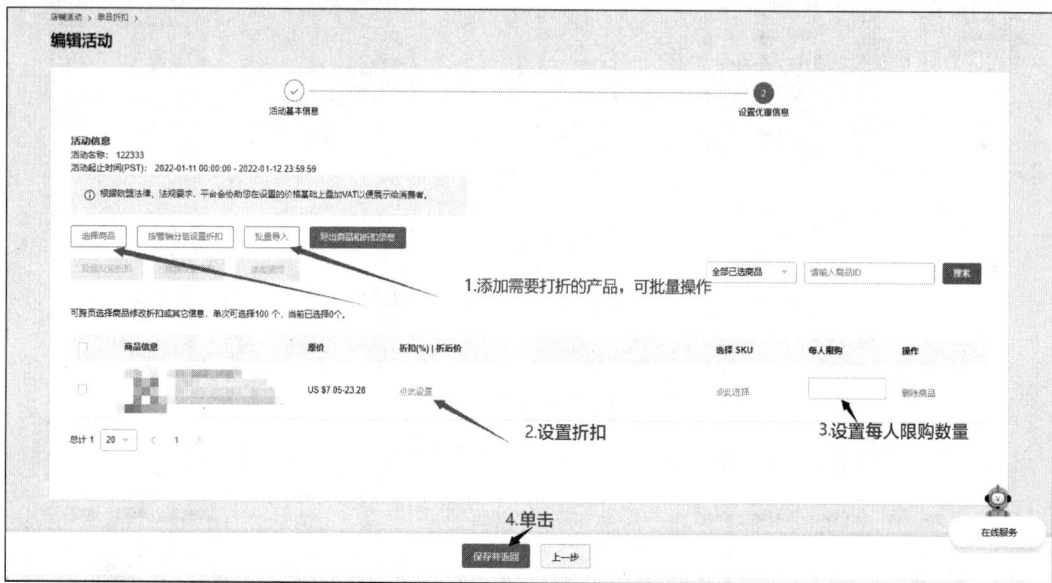

图 5-16　速卖通编辑活动界面

途径二：SNS 推广，其流程如图 5-17 所示。

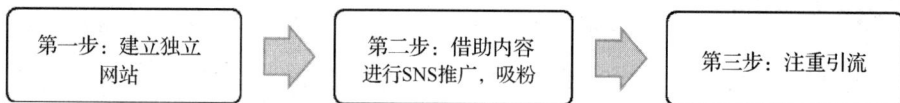

图 5-17　SNS 推广流程

📖 项目实训

Shopee 店铺如何推广

虾皮（Shopee）的开店任务是发布 50 个商品。卖家入驻 Shopee 平台后，会有一个为期三个月的孵化期，孵化期有新手任务，新手任务是不确定的，有时候是商品采集、出单等，前期的商品采集是必须的，商品采集很容易，确定商品类目后借用 ERP 系统仅需一天就可以采集并上传 50 个商品。在 Shopee 平台上，合理的推广，可以为店铺增加名气，获取流量。那么如何进行店铺推广呢？需要注意哪些方面？

1．推广前先考虑选品

一般情况下，Shopee 店铺的商品种类众多，并非所有的商品都有推广的必要，有些商品的热度和销量较低，即使对其进行推广，能带来的收益也微乎其微，卖家在进行店铺推广时一定要注意挑选商品。

2．做好推广预算计划

Shopee 店铺卖家在进行推广时，会花费大量的时间和精力，为了避免在推广过程中出现店铺资金的浪费，需要做好店铺推广预算规划，根据推广步骤和方法，合理安排资金使用。

3．选择合理的推广方式

现在可以帮助店铺进行推广的方式有很多，但是并非所有的推广方式都能得到想要的效果，如果需要对店铺商品进行推广，卖家就需要根据买家的消费特点和商品本身的具体情况，选择合适的推广方式。

4．做好推广的基础工作

Shopee店铺在进行推广时，商品主图、商品详情页的设计、商品价格的设定等，都是推广需要做的基础工作。卖家如果想要在店铺推广的过程中得到一个理想的效果，就需要做好推广的基础工作。

5．要考虑买家的具体情况

买家是进行店铺推广必须要考虑的因素，卖家想要让买家购买店铺的商品，获得理想的推广效果，还需要了解：买家最喜欢哪种商品？消费习惯如何？怎样设计商品主图才能得到买家的青睐？当把这些问题都解决后，就能在进行推广时更容易达到一种吸引买家的效果。

推广时需要注意以下几个方面。

第一，注意资金的合理使用。

Shopee店铺在做促销引流时，需要投入一定的资金。为了把资金合理地运用到合理的地方，避免造成资金浪费，卖家需要对资金进行合理的规划。

第二，注意理解买家需求。

Shopee店铺在做推广引流时，为了吸引更多的买家，首先需要了解买家的具体需求，如买家对哪种商品最感兴趣，怎样设计商品主图以吸引买家购买，哪些折扣力度对买家有强大的吸引力等，然后再进一步制定更合适的引流活动。

第三，时间的选择非常重要。

每个电商平台都有自己的平台活动周期，卖家想要在进行店铺推广时吸引更多的买家，应尽量避开平台活动周期，而选择在一些平台活动较少的时间段，这样取得的效果自然会更明显。

第四，有针对性地开展宣传。

想要让店铺推广取到更明显的效果，卖家要有针对性地进行推广，确定店铺的主要消费人群及其特点，接着制定相应的推广策略。

思考：

请结合以上描述，比较在Shopee、敦煌网、速卖通等平台进行店铺推广的异同。

📖 项目小结 ●●●●●●

本项目对店铺优化及推广的相关知识进行讲解，并且应用速卖通等平台模拟了店铺优化及推广的具体操作。

店铺的作用在于展示卖家实力，延长买家停留时间，提高客单价。店铺运营的核心是维护账号安全。店铺装修需要注意完善店铺装修板块和统一店铺风格。店铺优化的途径是提升卖家服务等级，店铺优化的具体做法是降低不良体验订单率和增加订单数。店铺的推广操作分为新店铺的推广操作及常规店铺的推广操作。推广操作的途径包括借助跨境电商平台、委托专业推广公司、借助社交网络服务等。

习 题

一、选择题

1. 店铺的作用包括（   ）。
   A. 展示卖家实力
   B. 提高客单价
   C. 更好地管理商品
   D. 吸引买家好评

2. 店铺装修的目的是（   ）。
   A. 取悦广告公司　　B. 提高客单价　　C. 取悦卖家　　D. 取悦平台

3. 在速卖通平台的店铺营销工具中，（   ）位居营销工具之首。
   A. 单品折扣　　B. 店铺优惠码　　C. 店铺优惠券　　D. 店铺满立减

4. 在速卖通平台上，卖家服务等级评分会影响（   ）。
   A. 橱窗推荐数　　B. 平台活动　　C. 营销邮件数
   D. 商品曝光　　E. 直通车权益

5. 下列会影响买家购物体验的行为包括（   ）。
   A. 成交后卖家不发货
   B. 货不对款
   C. 商品配送时间过长
   D. 付款后久久收不到货
   E. 下单后主动撤销订单

二、判断题

1. 在任何跨境电商平台注册账号后可以直接创建店铺。（   ）
2. 在跨境电商店铺运营过程中，维护账号安全是核心。（   ）
3. 新店铺和常规店铺的推广方式完全相同。（   ）
4. 店铺优化的途径是提升卖家服务等级。（   ）
5. 店铺装修只是为了"美"。（   ）

三、实训题

1. 对敦煌网或速卖通平台上的店铺进行装修，并用 PPT 展示汇报。
2. 对敦煌网或速卖通平台上的店铺进行推广，并用 PPT 展示汇报。

跨境电商营销

素质目标

了解跨境电商营销的作用，培养美感意识；

掌握跨境电商营销理论，掌握海外社交媒体营销、海外直播营销技巧，利用营销策略推广店铺和商品，提高曝光率和转化率，树立营销意识。

知识目标

了解互联网营销的定义和种类；

掌握跨境电商营销常用方法；

了解跨境电商营销发展新趋势。

能力目标

能够使用搜索引擎开展跨境电商营销活动；

能够使用社交网络服务进行跨境电商营销活动。

任务一　跨境电商营销基础

任务引入

小茗即将毕业，面临找工作的困境。在参加招聘会的时候，他发现很多跨境电商企业均设有跨境电商营销岗位，并且是该公司的核心岗位，薪资待遇都不错。他对该岗位比较感兴趣，但不太懂什么是跨境电商营销。

相关知识

跨境电商营销理论是随着互联网发展而兴起的一门新理论，但其本质仍是营销。市场营销理论是跨境电商营销理论的指南，对跨境电商店铺运营有着指导性的作用。若想了解跨境电商营销理论，小茗不仅需要掌握 4Ps 营销理论、4Cs 营销理论、4Rs 营销理论和 4Is 营销理论，还需要了解什么是互联网营销。在此基础上，从营销的角度出发，再结合跨境电商的特点，才能进行具体的实践与应用。

跨境电商营销基础

一、市场营销理论

市场营销（Marketing）又称为市场学、市场行销或行销学，是指个人或集体通过交易自己创造的商品或价值，以获得所需之物，实现双赢或多赢的过程。它包含两种含义，一种是动词理解，指企业的具体活动或行为，称为市场营销或市场经营；另一种是名词理解，指研究企业的市场营销活动或行为的学科，称为市场营销学、营销学或市场学等。现代的市场营销被定义为：致力于交换过程中，满足需求和欲望的人类活动。

1. 4Ps 营销理论

4Ps 营销理论（The Marketing Theory of 4Ps）产生于 20 世纪 60 年代的美国，是随着营销组合理论的提出而出现的。它研究把适当的商品（Product），以适当的价格（Price），在适当的渠道（Place），用适当的宣传方法（Promotion）销售给尽可能多的客户，以最大限度地满足市场需要。营销管理的实质就是企业创造性制定适应环境变化的市场营销战略。

商品（Product）：注重开发的功能，要求商品有独特的卖点，把商品的功能诉求放在第一位。

价格（Price）：根据不同的市场定位，制定不同的价格策略，商品的定价依据是企业的品牌战略，注重品牌的含金量。

渠道（Place）：企业并不直接面对客户，而是注重经销商的培育和销售网络的建立，企业与客户的联系是通过分销商进行的。

宣传（Promotion）：包括品牌宣传（广告）、公关、促销等一系列的营销行为。

2. 4Cs 营销理论

随着市场竞争日趋激烈，媒介的传播速度越来越快，1990 年，美国学者罗伯特·劳特朋（Robert Lauterborn）教授提出了与 4Ps 营销理论相对应的 4Cs 营销理论（The Marketing Theory of 4Cs）。4Cs 营销理论以客户需求为导向，重新设定了市场营销组合的 4 个基本要素，即客户（Customer）、成本（Cost）、便利（Convenience）、沟通（Communication）。

客户（Customer）主要指客户的需求。企业必须首先了解和研究客户，根据客户的需求提供商品。同时，企业提供的不仅仅是商品和服务，更重要的是由此产生的客户价值（Customer Value）。

成本（Cost）不仅包括企业的生产成本，还包括客户的购买成本，同时也意味着商品定价的理想情况，应该是既低于客户的心理价格，又能够让企业有所盈利。此外，客户购买成本不仅包括货币支出，还包括为此耗费的时间、体力和精力，以及购买风险。

便利（Convenience），即为客户提供最大的购物和使用便利。4Cs 营销理论强调企业在制定分销策略时，要更多地考虑客户的方便，而不是自己方便；要通过优质的售前、售中和售后服务让客户在购物的同时，也享受到便利。便利是客户价值不可或缺的一部分。

沟通（Communication），即企业应通过同客户进行积极有效的双向沟通，建立基于共同利益的新型企业/客户关系。这不再是企业单向的促销和劝导客户，而是在双方的沟通中找到能同时实现各自目标的途径。

3．4Rs 营销理论

4Rs 营销理论是以关系营销为核心，注重企业和客户关系的长期互动，重在建立客户忠诚。它既从企业的利益出发，又兼顾客户的需求，是一个更为实际、有效的营销理论。该营销理论认为，随着市场的发展，企业需要从更高层次以更有效的方式在企业与客户之间建立新型的主动性关系。4R 分别指反应（Reaction）、关系（Relationship）、关联（Relevancy）和报酬（Reward）。

反应（Reaction）是指在相互影响的市场中，对于经营者来说，最难实现的问题不在于如何控制、制订和实施计划，而在于如何站在客户的角度及时地倾听和从推测性商业模式转为高度回应需求的商业模式。

关系（Relationship）是指在企业与客户的关系发生了本质性变化的市场环境中，抢占市场的关键已转变为与客户建立长期且稳固的关系。

关联（Relevancy）即认为企业与客户是一个命运共同体。建立并发展与客户之间的长期关系是企业经营的核心理念和最重要的内容。

报酬（Reward）则指出任何交易与合作关系的巩固和发展，都是经济利益问题。因此，一定的合理报酬既是正确处理营销活动中各种矛盾的出发点，也是营销的落脚点。

4．4Is 营销理论

4Is 营销理论（The Marketing Theory of 4Is），即"整合营销"理论，产生和流行于 20 世纪 90 年代，是由美国西北大学市场营销学教授唐·舒尔茨（Don Schultz）提出的。整合营销就是"根据企业的目标设计战略，并支配企业各种资源以达到战略目标"。4Is 营销理论不仅是电商社会化媒体营销的实施理论基础，更是电商营销突围方向，帮助企业强化营销深度。4I 分别指互动（Interaction）、趣味（Interesting）、利益（Interests）和个性化（Individuality）。

传媒整合营销作为"整合营销"的分支应用理论，是近年兴起的。我国当代大众传媒呈现出一种新的传播形式，就是从"以传者为中心"到"以受众为中心"的传播模式的战略转移。整合营销倡导更加明确客户导向理念，因此，传媒整合营销理论对我国新的改革形势下传媒业的发展具有重要的指导意义和实用价值。

二、互联网营销

1．互联网营销的概念

互联网营销是网络经济环境下企业整体营销战略的组成部分，是以互联网等现代通信系统为载体，运用信息技术手段，面向网络市场和现实市场，以满足客户需求为核心，营造企业经营环境的过程。

互联网营销指利用网络技术进行市场营销。互联网营销首先是市场营销，由互联网取代报刊、邮件、电话、电视等中介媒体，其实质是利用互联网对商品的售前、售中、售后等环节进行跟踪服务，它从始至终贯穿在企业经营的全过程中。互联网营销由互联网客户、市场调查、客户分析、商品开发、销售策略、反馈信息等环节组成。

2．互联网营销的特点

互联网可以将企业、团体、组织以及个人跨时空联结在一起进行信息的交换，因此互联网营销呈现出以下特点。

（1）跨时空。营销的最终目的是占有市场份额，由于互联网能够超越时间约束和空间限制进行信息交换，这使得营销脱离时空限制进行交易成为可能，企业有了更多的时间和更大的空间进行营销，可随时随地提供全球性营销服务。

（2）多媒体。互联网可以传输多种媒体的信息，如文字、声音、图像等的信息，这使得为达成交易进行的信息交换能以多种形式存在和交换，从而充分发挥营销人员的创造性和能动性。

（3）交互式。互联网通过展示商品图像，并由商品信息资料库提供有关查询，以实现供需互动与双向沟通。

（4）整合性。互联网营销是一种全程的营销渠道，可以将不同的传播营销活动进行统一的设计规划和协调实施，将统一的传播信息传达给客户，避免因不同传播营销活动的不一致性而产生消极的影响。

（5）高效性。计算机及互联网高速高效，能及时有效了解并满足客户需求。

（6）低成本。互联网营销减少了传统营销的印刷与邮递成本。

3．互联网营销的常用方法

（1）网络广告。

网络广告是一种常用的网站推广手段，是利用超文本链接功能而实现营销的一种宣传方式。常见的网络广告有标志广告（Banner）、文本广告、电子邮件广告、分类广告等形式。

其中，标志广告是最通用的，通常以 GIF、JPG 等格式创建图像文件，然后插入网页中以表现广告内容，同时还可以运用 Java 等语言产生交互性，客户点击标志广告后通过超链接即可到达广告所要宣传的内容页面。据统计，标志广告的平均点击率在 1%左右。

与传统媒体相比，网络广告的优势表现为成本低廉、不受地理区域限制、交互性强、广告效果容易统计、实时性等。

（2）电子邮件营销（E-mail Direct Marketing，EDM）。

电子邮件营销被证明是一种效果较好的网上营销工具，据统计，其反馈率为 5%～15%。

电子邮件营销不是随意向潜在客户发送商品信息，而是以事先征得客户许可的"软营销"

方式进行营销。其基本思路是通过为客户提供某些有价值的信息，如时事新闻、最新商品信息、免费报告以及其他为客户定制的个性化服务内容，吸引客户参与，从而收集客户的电子邮件地址，在发送定制信息的同时对自己的网站、商品或服务进行宣传。企业在没有条件建立邮件列表的情况下，可以通过向第三方购买电子邮件地址、与第三方合作等方式开展电子邮件营销，或者委托专业的电子邮件营销服务公司开展营销。

从营销的手段、提供服务的内容和客户的关系等方面综合分析，电子邮件营销有 8 种主要模式：客户关系电子邮件、企业新闻邮件、提醒服务/定制提醒计划、许可邮件列表、赞助新闻邮件、赞助讨论列表、鼓动性营销和伙伴联合营销。

（3）搜索引擎营销。

搜索引擎是互联网上进行信息资源搜索和定位的基本工具，是为了帮助客户从上百万个网站中快速有效地查询，找到需要的信息而出现的。搜索引擎营销（Search Engine Marketing，SEM），就是根据客户使用搜索引擎的方式，利用客户检索信息的机会尽可能将营销信息传递给目标客户。

（4）社交平台营销。

社交平台最初以网络社区的形式被大众所熟知。论坛和聊天室是网络社区主要的存在形式，企业通过论坛和聊天室进行营销，可以增进和访问者或客户之间的关系，还有可能直接促进网上销售。企业除了利用别人的论坛和聊天室之外，也可以通过社交媒体或自媒体引流，寻找潜在客户。社交平台为网络营销提供直接渠道和手段。

社交平台营销是网络营销区别于传统营销的重要营销方式之一。社交平台营销的主要媒介是客户，主要方式是"众口相传"。一般来说，社交平台上的客户更乐意主动获取和分享信息，显示出高度的参与性、分享性与互动性。与传统广告形式相比，社交平台营销无须大量的广告投入，反而因为客户的参与性、分享性与互动性特点很容易加深对一个品牌和产品的认知，从而形成良好的营销效果。

任务二 跨境电商营销站内推广常用方法

任务引入

通过任务一的学习，小茗掌握了市场营销的几个经典理论和互联网营销的发展历程。如果他想如愿以偿拿到跨境电商营销岗位的录用通知书，他还需要掌握哪些跨境电商营销推广方法呢？

相关知识

从店铺流量来源来看，跨境电商营销推广可从站内和站外两个纬度进行。站内推广主要借助平台内部工具进行营销推广，吸引流量。

每一个跨境电商平台都有自己独特的营销工具，如何根据活动特点、客户特点和商品特点使用合理的营销工具，从而实现销量与利润的最大化，这是每个平台卖家应当认真学习和研究的。例如，亚马逊有免运费、满减及折扣、买赠三大站内营销工具，其中免运费和满减及折扣是较常使用的站内营销工具；速卖通有四大站内营销工具，分别是限时限量折扣、全店铺打折、店铺满立减、店铺优惠券，其中限时限量折扣位居四大站内营销工具之首。下面分别以亚马逊和速卖通为例进行说明。

跨境电商营销站内推广常用方法

一、亚马逊站内营销推广常用方法

1．广告

亚马逊站内推广有两种，一种是广告，主要分为商品广告和展示广告；另一种是促销活动。一般情况下，卖家主要使用商品广告，很少用到展示广告，这是因为展示广告的主要目的是展示品牌、店铺、活动或某些热卖商品，费用较高。

亚马逊的商品广告是依靠关键词的竞价排名进行推广的，设定关键词和商品价格，关键词被搜索时有机会展现商品，被点击时付费。

2．促销活动

亚马逊的促销活动一般分为免运费、满减及折扣、买赠3种类型，如表6-1所示。

表6-1　亚马逊促销活动类型

促销类型	促销优惠选项	示例
免运费	符合资格的商品免运费	消费满299美元，所有商品订单享受免费优先送货
满减及折扣	✓ 符合资格的商品享受的美元($)或百分比(%)折扣； ✓ 每×件符合资格的商品享受的美元($)或百分比(%)折扣； ✓ 每购买×件商品，均能以更低价格获得这些商品	✓ 消费满59美元，享受5美元折扣； ✓ 购买一件或多件符合资格的商品时，则在本商品的基础上可节省30%的费用； ✓ 每购买3双袜子，可以节省10%的费用
买赠	✓ 购买×件商品，可免费获取指定的商品； ✓ 购买×件小工具，可免费获取指定的小工具	✓ 购买2个充电器，可以免费获取1个充电器； ✓ 购买一个热水壶，可以免费获取一个马克杯

创建促销活动的方法：打开亚马逊卖家后台，单击"广告"—"管理促销"—"创建促销"命令，然后根据提示操作即可。

亚马逊促销活动经常会运用优惠码，买家在下单时输入优惠码就可享受优惠。优惠码分3种类型：优先型优惠码、无限制型优惠码和独用型优惠码。

3．实操案例：亚马逊的"免运费促销"

由于国际运费相对境内电商运费较高，因此"包邮"促销在很多时候能提高商品销量。甚至有些店铺，设有专门的"包邮商品区"，即客户额外选择"包邮商品区"的一件商品，就可以享受整单免运费的优惠，从而促进"包邮商品区"的商品销售。设置亚马逊的"免运费促销"活动的步骤如下。

（1）进入亚马逊后台，单击"广告"—"管理促销"—"创建促销"命令，单击"免运费（仅限自配送商品）"选项下方的"创建"按钮，如图6-1所示。

（2）免运费设置。选择促销条件，填写相关信息，选择适合的分类商品作为免运费设置的商品，即全包邮设置和部分包邮设置。免运费设置如图6-2所示。

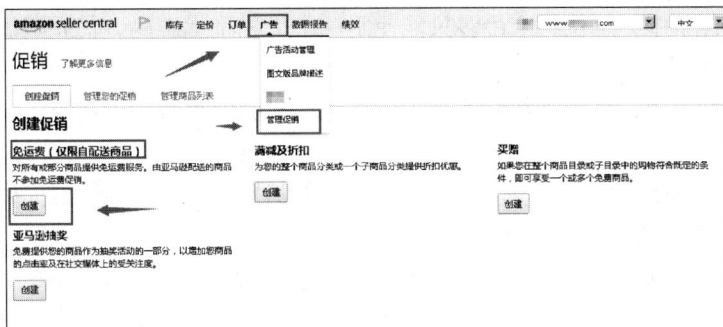

图 6-1　创建促销

图 6-2　免运费设置

（3）设置促销开始时间和结束时间，输入促销识别名称，如图 6-3 所示。

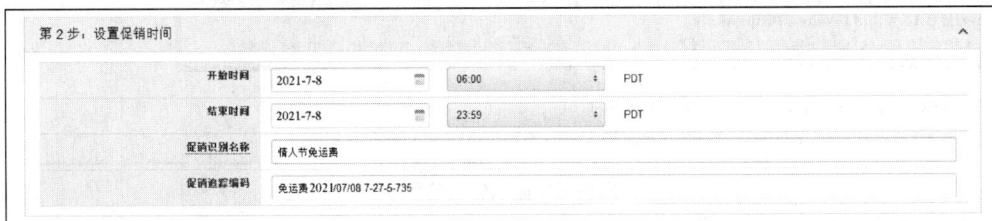

图 6-3　设置促销时间

（4）设置优惠码，如图 6-4 所示。

图 6-4　设置优惠码

优惠码使用规则如下。

① 一次性：一个码，一个卖家只能使用一次。

② 无限制：卖家可以多次使用这个码，发给不同的买家使用。

③ 无：无须优惠码，直接参加促销优惠。

④ 同一笔订单中，每位买家最多只能使用一个优先型优惠码，优先型优惠码可与无限制型优惠码同时使用。

⑤ 同一笔订单中，买家若符合多个优先型优惠码的使用条件，系统将自动选择一个最佳优先型优惠码。

⑥ 同一笔订单中，买家可以同时使用多个无限制型优惠码。独用型优惠码不可与优先型优惠码或无限制型优惠码搭配使用。

（5）设置卖家自定义信息，这里可以按照个人需求自行设置，如图6-5所示。

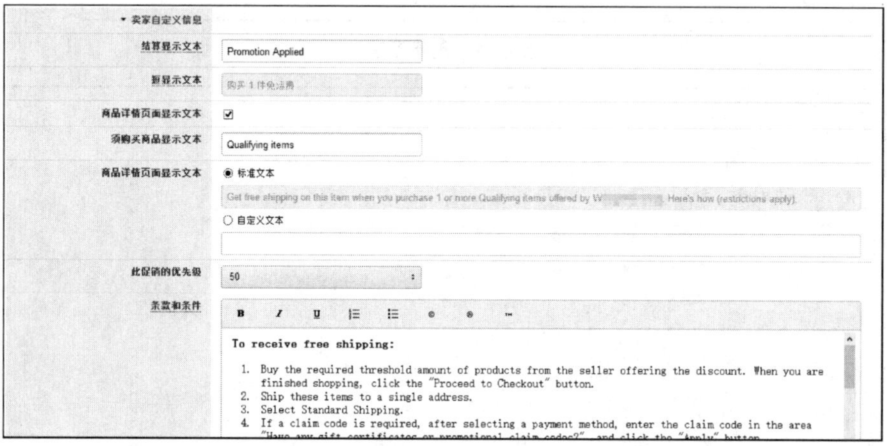

图6-5　设置卖家自定义信息

选中"商品详情页面显示文本"右侧的复选框，发布后的促销信息会在 Listing 中显示出来，如图6-6所示。

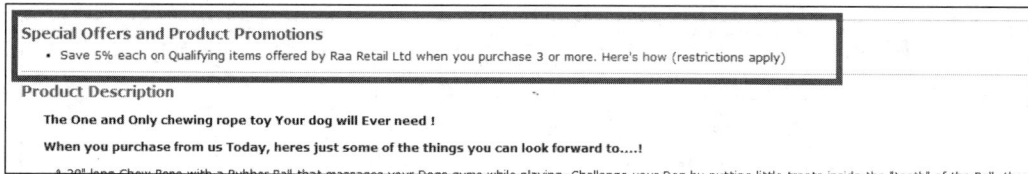

图6-6　显示促销信息

二、速卖通站内营销推广常用方法

营销推广的目的是为店铺引流。以速卖通为例，其店铺流量来源包括站内搜索流量、类目浏览流量、平台活动流量、购物车流量、收藏夹流量、橱窗推荐流量、直通车流量、老客户直接点击流量和其他站内推广流量等。

1．平台活动

平台活动一般分为团购、上新、应季购等类型。平台活动相关要求的折扣都相当高，如果需要经常参加平台活动，商品必须要有一定的价格优势，然后再从细节（如商品详情描述里添加对应国家或地区的语言的图片等）上优化，以增加店铺报名成功的概率。

2．橱窗推荐

当买家通过搜索某个关键词或类目打开搜索结果页面时，会看到自然排序的结果；而橱窗推荐位就是在自然排序的结果下，通过速卖通给卖家的商品增加排序权限，从而提高卖家的商品排名。

橱窗推荐的优势有以下 3 点。

（1）速卖通有 80% 的订单是买家通过搜索在搜索结果页面中产生的。

（2）卖家通过橱窗推荐增加商品曝光量，从而达到营销的目的。

（3）卖家服务等级表现越好，店铺获得的橱窗推荐位就越多，从而得到的商品曝光量也越高。

3．直通车

直通车是运营速卖通店铺必不可少的营销工具。直通车的价值在于让店铺得到大量额外曝光，卖家合理配合其他运营手段，可以让店铺快速进入良性循环状态，进而获得长远、持续的收益。

直通车商品主要展示在两个区域：一是右侧推广区，在买家进行搜索或类目浏览时，每一页的结果列表的右侧区域可同时展示最多 5 条直通车商品；二是底部推广区，在买家进行搜索或类目浏览时，每一页的结果列表的下方区域可同时展示最多 4 条直通车商品。图 6-7 所示为直通车展位示意图。

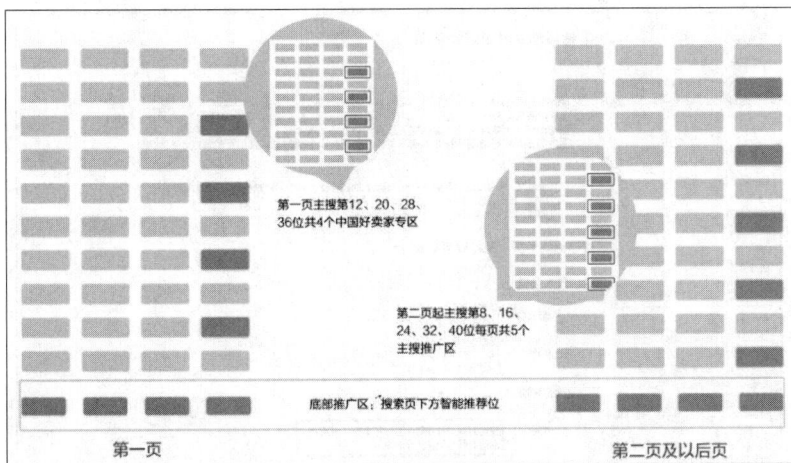

图 6-7　直通车展位示意图

直通车商品需要满足以下 4 个条件。

（1）账户状态正常且当前账户的余额（现金+红包）大于 0 元。

（2）账户当日的实际花费在每日推广预算额之内。

（3）推广商品本身以及商品所属推广计划为"已激"状态。

（4）推广商品和关键词的推广评分满足要求，即推广评分至少达到"良"或"优"。

4．其他站内推广

速卖通的其他站内推广还有店铺自主营销、关联营销、移动端营销活动、客户关系营销等。

5．实操案例：速卖通"限时限量折扣"

速卖通"限时限量折扣"活动的设置步骤如下。

（1）登录速卖通卖家后台，进入"营销中心"页面，单击"店铺活动"选项后，就可以创建活动，如图 6-8 所示。

图 6-8　店铺活动页面

（2）单击"创建活动"按钮，进入"创建店铺活动"页面，如图 6-9 所示。活动时间以美国太平洋时间为准，由于打折商品在 12 小时后展示给买家，因此卖家需要在活动开始前 12 小时创建好店铺活动。

图 6-9　创建店铺活动页面

（3）创建好店铺活动后，选择参加活动的商品，每个活动最多可选 40 个商品。

（4）设置商品折扣率和促销数量。可批量设置，也可单独设置。

（5）单击"确定"按钮即可完成设置。现在活动处于"未开始"状态，卖家可以修改活动时间、增加或减少活动商品等。活动开始前 6 小时将进入审核状态，活动状态将变成"等待展开"，活动开始后将处于"展示中"状态。"等待展示"和"展示中"状态不可以编辑，也不可停止，所以卖家在设置时要谨慎。

（6）"限时限量折扣"活动一旦创建，商品即被锁定，无法编辑，只能下架或选择退出该活动。

"限时限量折扣"促销活动的优势有以下几点。

（1）购物车、收藏夹里的商品一旦打折，买家立刻会收到系统提示，从而提高购买率。

（2）进入速卖通买家搜索页面，单击"Sale Items"按钮，通过"限时限量折扣"工具打折的商品有机会展示在搜索结果的第一页，如图 6-10 所示。

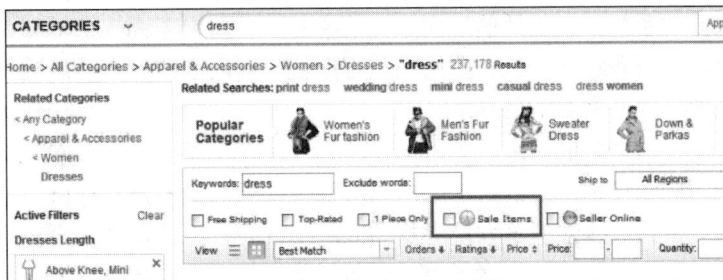

图 6-10 折扣商品显示位置

（3）利用"限时限量折扣"工具，商品可以获得额外曝光量。

（4）在大促期间使用"限时限量折扣"工具，网站会将新流量引入店铺，有利于店铺提高销量。

（5）在"限时限量折扣"设置页面中，卖家可以为手机端买家设置专属的限时限量折扣活动。

任务三 跨境电商营销站外推广常用方法

任务引入

小茗若想如愿以偿拿到跨境电商营销岗位的录用通知书，除了掌握平台常用的营销方法外，他还需要掌握哪些跨境电商营销站外推广方法呢？

相关知识

跨境电商营销站外推广是在本平台以外的区域进行的推广，如通过第三方平台（搜索引擎、社交网站、论坛等）吸引流量。

对于跨境电商而言，站外推广的核心是渠道。卖家通过在 Google、Facebook、Instagram、YouTube 等平台投放广告或高质量内容，可以吸引买家关注进而下单。在各类垂直类目的相关论坛上进行问答推广，也是一种有效的推广方法。

广义的站外推广还需要考虑其他电商平台。如果商品营销在速卖通平台到达"瓶颈"，可以尝试注册其他平台，如亚马逊或 eBay。通过多渠道同时进行营销推广，能够最大程度提高商品的销售额以及知名度。当商品销量增加以后，卖家可以逐步实现规模效应，降低采购成本，提升商品质量，从而真正实现商品制胜，此时品牌本身就可以带来优质流量。

跨境电商营销站外推广常用方法

一、搜索引擎营销

（一）搜索引擎

1. 搜索引擎的定义

搜索引擎（Search Engine）是对互联网上的信息资源进行搜集整理，

然后提供查询服务的系统，它包括信息搜集、信息整理和用户查询 3 个部分。搜索引擎是一个提供信息"检索"服务的网站，它使用某些程序把互联网上的所有信息进行归类整理，从而帮助用户快速搜寻到所需要的信息。

换句话说，搜索引擎是根据用户需求与算法，运用特定策略从互联网检索出特定信息并反馈给用户的一门检索技术。搜索引擎用户能够通过搜索查询的方式将自己感兴趣的项目传递给搜索引擎系统，然后搜索引擎系统寻找到匹配的内容并将其呈现给用户。广义的搜索引擎不仅包括谷歌、百度这些网络搜索引擎，也包括像操作系统中的桌面搜索、电商网站中的商品搜索等。本项目介绍的营销平台的搜索引擎指的是最常见、最常用的网络搜索引擎。

2．搜索引擎的价值

（1）利用搜索引擎进行市场调研。

通过市场调研，卖家可以得到以下信息：我的商品在哪些国家（地区）热度最高、商品在每个国家（地区）的竞争程度如何、商品在每个国家（地区）是怎样用本地化语言表达的、每个国家（地区）关于本商品的热搜词有哪些等。通过全球商机洞察，卖家可以找到商品的需求国家（地区）。

（2）利用搜索引擎分析竞争对手。

任何行业都会有竞争对手，跨境电商也是如此。确定竞争对手其实很简单，在搜索引擎中搜索商品的核心关键词，排在前两页的网站就是主要竞争对手。

（3）利用搜索引擎寻找买家。

除了参加世界各地的展会，购买阿里巴巴、中国制造等第三方平台的会员等方法外，跨境电商卖家还应该掌握一个工具：用搜索引擎搜索买家。搜索引擎可以通过关键词法、纵向法、横向法等帮助卖家寻找到全世界的买家。

（二）搜索引擎营销的定义

搜索引擎营销（Search Engine Marketing，SEM）是一种营销方法，它根据用户使用搜索引擎的习惯，采用付费形式或者技术手段，使网页在关键词搜索结果中排名靠前，引导用户点击，从而达到品牌展示和促进销售的目的。

搜索引擎营销的基本思想是让用户发现信息，并通过搜索引擎搜索点击进入网站/网页，进一步了解所需要的信息。简单来说，SEM 就是以最少的投入在搜索引擎中获得最大的访问量并产生商业价值。SEM 的方法主要包括搜索引擎优化、点击付费广告（PPC）、竞价排名，以及付费收录等。

（三）搜索引擎优化

美国知名搜索引擎营销服务商 iProspect 和市场研究公司 Jupiter Research 联合调查显示：互联网用户使用搜索引擎越来越缺乏耐心，越来越多的互联网用户仅关注搜索引擎结果第一页的内容，如果他们在第一页没有找到满意的结果，就会变换关键词或者更换搜索引擎重新进行检索。因此，通过 SEM 让自己的网站在搜索结果中排到靠前的位置是十分必要的，这样搜索引擎才可能为你带来更多的关注和点击，同时也带来更多的商业机会。

1．SEO 的概念

搜索引擎优化（Search Engine Optimization，SEO）是指通过采用易于搜索引擎索引的合理手段，使网站各项基本要素适合搜索引擎的检索原则并且对用户更友好，从而更容易被搜索引擎收录及优先排序。

SEO 通过总结搜索引擎的排名规律，对网站进行合理优化，使网站在搜索引擎中的排名提高，进而为网站带来更多的用户。它可以为网站提供生态式的自我营销解决方案，让网站在行业内占据领先地位，从而获得收益。

SEO 的优势在于可以避免过多的无效点击，节省成本，而且花费成本低，能够轻松地将商品展示到用户最关注的位置。

2．SEO 工作原理

卖家不仅需要通过 SEO 研究搜索引擎是如何抓取互联网中的网页和文件的，还需要了解搜索引擎的排名规则，然后有针对性地对网站进行优化，从而使更多的内容被搜索引擎收录，并在不同的关键词中获得更高的排名，进而提高网站访问量。

（1）搜索引擎抓取原理。

搜索引擎通常会派出抓取机器人（熟称"蜘蛛"）抓取网站。

（2）搜索引擎过滤原理。

"蜘蛛"会对抓取后的网站内容进行区分，将内容质量低、用户体验不好的网页过滤掉，保留高质量的网页，然后将其存入索引库中。

（3）搜索引擎收录原理。

搜索引擎在过滤工作完成后，会将剩下的网页按照内容质量排序存入索引库中。搜索引擎会提取出内容中出现的目标关键词，然后在索引库中建立一个对应的文件，将内容存入这个数据库中以便之后的查询排序。

（4）搜索引擎排名原理。

网页被搜索引擎收录后，搜索引擎会根据各自的算法判断该页面与用户搜索的关键词的相关性、权威性以及用户行为点击。用户搜索行为发生后，搜索引擎程序便开始工作，从索引数据库中找出所有包含搜索词的网页，并且根据排名算法计算出哪些网页应该排在前面，然后按照一定格式返回搜索页面。

3．SEO 推广策略

（1）目标关键词选择策略。

目标关键词是指经过一系列的关键词分析，最后确定下来的商品"主打"关键词，即网站商品和服务的目标用户可能用来搜索的关键词，也叫核心关键词。

通常情况下，每个网站页面的目标关键词有一个，最多不能超过二个，一般第二个目标关键词和第一个目标关键词比较接近。例如，apparel wholesale 是第一个目标关键词，那么第二个目标关键词可能是 fashion apparel wholesale。

目标关键词具有 4 个特征：一般由 1～4 个单词组成；目标关键词有一定的搜索量；网站的内容会围绕目标关键词展开和布置；目标关键词会出现在商品标题、商品详情描述中。

在选择目标关键词时，我们还需要考虑词根和长尾关键词。词根，就是目标关键词中最核心的词。例如 apparel wholesale，这个目标关键词的词根就是 apparel。长尾关键词是比目标关键词更细分、定位更精准的词，长度一般比目标关键词更长。例如，free shipping apparel wholesale，就能更进一步表达采购者的需求，即想要免运费。

（2）关键词使用策略。

为了提升用户体验，卖家应结合商品特点，恰当地将关键词应用于文案中。关键词要自然地出现，卖家不要为了增加关键词而刻意在文案中加入关键词，这样会影响内容的可读性和用户体验。关键词的密度要适当，如果密度过高，综合排名分值就会下降。关键词的密度安排，可运用竞争对手分析工具和谷歌关键词分析工具，找到一个均衡值。一般情况下，每 100 个单词出现 2～3 个关键词比较合理。

（3）站内链接策略。

站内链接也称内链，指网站域名下的页面之间的互相链接，自己网站的内容链接到自己网站的内部页面。

站内链接的主要作用有：网站内部之间的权重传递；推动网站页面的搜索引擎排名；提高用户体验度，让用户留得更久。

（4）站外链接策略。

没有链接，信息就是孤立的。一个网站很难做到面面俱到，所以需要链接到别的网站，实现网站和资源的相互补充。

站外链接的途径有很多，主要包括文字链接、软文链接、Logo 链接等，作用在于增加曝光、提高知名度、提高排名等。

① 文字链接：文字链接是将一段文字链接的企业网站放置在各大门户网站的相应模块，使浏览者看到并通过点击即可进入企业网站的一种广告营销方式。

② 软文链接：即新闻稿链接，它可快速提升网站权重排名，提升品牌形象，使浏览者在阅读文案过程中即时了解关键词的描述。

③ Logo 链接：通过 Logo 标识进行链接交换。

4．SEO 的作用

SEO 可以为网站带来以下 5 个方面的提升。

（1）提升目标优化网站中的网页在搜索引擎中的收录量，使网站的内容被搜索引擎广泛收集。

（2）提升关键词在搜索结果中的排名。SEO 可以提升网站各方面的综合性能，从而带动网站关键词在搜索引擎中的排名。

（3）提升网站访问流量。关键词排名的提升会带来网站访问流量的提升，进而促进流量转化为成交额。

（4）提升品牌知名度。网站访问流量的提升会增加网站曝光量，进而促进商品的推广宣传，提升品牌知名度。

（5）改善网站用户体验。网页的加载速度、互动性、移动设备的体验等都是 SEO 的基本要求，在优化的同时也改善了网页及网站的用户体验。

（四）SEO 工具

SEO 工具是在搜索引擎优化的过程中所作用的辅助软件，如查询工具、排名工具、流量分析软件、站群软件等，用来提高搜索引擎优化师的工作效率。简而言之，SEO 工具就是针对搜索引擎优化的查询工具。跨境电商常使用的 SEO 工具有 Google Search Console（谷歌站长工具）、Google Keyword Planner（谷歌关键词规划师）、SEMrush、Answer the Public、SimilarWeb 等。

Google Search Console 是用于监控和维护自身网站的工具，帮助用户在 Google 搜索结果中查看展示情况以及排查问题。

Google Keyword Planner 可以用来了解不同关键字在谷歌搜索上的用户查询情况，方便卖家为网站制定合适的关键字策略，尽早让网站获得搜索流量。

SEMrush 是搜索引擎优化研究人员的最佳选择之一，提供多种搜索引擎优化功能，可以了解竞争对手的关键词策略。SEMrush 在在线营销市场上占据举足轻重的地位，能帮助众多的营销人员了解如何优化来自谷歌的流量，进行关键词研究和竞争性分析，以提高网站的流量。

Answer The Public 是一个可视化关键词搜索工具，可以进行问句式短语搜索。当输入一个术语到 Answer The Public 中时，它将显示有关问题、介词和字母表的信息。

SimilarWeb 是一种网站分析工具，主要功能是分析网站流量、关键字及用户黏性，包括网站停留时间、跳出率、网页浏览量等。

对于 SEO 人员而言，每天必不可少的工作就是分析竞争对手的网站。一般情况下，其通过观察对方网站的标题、描述、关键词、图像、链接等内容，了解对方 SEO 优化的手法，从而更好地制订计划并与其竞争。

（五）Google 广告商品简介

Google 主要有 3 种广告商品，可以为跨境电商企业进行境外营销打下坚实基础。Google 广告主要分为 Google 搜索广告、Google 购物广告和 Google 展示广告。

1．Google 搜索广告

Google 搜索广告是以文字的形式，在搜索结果页面和搜索合作平台上展示商品或服务相关内容的一种广告形式。每一次用户对某个关键字的搜索发生时，不同广告主的广告会进入竞价阶段，广告系统根据竞价的结果，首先决定可以在搜索结果中有资格展示的广告，然后按照评级的高低对这些有资格展示的广告进行排名并展示。

Google 搜索广告通过广告竞价确定这一次搜索会展示的广告及最终有资格展示的广告的展示顺序。广告评级决定竞价中赢得广告展示机会以及相应的广告排名。广告评级分数根据关键字出价、质量得分以及广告附加信息和其他广告格式的预计效果计算得出。

2．Google 购物广告

Google 购物广告是以商品为基础的广告系列，是专门针对个人零售卖家推出的一种广告类型，其目的是方便用户对商品进行在线搜索、比较和购买。

Google 购物广告带有商品图片、商品标题、商品价格等附加信息。

3．Google 展示广告

借助 Google 展示广告网络，卖家可以使用定位以多种方式展示广告，包括在特定的上下文（如"旅行指南"）中展示广告、面向特定的受众群体展示广告，以及在特定的位置展示广告等。借助 Google 展示广告网络，无论受众是在浏览自己喜欢的网站、向朋友展示 YouTube 视频、查看 Gmail 账号，还是在使用移动设备和应用，卖家都可以向他们展示广告。

根据用户最近的搜索内容或者喜好，谷歌会为其匹配相关的展示广告。与 Google 搜索广告一样，Google 展示广告系统会通过竞价决定展示哪些广告、广告的展示顺序以及实际的广告每次点击费用。

Google 展示广告与 Google 搜索广告最大的不同在于，Google 搜索广告是被动等待用户的搜索，而 Google 展示广告是主动出击，主动展示在用户面前，具有巨大用户覆盖面，适合企业在前期引入流量，提升品牌知名度，增加展示曝光。

二、海外社交媒体营销

社交媒体（Social Media）指互联网上基于用户关系的内容生产与互动平台。内容、关系、互动三者紧密相关，内容的生产能够更好地促进用户之间的互动，而这种互动会直接影响用户间关系的建立。如此循环，又会产生新的内容。因此，社交媒体营销（Social Media Marketing）是利用社交网络、在线社区、博客或者其他互联网协作营销，维护客户关系的一种方式。

社交媒体营销会帮助跨境电商企业快速建立企业形象、巩固品牌意识以及培养商品的拥护者。企业利用社交媒体传播和发布有关商品的质量、文化以及商品独特性的信息，使客户形成对企业品牌和商品的认知过程。

（一）SNS 营销定义

1. SNS 的概念

SNS 全称为 Social Networking Services（社交网络服务），国际上以 Facebook、Twitter、Instagram、Pinterest、VKontakte 等为代表，旨在帮助人们建立社会网络的互联网应用服务。

SNS 的另一种常用解释是 Social Network Site，即"社交网站"。社交网站是一种基于互联网的服务。

SNS 也指 Social Network Software，即"社交网络软件"，是一个采用分布式技术（如采用 P2P 技术）构建的基于个人的网络基础软件。

SNS 营销指的是利用 SNS 建立产品和品牌的群组、举行活动、利用 SNS 分享的特点进行病毒式营销（Viral Marketing）等的营销活动。也就是说，SNS 营销就是利用 SNS 网站的分享和共享功能实现销售的一种营销手段。

2. SNS 营销的特点

SNS 营销的核心是关系营销，重点在于建立新客户关系，巩固老客户关系。SNS 营销的特点是：第一，直接面对消费人群，目标人群集中，宣传直接，可信度高，更有利于口碑宣传；第二，制造氛围销售，投入少，见效快，利于资金迅速回笼；第三，可以作为普遍宣传手段，也可以针对特定目标、组织特殊人群进行重点宣传；第四，直接掌握客户的反馈信息，针对客户需求及时对宣传战术和宣传方向进行调查与调整。

（二）海外社交媒体认知

海外社交媒体的种类及受众广泛且多样化，其中被广泛使用的 5 个社交平台为 Facebook、YouTube、Twitter、Instagram、LinkedIn。

1. Facebook

Facebook 是一款美国社交软件，类似于微信，由 Facemash（一款人像对比软件，开发于 2003 年）演变而来，最初的 Facebook 只具有图片上传和评论两个功能，且只针对哈佛大学的学生。Facebook 是当今世界分布最广、用户最多的社交网络之一，全球用户达 22 亿人，每天的评论达 32 亿条，超过 50%的用户每天都会登录 Facebook。在 Facebook 上获取客户、销售商品已经成为一种国际趋势。

2. YouTube

YouTube 是一个线上视频分享平台，它注册于 2005 年 2 月 15 日，创办原意是为了方便朋友之间分享录影片段，后来逐渐成为网民的回忆储存库和作品发布场所。2006 年 11 月，Google 公司以 16.5 亿美元收购了 YouTube。截至 2020 年，YouTube 的用户超 13 亿人。

3．Twitter

Twitter 是一家美国社交网络及微博客服务的公司，致力于服务公众对话。Twitter 可以让用户更新不超过 140 个字符的消息（除中文、日文和韩语外，已提高上限至 280 个字符），这些消息也被称作"推文"，Twitter 被形容为"互联网的短信服务"。这个服务是由杰克·多西（Jack Dorsey）在 2006 年 3 月与合伙人共同创办并在当年 7 月启动的。

目前，Twitter 在全世界非常流行，根据 Twitter 发布的财报，截至 2020 年第三季度，Twitter 的可货币化日活跃用户达 1.87 亿人，全球遍布 3 亿多用户。

4．Instagram

Instagram 是一款运行在移动端上的社交应用，以一种快速、美妙和有趣的方式将用户随时抓拍下的图片进行分享。

Instagram 是图片短视频分享神器，用于分享生活动态。该平台用户活跃度高，投放广告收益高。

5．LinkedIn

LinkedIn（领英），启动于 2003 年 5 月，是一个面向职场的社交平台，总部设于美国加利福尼亚州的森尼韦尔。该公司于 2011 年 5 月 20 日在纽约证券交易所上市。

该网站的目的是让注册用户维护他们在商业交往中认识并信任的联系人，俗称"人脉"。用户可以邀请认识的人成为"关系"（Connections）圈的人。截至 2020 年 5 月，领英的用户已经达到 6.9 亿人以上，在中国拥有超过 5000 万名用户。

（三）Facebook 营销推广

1．Facebook 账户类型

Facebook 账户一般有 3 种，分别是个人账户（Personal Account）、公共账户（Facebook Account）和广告账户（Business Account）。个人账户用于个人社交，可以免费创建；公共账户用于公司形象展示和推广，可以免费创建；广告账户是可以投放广告的专业账户，建议通过代理申请。Facebook 公共账户与个人账户的差异如表 6-2 所示。

表 6-2　Facebook 公共账户与个人账户的差异

项目	公共账户	个人账户
我是否可以建立品牌形象	是	否
需要花多少钱	免费	免费
谁可以看到我的公司信息	公开	公开 私密
用户如何与我进行业务沟通	Messenger、Facebook 评论、Instagram 评论	Messenger
在哪里可以查看我的业务在 Facebook 上的表现情况	"成效分析"选项卡 广告管理工具 商务管理平台 主页管理应用	不适用
我是否可以使用这个平台投放广告	是	否

项目	公共账户	个人账户
推荐的目标是谁	本地店铺/商店、组织、非营利机构、公众人物和政界人士	个人
这些平台上还提供哪些工具	帖子、快拍、活动、预约、招聘、小组、广告、Marketplace	帖子、快拍、活动

2．Facebook 营销推广功能

Facebook 不仅是社交媒体，更是经营业务的强大平台。Facebook 营销是以人为本的精准营销，通过收集、整合跨平台的大数据，对真实用户的人口统计资料、兴趣、使用方式及消费习惯等信息进行分析，从而达到精准的受众定位，发掘最具价值的用户，最大化广告投资回报率。Facebook 旗下服务中有超过 700 万活跃广告主。

由于 Facebook 的日活跃用户和月活跃用户基数非常庞大，其营销的特点体现在以下 3 点：（1）跨设备展示广告，即设计众多可选的移动端或 PC 端广告版位，无论受众使用哪种设备，都可向他们展示广告；（2）了解目标受众，能直接切中受众需求，或消除妨碍受众转化为客户的障碍，针对不同的受众使用不同的创意，确保迎合每一个受众群体的需求；（3）视频广告动态展示，截至 2020 年，视频广告预计将吸引 82% 的移动访问量。Facebook 为企业提供不同的视频广告类型、版位和平台，可让企业通过与受众上网方式相匹配的内容向他们推广业务。因此，Facebook 营销有以下四大优势：一是能增加主页粉丝量，二是直接推广商品和服务，三是为本地业务发掘客户，四是借助 Facebook 公共主页提升网站访问量。

3．Facebook 营销创建流程

一般来说，Facebook 的广告设计流程有 6 个步骤，即选择目标、选择受众、决定广告的投放位置、设置预算、选择格式、提交。

（1）选择目标。

在选择广告目标时，企业要清楚自己希望从广告中获得哪些成效，如提高网站销量、应用下载量或品牌知名度。

（2）选择受众。

目标受众是企业希望向其传达营销信息，并且在看到营销信息后很有可能采取所期望行为的人群。企业利用已掌握的受众信息（如年龄、地区和其他具体信息），选择与目标受众相符的人群，统计其特征、兴趣和行为等信息。

（3）决定广告的投放位置。

企业可以选择在 Facebook、Instagram、Messenger、Audience Network 等平台进行广告投放，或者同时在以上平台进行广告投放。此外，还可选择向指定的移动设备投放广告。

（4）设置预算。

输入单日预算或总预算，以及希望投放广告的时间，设置预算上限可确保广告花费不超出预期。

（5）选择格式。

有多种功能灵活的广告格式可供选择，它们适用于各种设备和网速条件。企业可以选择在广告中展示一张图片或一段视频，也可采用展示空间更充裕的多图片格式。

（6）提交。

广告提交后将进入广告竞拍流程，该流程有助于将广告展示给相关的目标受众。

投放广告后，可在广告管理工具中追踪广告表现和编辑广告。企业通过比较多个广告版本的效果，了解广告投放是否高效，并做出相应调整，对已投广告进行衡量和管理。

任务四 跨境电商营销新趋势——直播

任务引入

现如今，不仅阿里巴巴、京东、拼多多等老牌电商平台在加大跨境电商的投入，抖音、快手等新兴直播平台也在开展跨境电商业务。为什么跨境电商直播如此火爆呢？跨境电商直播营销的内在逻辑又是什么呢？

相关知识

跨境电商最早的营销方式来自站内点击与广告牌。随着站内流量成本越来越高，社交软件分享低廉的成本和良好的传播效果更容易被大众接受。随着硬件的提升，当下直播带货带来的流量与转化提升，吸引了买卖双方的注意。相比传统电商营销方式，直播电商更加全面直接，通过买卖双方的即时沟通解决买方疑问，为电商带来新的流量入口，直接生成订单。

跨境电商营销
新趋势

一、直播营销的定义与产业链结构

1. 直播营销的定义

一般来说，直播营销（Live Marketing）是指在现场随着事件的发生、发展进程同时制作和播出节目的营销方式，该营销活动以直播平台为载体，达到企业获得品牌的提升或是销量的增长的目的。直播营销的特点之一是场景真实，并不是简单地在直播间"叫卖"商品。在电商行业，直播营销的形式有很多种，比如商品分享式直播、产地直销式直播、现场体验式直播等。

2. 直播营销的产业链结构

直播营销以"直播"为手段，重构"人、货、场"三要素，产业链主要参与者包括品牌商、经销商、制造商、短视频平台、电商平台、主播、用户等。

跨境电商直播营销中的"人"是指境外用户和主播。传统的营销方式以"货"为核心，围绕"场"进行布局，"人"到"场"去买"货"；而直播营销则以"人"为中心，围绕"人"进行"货"和"场"的布局。"货"则是指直播间的商品。与传统营销的"先有货，货找人"不同，跨境电商直播营销需要主播先以境外用户的角度去"选货"，再整合供应链及制定优惠的价格，最后再通过主播在直播间对"货"的充分展示后引导用户产生购买行为。"场"是指消费场景，连接"人"和"货"而存在。在直播营销中，"场"的意义在于，通过实时互动，搭建消费场景，发掘境外用户的消费欲望，进而产生消费行为。

在以跨境电商直播平台为基础的直播营销产业链中，上游主要为品牌商、广告代理商等，中游主要为内容提供方、平台运营方和分发渠道方，下游为境外用户。直播营销的产业链结构如图 6-11 所示。

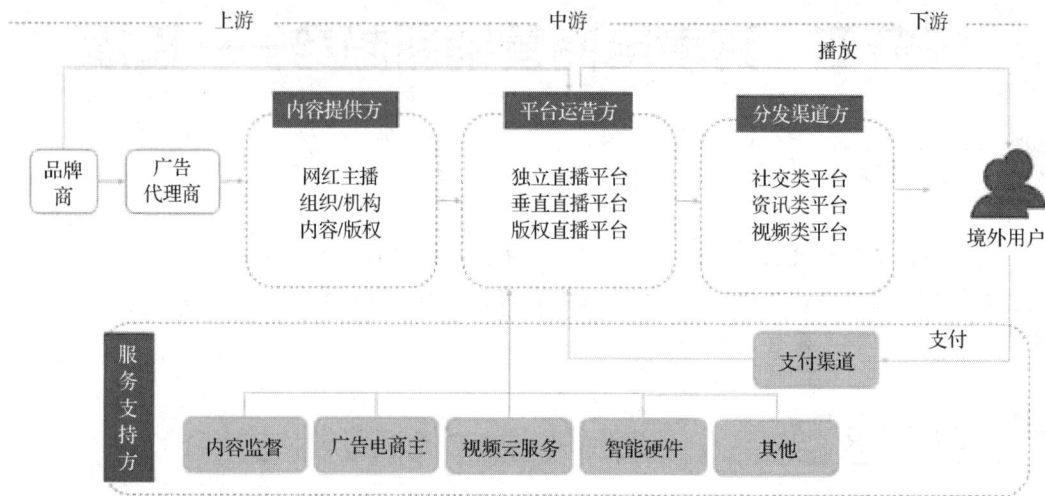

图 6-11　直播营销的产业链结构

二、跨境电商直播的驱动因素

从当下来看，跨境电商持续高热，与直播营销新型渠道的发展脱不开关系。近年来，随着国内直播带货模式的成熟，抖音海外版 TikTok 上线了自己的 TikTok Shop，并且还开通了 TikTok Shop Seller University（卖家大学），并允许卖家通过亚马逊等第三方平台自行发货，逐步建立了完整的线上电商闭环。由于经过了境内市场的验证，这一发展模式很快便被亚马逊、速卖通、Lazada 等平台争相效仿。跨境电商平台纷纷拥抱直播营销，主要有以下两个方面的驱动因素。

一方面，用户消费习惯在发生改变。用户逐渐把更多注意力放到社交媒体平台上，由此催生了依托于直播业态的电商零售新形态。与年龄较大的人群相比，年轻的购物者更有可能通过社交媒体渠道进行购物，这是直播营销得以形成的重要原因。

另一方面，庞大的直播流量为直播平台发展电商业务奠定了良好的客户基础。无论是拥有 10 亿月活流量的 TikTok，还是东南亚电商平台 Lazada、Shopee，或是北美电商市场翘楚 Shopify，它们都在各自市场中拥有相当的市场影响力和庞大的用户基础，这为其开展直播带货创造了可能性。

三、跨境电商直播平台

直播平台是直播营销产业链中不可或缺的一部分，它为直播提供了内容输入和输出的渠道。目前跨境电商主流的直播平台可以分为短视频类直播平台和电商类直播平台。常见的跨境电商直播平台有以下两个。

1. 短视频类直播平台：TikTok

TikTok 是一个专注年轻人音乐短视频社区平台，用户可以通过这款软件选择歌曲，拍摄音乐短视频，形成自己的作品。跨境电商主要利用 TikTok 对境外用户进行直播营销。

2．电商类直播平台：阿里巴巴国际站

阿里巴巴国际站直播是阿里巴巴推出的跨境电商直播平台，定位于"消费类直播"，用户可边看边买，商品范畴包括电子产品、母婴、美妆等。

四、阿里巴巴国际站直播实操

下面以阿里巴巴国际站为例，进行跨境电商直播实操演示。

1．直播入口

（1）PC 端入口

阿里巴巴国际站 PC 端后台有一个直播入口，该入口路径为：登录 My Alibaba—媒体中心—我的直播，如图 6-12 所示。

图 6-12　阿里巴巴国际站 PC 端界面

（2）手机端入口

下载手机端阿里卖家 App 之后，在众多的工具功能中可以看到直播的入口，如图 6-13 所示。

2．创建直播

PC 端和手机端创建直播的流程基本一致。下面以 PC 端创建直播为例进行介绍，流程如下。

（1）在阿里巴巴国际站 PC 端界面，单击"我的直播"按钮。

（2）进入"我的直播"界面后，单击"创建正式直播"按钮，如图 6-14 所示。

（3）选择直播类型——店铺直播或活动直播，如图 6-15 所示，即可开启直播。

图 6-13　手机端阿里卖家 App 界面

图 6-14　"我的直播"界面

图 6-15　选择直播类型界面

3．阿里巴巴国际站直播的注意事项

（1）建议小助手在 PC 端选好产品，制作 catalog，并创建好直播。阿里巴巴国际站只能创建 30 天之内的直播，建议所有直播都至少提前 1 小时创建直播预告。

（2）对直播预告进行广泛宣传。

（3）建议主播提前 15 分钟进入直播间做好准备。

（4）小助手进行实时监控，比如选品、禁言，帮助主播维持直播间的秩序。

（5）主播如果不小心退出直播间，只需重新回到直播页面单击"继续直播"按钮即可。

（6）主播在直播中要积极引导观众互动。

五、人工智能对直播的影响

人工智能是近年来最受欢迎的技术之一，而这个技术本身是非常广阔的，涵盖了各种各样的应用。全球观看视频及直播的人数正在快速增长，人工智能将在未来直播发展中发挥至关重要的作用。

1．人工智能让直播更有效

人工智能可以更有效地提供实时分析，比如可以提供境外用户如何回应跨境电商直播的相关数据，进而提高内容优化水平和直播性能。另外，智能推荐可以帮助跨境电商直播的内容更容易被境外用户发现。人工智能还可以帮助跨境电商企业找到发布内容的最佳时间。

2．内容索引改善用户体验

TikTok 就是一个很好的例子，它将人工智能与人类管理相结合，以优化视频内容的分类，从而为用户提供更好的体验。为了跟上对新视频的需求，TikTok 利用人工智能从用户偏好中开展机器学习，为用户提供相关的内容建议。

3．保障用户隐私和体验

不良内容的控制是流媒体平台十分重要且繁重的工作，加上境外用户尤其注重个人隐私，使得跨境电商直播的实时监控难度更大。而人工智能可以根据不同的情况迅速做出判断来解决相应的问题。

📖 项目实训 ●●●●●●

根据浙江省电子商务促进会数字贸易研究院发布的《跨境电商直播研究报告》，2020 年上半年，TikTok 在海外 App Store 和 Google Play 下载将近 6 亿次，较 2019 年同期增长 88.7%，排名前三的市场为印度、巴西和美国，分别占 27.5%、9.6% 和 8.2%。几乎所有海外主流社交媒体平台都增加了直播功能，包括 Facebook、Instagram、YouTube 等。

YouTube 平台数据显示，直播观看时长相比点播视频长度长 4 倍，每周进行直播或频次更高的频道获得 40% 的新注册增长和 70% 的频道观看时长增长，直播时长年增长率达到 130%，观看时长年增长率达到 80%。

该报告对比了五大海外社媒平台直播带货的优缺点及其适合的卖家，如亚马逊、Shopee、速卖通、Lazada 等较大的电商平台，也都纷纷开通直播功能。Shopee 平台数据显

示，马来西亚市场直播场次同比暴涨达 70 倍，菲律宾、新加坡市场亦增加 40 倍。速卖通平台上的主播数量翻了 7 倍，直播总场次翻了两番，由直播带来的成交占速卖通总 GMV 的份额增长了 10 倍。

目前跨境电商直播仍然面临以下问题：第一，海外直播的聚合性不强，每场直播的触达人数不够多；第二，海外社交媒体的直播功能尚未和电商平台打通，无法直接引流；第三，外籍主播人才短缺，缺乏专业的海外"网红"孵化培训机构，照搬境内的直播带货内容；第四，与境外"网红"合作卖家的运营成本相对高，且直播带货的后续效果追踪存在挑战，可能会出现沟通难、周期长、成本高、配合度较低等情况。

思考：
1. 你认为跨境电商企业有必要做直播营销吗？
2. 你认为目前跨境电商直播可以进行哪些方面的改进？

📖 项目小结 ●●●●

随着科技的发展、我国贸易政策扶持力度加大以及移动互联网的不断普及，跨境电商发展迅速，其贸易总额逐渐增加，在国家外贸总额中的比例越来越大。我国作为出口大国，要把握机遇，利用高科技作为营销手段，推动跨境电商稳定健康地发展。本章介绍了跨境电商营销基础，分析了跨境电商营销站内、站外的常用推广模式，探究了跨境电商营销新趋势——直播。

📖 习 题 ●●●●

一、选择题

1. 互联网营销是网络经济环境下企业整体营销战略的组成部分，是以互联网等各种现代通信系统为载体，运用信息技术手段，面向网络市场和现实市场，以满足（   ）为核心，营造企业经营环境的过程。

    A. 客户需求　　　　B. 客户欲望　　　　C. 客户需要　　　　D. 客户期望

2. 互联网营销的特点不包括（   ）。

    A. 价格高昂　　　　B. 多媒体　　　　　C. 交互式　　　　　D. 整合性

3. 4Ps 营销理论产生于 20 世纪 60 年代的美国，是随着营销组合理论的提出而出现的。以下不属于 4P 的是（   ）。

    A. Product　　　　B. Price　　　　　C. Place　　　　　D. People

4. 1990 年，美国学者罗伯特·劳特朋教授提出了与传统营销的 4Ps 相对应的 4Cs 营销理论。以下不属于 4C 的是（   ）。

    A. Consumer　　　B. Customs　　　C. Cost　　　　　D. Communication

5. 速卖通平台有四大店铺营销工具，分别是限时限量折扣、（   ）、全店铺满立减和店铺优惠券。

    A. 满减及折扣　　　B. 买赠　　　　　C. 全店铺打折　　　D. 买满再优惠

6. 以下不属于亚马逊促销活动类型的是（   ）。

    A. 优惠码　　　　　B. 免运费　　　　C. 购买折扣　　　　D. 买一送一

7. 以下不属于搜索引擎的价值的是（　　　）。

    A. 利用搜索引擎进行市场调研　　　　B. 利用搜索引擎分析竞争对手

    C. 利用搜索引擎寻找买家　　　　　　D. 利用搜索引擎挖掘竞争对手商业机密

8. 以下不属于 SEO 推广策略中目标关键词特征的是（　　　）。

    A. 一般是由 1～4 个单词组成

    B. 目标关键词有一定的搜索量

    C. 网站的内容会围绕目标关键词展开

    D. 目标关键词不会出现在 title、keywords 中

9. 以下不属于 SEO 推广策略中站内链接策略的主要作用的是（　　　）。

    A. 网站内部之间的权重传递　　　　　B. 推动网站页面的搜索引擎排名

    C. 提高用户体验度，让访客留得更久　D. 提高知名度

10. 跨境电商直播面临的问题不包括（　　　）。

    A. 海外直播的聚合性不强

    B. 海外社交媒体的直播功能尚未和电商平台打通

    C. 外籍主播人才短缺

    D. 与境外"网红"合作卖家的运营成本相对较低

二、简答题

1. 什么是搜索引擎？如何利用搜索引擎分析某个行业目前的市场状况？

2. 跨境电商主要利用哪些 SNS 平台进行推广？

3. 如何使用 Facebook 进行营销推广？

三、案例分析题

顺应时代发展的潮流，跨境电商迎来了新机遇——海外版抖音 TikTok 直播带货。很多擅长短视频营销的商家确实已经尝到了 TikTok 的红利，比如，美妆行业巨头——花西子。2020 年 8 月，凭借在国内短视频平台的营销经验，花西子悄悄进军了 TikTok。它的每一条视频都有自己品牌话题标签"#Florasis"，在 TikTok 上的播放量每条少则几十万多则几百万、几千万。

但是 TikTok 商业化虽然进程正在加快，但转化率比较低，毕竟仍然处于起步初期，各种不确定性也是存在的。TikTok 面对的用户是全球的境外用户，由于各地区的习惯限制，用户对 TikTok 这种购物习惯还不了解，而且 TikTok 也存在标签不完善、商品投放不精准等问题。

思考：

1. 跨境电商直播与国内电商直播的区别是什么？

2. 跨境电商利用 TikTok 直播面临哪些问题？

跨境电商支付

学习目标 ↓

素质目标

掌握跨境电商支付方式，防范外汇风险，树立风险意识；
选择合适的跨境电商支付方式，树立利润意识。

知识目标

了解跨境电商支付的概念；
了解跨境电商的支付方式；
掌握国际电汇、西联汇款、国际信用卡、PayPal、国际支付宝等支付方式。

能力目标

能够选择不同的支付方式；
掌握不同支付方式的特点；
掌握不同支付方式的支付流程。

任务一 跨境电商支付概述

任务引入

银行争相布局跨境电商支付

在传统业务面临挑战的环境下，银行加速互联网金融布局。其中，迅速崛起的跨境电商也被银行视为新的蓝海市场，各银行纷纷推出配套金融服务方案，作为银行互联网金融战略的一部分。有银行业内人士坦言，此举意在增强银行获客能力。

2015年12月2日，浦发银行发布跨境电商金融服务方案。该方案显示，银行将同第三方支付机构合作，整合跨境电商的资金流、信息流、货物流，形成"基金+个性化"的综合解决方案。而在此前，中国银行、中信银行、工商银行、民生银行等均在跨境电商金融服务中有所布局。在跨境外汇收付业务中，第三方支付机构主导的在线支付也发展迅速。面对竞合关系的第三方支付机构，传统银行为突出自身优势，往往在发布方案中表示将提供综合式服务。

除了浦发银行外，中国银行也表示，将网络金融服务有机嵌入整个跨境电商链路中，实现针对跨境电商平台、海关、物流、境外供应商、境内消费者的一站式综合服务。银行通过一站式服务，不仅提供支付、结汇等服务，还能够嫁接传统业务。例如，根据跨境电商短期、快速的融资需求特点，为卖家提供配套的供应链上下游融资。

在银行传统业务收入呈下滑趋势的大背景下，银行布局跨境电商支付背后也另有深意。浦发银行贸易与现金管理部总经理杨斌表示，跨境电商支付业务或可获得企业客户的沉淀资金、低成本负债；此外，还能积累电商平台上的支付数据，成为今后银行贷款业务风险管控的数据来源和基础。他认为，跨境电商将会是重要的获客平台，而一旦引入流量，银行便能从中盈利。

作为中国国际化程度最高的银行，中国银行拥有完备且领先的传统跨境贸易金融服务产品体系，并积累了百余年的跨境业务经验，不仅在人才和产品上具备专业优势，对于境外监管要求、税收政策、法律法规、社会文化等也有着深刻的理解。中国银行顺应跨境电子商务蓬勃发展的趋势，把握"互联网+外贸"的政策机遇期，充分发挥跨境金融服务优势，积极开展金融创新，推出集线上便捷支付、网上收单、跨境资金清算、国际收支申报等功能在内的跨境电商"一站式"解决方案，助力我国跨境电商业态健康快速发展。中国银行今后将不断发挥跨境服务优势，通过互联网金融服务的创新，加快推动跨境电商产业合作。

相关知识

近些年，伴随着互联网的发展普及，电商在我国迅速崛起，成为经济发展的重要组成部分和驱动力量。由于互联网具有匿名性、虚拟性等特点，交易双方的信用度和线上支付的安全性等问题，一直是制约电商深化发展的重要瓶颈：卖家希望先收款再发货，以降低交易风险；而买家则希望能够货到付款，以防止受骗。

为了解决这一市场需求痛点，建立起电商的信用体系，众多独立的第三方支付平台纷纷涌现。电商交易双方在第三方支付平台上建立虚拟账户，买方先将货款放入支付平台中，由支付平台暂时保管。当买方确认收货以后，第三方平台再将这些货款转给卖方。这就保证了支付行为始终在第三方支付平台中进行，降低了交易双方的不信任感，促进了电商交易的顺利开展。因此，第三方支付平台与电商的发展是相辅相成的：一方面，电商的深化发展，要求建立起保障交易活动顺利进行的信用机制和支付体系，由此催生出一大批独立的第三方支付平台；另一方面，第三方互联网支付平台的快速发展完善，也推动了电商交易市场的信用体系建设，为线上交易活动提供了更加方便快捷的支付解决方案。

在跨境电商活动中，交易双方地域上的跨度更大；信息获取和交易流程只能借助网络渠道，虚拟性更加明显。这使得跨境电商的交易主体更加关注信用保障和支付安全等问题。而独立的第三方支付平台，往往具有很高的信誉，能够成为跨境电商交易的信用中介。同时，其安全便捷的线上支付功能，也满足了跨境电商对支付安全的需要。因此，随着跨境电商的快速发展，第三方支付平台不断布局境外业务，为跨境电商交易提供信用担保和线上支付支持，以抢占新的蓝海市场。

一、跨境电商支付的概念

跨境电商支付有两种方式，一种是通过银行等传统的金融服务机构进行支付，另一种是通过第三方网络支付平台进行支付。跨境第三方支付，是指借助第三方支付平台，买方直接通过电子信息网络向卖家付款的支付方式。第三方支付平台不同于银行等传统的金融服务机构，它是具有独立运营能力的第三方支付平台。这种支付平台具备较强的电子通信能力和信息安全技术，能够实现资金在客户、银行和卖家三方之间快捷高效的结算流转。同时，第三方支付平台具有很高的信誉，可以为交易双方提供信用担保，这也是第三方支付平台的最大优势。

二、跨境电商支付的特征

跨境电商支付概述

（1）跨境电商支付的当事人是指双方营业地处在不同国家（地区）的人，且有银行参与。跨境电商支付产生的原因是国际经济活动引起债权债务关系，主体是国际经济活动中的当事人。

（2）跨境电商支付是以一定的工具进行支付的，跨境支付的工具一般是货币与票据。一方面，由于国际支付当事人一般是跨国（地区）之间的自然人、法人，而各国（地区）所使用的货币不同，这就涉及货币的选择、外汇的使用，以及与此有关的外汇汇率变动带来的风险问题；另一方面，为了避免直接运送大量货币引起各种风险和不便，会涉及票据或凭证的使用问题，与此相关的是各国（地区）有关票据或凭证流转的一系列复杂的法律问题。

（3）跨境电商支付是以一定的支付方式保障交易的安全。在国际贸易中，买卖双方通常从自身利益考虑，力求在货款收付方面能得到较大的安全保障，尽量避免遭受钱货两空的损失，并想在资金周转方面得到某种融通。这就涉及如何根据不同情况，采用国际上长期形成

的汇付、托收、信用证、PayPal 等不同的支付方式，以处理好货款收付中的安全保障和资金融通问题。

（4）跨境电商支付主要将银行作为中间人进行支付结算，以确保支付过程安全、快捷、准确、保险及便利。跨境支付必须以收付双方都能接受的货币为支付货币，为了支付方便和安全，一般采用国际通行的货币，如美元、欧元、英镑等。由于跨境电商支付一般以不同于支付双方本国（地区）的货币为支付货币，所以有一定的汇兑风险。由于收付双方处在不同的法律制度下，受到相关法律的限制，只能采用国际支付的统一惯例为准则，协调双方之间的关系，并相互约束。

三、跨境电商的主要支付方式

跨境电商的业务模式不同，采用的支付结算方式也存在差异。跨境电子支付业务会涉及资金结售汇与收付汇。从支付资金的流向来看，跨境电商出口业务涉及跨境收入结汇，其结汇途径主要包括第三方收结汇、通过境内银行汇款、以结汇或个人名义拆分结汇流入等。跨境电商进口业务涉及跨境支付购汇，购汇途径一般包括第三方购汇支付、境外电商接受人民币支付、通过境内银行购汇汇出等。

从跨境支付的对象来看，跨境支付可以分为 B2B 跨境支付和 B2C 跨境支付两大类。B2B 跨境支付主要有跨境电商交易中使用的汇付、托收、信用证 3 种；B2C 跨境支付主要有跨境电商交易中使用的 PayPal、Western Union、WebMoney、国际支付宝、微信、连连支付、PingPong 等。B2B 跨境支付流程相对烦琐，但是安全性较高；B2C 跨境支付体量较小，但是交易频次多，技术上不断创新，两者在市场上互补共存。

四、跨境电商的主要支付渠道和机构

我国跨境转账汇款渠道主要有第三方支付平台、商业银行和专业汇款公司。数据显示，我国使用第三方支付平台和商业银行的客户比例较高，其中第三方支付平台使用率更高。相比之下，第三方支付平台能同时满足客户对跨境汇款便捷性和低费率的需求，这也是第三方平台受到越来越多客户青睐的缘由。从目前来看，跨境转账汇款客户使用在线跨境支付方式较多。

从目前支付业务发展情况看，我国跨境电子支付机构主要有境内外第三方支付机构、银联和银行。从我国跨境电商支付的影响力看，境内外第三方支付机构成为客户的首选。目前，PayPal 作为全球性在线支付公司，在第三方支付机构中占据重要地位。PayPal 业务支持 190 个国家和地区的 25 种货币交易，尤其在欧美普及率极高。同时，PayPal 还是在线支付行业标准的制定者，在全球支付市场中获得认可，拥有很高的知名度和品牌影响力。中国跨境交易客户也受此影响，更多地选择了 PayPal。尤其是个人海淘客户和跨境 B2C 出口客户，其使用率更高。

国际支付宝凭借我国第三方支付的良好基础，逐步进军跨境电商支付行列。2007 年 8 月，国际支付宝与中国银行等银行机构合作，推出跨境支付服务。从 2009 年开始，国际支付宝先后与 VISA 和 MasterCard 进行合作，从而完成双向的跨境支付服务。目前，国际支付宝的跨境支付服务已覆盖 34 个国家和地区，支持美元、英镑、欧元、瑞士法郎等多种外汇结算。

财付通与美国运通（American Express）合作，其网络支付服务能够借道美国运通，实现在美、英两国的 Global Shop 等热门购物网站进行跨境在线购物和支付。

快钱则从 2012 年年初推出适合外贸电商客户的一揽子跨境支付、国际收汇服务方案，通过与西联汇款的合作，实现自动化的汇款支付处理，帮助外贸电商简化烦琐的结汇流程与规避风险。目前，快钱能够支持总量达 15 亿张信用卡的 VISA、MasterCard、American Express、JCB 等国际卡支付，为外贸电商提供一体化结汇服务和专业化的风控服务。

汇付天下则专注于小微企业市场，重点布局航空产业链等 B2B 商务市场，特别是在航空机票支付领域，市场份额近 50%。

银联的跨境支付起步也较早。目前，银联卡可在 125 个国家和地区实现跨境支付。

▌五、跨境电商支付的发展前景

2015 年 6 月，国务院常务会议明确提出"将消费金融公司试点扩至全国，部署促进跨境电子商务健康快速发展"的一系列举措，其中力推加快发展跨境电商。伴随着我国政府对跨境电商的种种支持和客户对跨境网购的青睐，跨境支付和结算也必将迅猛发展。

1．第三方跨境支付市场将快速增长

跨境电商的高速发展，需要跨境支付的支撑，跨境支付市场将成为支付领域新的增长点。以往受政策限制，在跨境支付业务中，第三方支付公司所提供的外贸收单主要在香港地区用美元结算，之后客户再通过其他渠道将资金转移至境内。而今第三方支付公司可直接在境内结汇给客户。跨境外汇支付的许可为我国第三方支付开辟了留学教育、航空机票及酒店住宿等服务贸易领域。这让境内支付公司提供更大范围的跨境支付服务成为可能，也为支付公司开辟了更广阔的发展空间。

2．"一站式"跨境支付综合服务将深受零售电商青睐

开展"一站式"跨境支付综合服务是跨境电商尤其是跨境 B2C 模式的迫切需求，深受欧美客户欢迎的 PayPal，除了开展互联网支付、移动支付、信用支付、线下支付等核心业务外，它还为客户提供便捷、安全的支付选择，以及更多的延伸服务，如提供跨境商业服务解决方案：代收代付、跨境电商、资金归集、咨询服务、O2O 服务等，甚至借助 eBay 在电商领域的资源积累，在支付、技术支撑及完善的金融服务体系方面，为电商行业及传统行业电商化提供综合解决方案，集合在线支付、移动支付、线下支付以及信用支付等多元化支付解决方案，将来还会进一步提供数据服务、营销服务、信贷金融服务等，通过对平台积累的庞大客户、卖家交易信息进行数据挖掘和分析，为卖家提供营销及供应链金融等增值服务。

面对我国跨境电商零售企业的诸多不便，相信我国的跨境支付机构，尤其是第三方支付机构在政策支持下，将加强与电商平台的合作，从网店的商品展示、贸易撮合，到在线签约及电子单证的拟定、资金托管，以及最终的支付结算、通关交付、出口退税等都全程参与，为跨境电商企业提供一体化解决方案，从而实现全程无纸化、电子化交易，缩短交易周期，提高结算效率。比较典型的如上海自贸区的东方支付与跨境通平台，哈尔滨中俄跨境电子商务在线支付平台等，它们集电子数据交换、身份认证、电子数据申报、数据整合汇总、数据控制管理、物流和通关状态信息查询于一体，实现了网上支付、电话支付、便携终端支付、电子钱包支付等多种方式的跨境支付和结算。

任务二 跨境电商的支付方式

任务引入

如果是做境内电商，收款方式有支付宝、财付通等，而且不用担心手续费、安全性、即时性等问题，但是把境内电商范围扩大至跨境电商，收汇款方式就变得复杂了，我们需要考虑很多问题，且不同收汇款方式差别较大，它们具有各自的优缺点、适用范围。那么哪种支付方式更合适呢？这就需要我们了解跨境电商各种不同的支付方式。

相关知识

跨境支付有两大类，一是网上支付，包括电子账户支付和国际信用卡支付，适用零售小金额；二是银行汇款模式，适用大金额。信用卡和 PayPal 目前使用比较广泛，其他支付方式可当作辅助手段，尤其是 WebMoney、Qiwiwallet、CashU 对俄罗斯、中东、北非等地区的贸易有不可或缺的作用。

跨境电商支付方式
（一）

跨境电商支付方式
（二）

一、国际电汇

1. 国际电汇当事人

国际电汇有 4 个当事人：汇款人、收款人、汇出行和汇入行。

（1）汇款人（Remitter），或称债务人，即付款人，通常是国际贸易中的进口商。

（2）收款人（Payee），或称债权人，通常是国际贸易中的出口商。

（3）汇出行（Remitting Bank），是受汇款人委托汇出汇款的银行，通常是国际贸易中进口方所在地银行。

（4）汇入行（Receiving Bank），又称解付行，是受汇出行委托，解付汇款的银行。在国际贸易中，汇入行通常为出口地银行。

根据汇款过程中使用的支付工具的不同，汇款结算方式可以分为电汇、信汇和票汇 3 种。

2. 国际电汇流程

国际电汇（Telegraphic Transfer，T/T）是汇出行应汇款人的申请，拍发加押电报或电传给在另一国家（地区）的分行或代理行（汇入行），指示其解付一定金额给收款人的一种汇款方式。国际电汇的特点是电汇方式收款较快，但手续费较高，因此只有在金额较大时或比较紧急的情况下，才使用国际电汇。图 7-1 所示为国际电汇示意图。

在实际的跨境电商进出口中，T/T 分为预付、即期和远期。现在用得较多的是 30%预付和 70%即期。T/T 付款有以下 3 种方式。前 T/T：先收款，后发货，在发货前预付货款，买方风险较大；后 T/T：先发货，后收款，全部发货后付款，卖方风险较大；先订金，再余款。在国际贸易中，出口商对一般熟悉的客户会采用 T/T 付款，经常是发货前预付部分货款，余款在到货后付清。通常情况下，电汇常用的是预付 30%货款作为订金，剩下 70%货额见提单付款。订金的比例越大，出口商的风险越小。

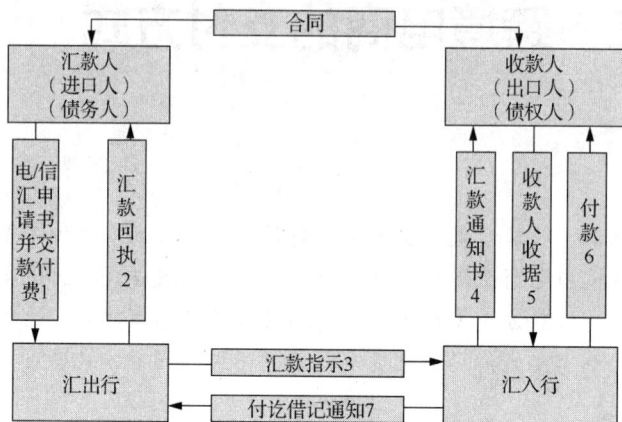

图 7-1　国际电汇示意图

目前全球大多数国家和地区的银行都使用 SWIFT（Society for Worldwide International Financial Telecommunications，环球同业银行金融电信协会）系统，SWIFT 是国际银行同业间的国际合作组织，成立于 1973 年。SWIFT 的使用为银行结算提供了安全、可靠、快捷、标准化、自动化的通信服务，从而大大提高了银行的结算速度。

钱到账，再做其他后续的操作，如发货。而电汇时间，根据银行不同区别很大，一般需要3～7个工作日。至于汇款路线，有的中间经过的银行少就快，多则慢些。最重要的是卖家一定要等客户水单到后，确认到账再安排约定事项。

二、西联汇款

1．西联汇款的定义

西联汇款是西联国际汇款公司（Western Union）的简称，是世界领先的特快汇款公司，它拥有全球先进的电子汇兑金融网络，代理网点遍布全球近200个国家和地区。

2．西联汇款的付款流程

西联汇款分为现金即时汇款和直接到账汇款两类。现金即时汇款有3种方式：西联网点、网上银行（目前支持光大银行和农业银行）和银联在线。西联汇款的付款流程如下。

（1）在网点填妥"西联汇款申请书"和"境外汇款申请书"。

（2）递交填好的表格、汇款本金、汇款手续费及个人有效身份证件，可以持外币汇款，也可以以人民币购汇汇款。

（3）汇款完成后，汇款人会收到一张印有汇款监控号码（MTCN）的收据，汇款人须准确通知收款人有关汇款人姓名、汇款金额、汇款监控号码及发出汇款国家（地区）等信息，为确保汇款安全，勿将监控号码泄露给除收款人之外的其他人。

（4）等待一段时间，收款人可于收款国家（地区）的代理西联汇款业务网店提取汇款。

（5）每笔汇出汇款都要填写"境外汇款申请书"进行国际收支申报。

3．西联汇款的取款流程

出口商要了解西联汇款的取款流程。西联汇款的取款流程如下。

（1）确保汇款由境外已获授权的代理西联网点发出，并与汇款人核实汇款人姓名、汇款金额、汇款监控号码及发出汇款国家（地区）。

（2）收到汇款人通知后，到就近代理西联汇款业务的银行网点兑付汇款。

（3）提交填妥的"收汇申请书"，出示有效身份证件。

（4）提取汇款及取回收据。

（5）境外个人的每笔汇款及境内个人等值2000美元以上（不含）的汇款，还需填写"涉外收入申报单"进行国际收支申报。

4．签名并接收收据

在确认收据上的所有信息正确无误后，收款人需要签收一张收据。收据打印内容之一是汇款监控号码（MTCN），以及可使用MTCN联机（在网上）跟踪汇款的状态。确认汇款已经到位后，收款人随时可以取款。在前往西联网点之前，收款人应确保汇款已经可以提取，可以直接联系汇款人确认，也可在网上跟踪汇款状态，还可以拨打热线电话进行咨询。

如果第一次使用直接汇款至中国的银行卡账户的服务，收款人应在中国时间8点至20点之间拨打中国服务热线核实如下信息：收款人的中文名字，汇款监控号码（MTCN），收款人的有效身份证件号码，收汇银行的名称和银行卡账号。

同一收款人此后通过同一银行卡账户使用直接到账汇款服务，就不需要再拨打中国服务热线核实必要信息。但如果收款人的必要信息有所改变，则需要拨打中国服务热线，核实必要信息。

三、信用卡支付通道

在欧美发达地区，信用卡的使用频率非常高，发行量也很大。常见的信用卡组织有 VISA、MasterCard、American Express、Discover、Jcb、中国银联等。因此，在跨境支付中，信用卡支付通道也成为一种较为常见的支付方式。

1. 信用卡的基本知识

信用卡由卡号、CVV 码、有效期、发卡行信息组成。卡号由 16 位数字组成，4 开头的是 VISA 卡，5 开头的是 Master 卡，第 16 位数字根据前面数位数字规则推算而成，一般可以根据前 6、后 4 位数字查看交易记录。VISA 卡为 CVV 码，Master 卡为 CVC 码，其号码在信用卡的背面。有效期是指信用卡能有效使用的期限，即 Valid Month/Year。发卡行是签发信用卡的银行。

2. 信用卡支付网关

信用卡支付网关是指专业提供国际信用卡收款的银行支付接口，通常也称信用卡支付通道，包括 3D 通道、非 3D 通道和 VIP 通道（延时通道）。信用卡支付网关涉及的对象有发卡行、持卡人、卡组织、收单行、第三方支付平台。

（1）第三方支付平台。

第三方支付平台是指与具有信用卡支付网关的银行合作，为卖家提供信用卡支付服务，具备一定实力和信誉保障的第三方独立机构提供的交易支持平台。目前，我国有环迅（IPS）、网银在线，以及能同时承接公司和个人业务的 Yourspay（优仕支付）、Ecpss（E 汇通）、95epay（双乾）、首信易等。

（2）3D 通道。

3D 通道是涉及发卡行、收单行、卡组织、持卡人、第三方支付平台以及身份验证的一种安全认证通道。因为涉及发卡行、收单行以及卡组织 3 个领域（Domain），所以叫作 3D 通道，持卡人付款时需要到发卡行进行认证（3D 数字认证或身份认证）。3D 通道主要适用地区为亚洲，但也有以下不便之处：3D 通道以人民币为交易符号，持卡人（买家）在卖家网站上付款时可能会因为不了解汇率而终止付款，付款时还需要到银行页面再填写一次信息，比较烦琐。例如，客户群体小，不符合境外消费习惯，则成功率比较低。

（3）非 3D 通道。

无须 3D 认证，持卡人只需要输入简单的信息，即可进行支付，这符合境外客户的消费习惯。非 3D 通道的优点在于实时到账，卖家能在后台实时查询交易情况；符合境外客户购物习惯；支持 VISA 卡、Master 卡等交易卡种；交易直接显示境外货币符号，成功率高。

（4）实时通道和延时通道。

实时通道是卖家在后台实时查询支付结果是支付成功或失败，是否到账等的收款通道。实时通道的优点在于便于卖家备货、发货；便于卖家更好地服务客户；避免不必要的重复支付；增强客户购物体验。实时通道的缺点在于未授权交易不易察觉，容易被系统屏蔽，影响交易成功率。

延时通道是订单由银行系统与人工审核相结合进行审单，一般在 24 小时内反馈在线支付结果的收款通道。支付状态显示为"待处理"。延时确认一般白天会在 3 小时左右反馈出支付结果，晚上会在 8 小时左右反馈出支付结果。延时通道的优点在于银行系统与人工审单相结合，提高交易成功率；确认交易后，卖家可安心发货，无须担心交易风险；提高商户信誉，增加订单。延时通道的缺点在于确认时间较长，无法实时查询支付信息；交易呈"待处理"状态，发货速度会受到影响。

📖 **小知识**

信用卡收款

在欧洲和美国，主流的付款方式还是信用卡，信用卡是连接个人信用资料的。信用卡是非常安全的付款方式。现在，跨境电商平台与 VISA 和 MasterCard 合作，都可以使用信用卡支付。

信用卡付款的风险核心点就是客户的退单和有小部分的信用卡诈骗行为。例如，客户退单或者悔单，因为国际小额贸易前期物流等其他费用投入，对卖家来说往往损失较多。一般情况下，支付公司在提供支付服务时都会提供比较安全的各种验证加密措施。

四、PayPal 支付与结算

1. PayPal 介绍

PayPal 是美国 eBay 公司的全资子公司，1998 年 12 月由 Peter Thiel 及 Max Levchin 建立，总部设在美国加利福尼亚州圣荷西市，允许在使用电子邮件标识身份的客户之间转移资金，避免了传统的邮寄支票或者汇款。PayPal 也和一些电商网站合作，成为它们的货款支付方式之一；但是用这种支付方式转账时，PayPal 会收取一定数额的手续费。

2. PayPal 的类型

PayPal 账户分 3 种类型：个人账户、高级账户和企业账户。客户可根据实际情况进行注册，个人账户可以升级为高级账户，进而升级为企业账户；反之，企业账户也可以降为高级账户或者个人账户。

（1）个人账户。

个人账户适用于在线购物的客户，主要用于付款，可以收款，但比起高级账户或企业账户少了一些功能和特点，如查看历史交易记录的多种筛选功能、卖家费率、网站集成、快速结账等集成工具，因此不建议卖家选择。

（2）高级账户。

高级账户适用于在线购物或在线销售的卖家，可以付款、收款，并可享受卖家费率、网站付款标准、快速结账等集成工具以及集中付款功能，帮助卖家拓展境外销售渠道，提高销售额，推荐进行跨境交易的个人卖家使用。

（3）企业账户。

企业账户适用于以企业或团体名义经营的卖家，特别是使用公司银行账户提现的卖家。企业账户拥有高级账户的所有卖家功能，可以设立多个子账户，适合大型企业使用，每个部门设立子账户进行收款。另外，企业账户需要添加以企业名开办的电汇银行账户进行转账，添加个人名字开办的电汇银行账户可能导致转账失败。

3．PayPal 的优势

PayPal 的优势如表 7-1 所示。

表 7-1　PayPal 的优势

PayPal 对买家的优势	PayPal 对卖家的优势
安全：付款时无须向卖家提供任何敏感金融信息，享有 PayPal 买家保护政策	**高效**：实现网上自动化支付清算，可有效提高运营效率，拥有多种功能强大的集成工具
简单：集多种支付途径于一体，无须任何服务费，两分钟即可完成账户注册，具备多种语言操作界面	**保障**：PayPal 成熟的风险控制体系，内置防欺诈模式，个人财务资料不会被披露
便捷：支持包括国际信用卡在内的多种付款方式，数万网站支持 PayPal	**节省**：只有产生交易才需付费，没有任何开户费及年费，集成 PayPal 即集成所有常见国际支付网关

（1）全球客户多。PayPal 在全球 190 个国家和地区有超过 2.2 亿客户，已实现在 24 种外币间进行交易。

（2）品牌效益强。PayPal 在欧美普及率极高，是全球在线支付的代名词，强大的品牌优势，能使网站轻松吸引众多境外客户。

（3）资金周转快。PayPal 独有的即时支付、即时到账的特点，能够实时收到境外客户发送的款项。最短仅需 3 天，它即可将账户内款项转账至境内的银行账户，及时高效地开拓境外市场。

（4）安全保障高。完善的安全保障体系，丰富的防欺诈经验，业界最低的风险损失率（仅0.27%），这些均能确保交易顺利进行。

（5）使用成本低。无注册费用，无年费，手续费仅为传统收款方式的 1/2。

（6）数据加密技术。注册或登录 PayPal 的站点时，PayPal 会验证登录者的网络浏览器是否正在运行安全套接字层 3.0（SSL）或更高版本。在传送过程中，信息受到加密密钥长度达168 位（市场上的最高级别）的 SSL 保护。

（7）循环结账。定期为客户开具账单、支付会员费或提供租用服务和分期付款计划。

4．PayPal 支付流程

通过 PayPal，付款人支付一笔款项给收款人的支付流程可以分为以下几个步骤。

（1）只要有一个电子邮件地址，付款人就可以注册 PayPal 账户，并提供信用卡或者相关银行资料，增加账户金额，将一定数额的款项从其开户时登记的账户转移至 PayPal 账户下。

（2）当付款人启动向第三人付款流程时，必须先进入 PayPal 账户，指定特定的汇出金额，并将收款人的电子邮件账号提供给 PayPal。

（3）接着 PayPal 向收款人发出电子邮件，通知其有等待领取或转账的款项。

（4）若收款人已经注册 PayPal 账户，其决定接收后，付款人所指定的款项即移转给收款人。

（5）若收款人没有 PayPal 账户，可根据 PayPal 电子邮件内容指示联网进入网页注册PayPal 账户，收款人可以选择将取得的款项转换成支票寄到指定的处所、转入其个人的信用卡账户或转入另一个银行账户。

从以上流程可以看出，若收款人已经注册 PayPal 账户，那么该笔款项就汇入其拥有的PayPal 账户；若收款人没有 PayPal 账户，网站就会发出一封电子邮件通知，引导收款人至PayPal 网站注册 PayPal 账户。所以，有人称 PayPal 的这种销售模式是一种"邮件病毒式"

的商业拓展方式，它使 PayPal 越来越多地占有市场。

> **📖 知识拓展**
>
> ### PayPal
>
> PayPal 是目前小额支付的首选。PayPal 在线付款方便快捷，还可以解除客户付款收不到货的担忧，境外客户使用率达 80% 以上。其客户在欧美地区覆盖范围广，只需要一个邮箱便能注册，开户免费。而其作为第三方支付工具，客户遇到问题是可以向 PayPal 投诉的。
>
> 跟其他支付手段相比较，PayPal 的优点是：第一，资金安全；第二，快速，客户付款后，立刻显示 PayPal 余额；第三，方便，可以使用各种工具管理交易提高效率；第四，支持全球 190 个市场和 6 种货币使用，是小额跨境贸易工具中主流的付款方式。
>
> 关于 PayPal，需要注意 PayPal 和贝宝的区别，PayPal 国际站允许向 55 个国家和地区发送和接收付款，贝宝只能向中国客户发送和接收付款。

五、国际支付宝

1．国际支付宝介绍

阿里巴巴国际支付宝（Escrow）由阿里巴巴与支付宝联合开发，是一种旨在保护国际在线交易中买卖双方交易安全所设的第三方支付担保服务。国际支付宝的服务模式：交易过程中先由客户将货款打到国际支付宝账户中，然后国际支付宝通知卖家发货，客户收到商品后确认，之后国际支付宝将货款放给卖家，至此完成一笔网络交易。

2．国际支付宝账号介绍

如果卖家已经拥有支付宝账号，无须另外申请国际支付宝账户。只要卖家是速卖通的客户，就可以直接登录"My Alibaba"后台（中国供应商会员）或"我的速卖通"后台（普通会员）管理收款账户，绑定支付宝账户即可。如果卖家未申请支付宝账号，可以先登录支付宝网站申请支付宝账号，再绑定即可。绑定支付宝账户后，卖家就可以通过支付宝账户收取人民币。

国际支付宝会按照客户支付当天的汇率将美元转换成人民币支付到卖家的支付宝或银行账户中。卖家还可以通过设置美元收款账户的方式直接收取美元。

3．国际支付宝账户使用

国际支付宝账户是支付宝为从事跨境交易的境内卖家建立的资金账户管理平台，包括对交易的收款、退款、提现等主要功能。支付宝国际账户是多币种账户，包含美元账户和人民币账户。目前，只有速卖通与阿里巴巴国际站会员才能使用。

支付宝系统上线后，提现功能较之前有了一些改变，提现不再限制在 100 笔交易之内，而是根据自身需要对账户中"可提现金额"做全部或者部分提现，大大降低了提现成本。

4．国际支付宝与支付宝的区别

国际支付宝的第三方担保服务是由阿里巴巴国际站同国内支付宝联合提供支持的。速卖通平台只是在客户端将国内支付宝改名为国际支付宝。这是因为根据对客户调研的数据发现，客户群体更加喜欢和信赖 Escrow 一词，认为 Escrow 可以保护客户的交易安全。而在卖家端，全球速卖通平台依然沿用国际支付宝一词，只是国际支付宝相应的英文变成"Escrow"。

六、连连支付

1．连连支付介绍

连连银通电子支付有限公司（以下简称"连连支付"）是专业的第三方支付机构，是中国领先的行业支付解决方案提供商。

连连支付于 2011 年 8 月 29 日获得中国人民银行颁发的《支付业务许可证》，业务类型为互联网支付、移动电话支付，覆盖范围为全国，于 2016 年 8 月 29 日完成支付业务许可证续展。同时，该公司于 2015 年 1 月 12 日获得中国人民银行杭州中心支行许可，开展跨境电商人民币结算业务；2015 年 2 月 13 日获得国家外汇管理局浙江省分局许可，开展跨境外汇支付业务。

基于跨境贸易及移动支付高速发展的现状，为满足各企业在交易环节中不断提高的收/付款需求，连连支付打造了以跨境支付、移动支付、O2O 支付、大数据风控为业务核心的全球化支付解决方案，极大缩短了跨境贸易企业的资金汇兑周期，提升了全球贸易企业的货币处理效率，助推了互联网交易产业的进一步完善。

2．连连支付的模式

在亚马逊上开店，境外客户无法把钱直接打到境内卖家的境内银行账户，境内卖家一定要用境外银行账户收款，这样就有 3 种方式。第一种是境内卖家到境外办理银行账户，用这个账户收款。一般是在境内成立母公司，在境外成立子公司，用境外子公司在亚马逊上开店，再用传统贸易的方式把资金转到母公司，这样就形成一个闭环。第二种是离岸账户，这也是很多传统贸易公司的做法。通过境外离岸账户收款，亚马逊会收取 3.5% 的货币损耗费。第三种是通过第三方支付平台开设境外银行账户，这样操作简便，成本较低，收款速度快，现在90% 以上的卖家都是通过这种方式收款的。

连连支付的跨境电商支付与结算模式主要是帮助卖家在亚马逊店铺的跨境收款、提现以及 PayPal 账户提现。连连支付的跨境收款就是由连连支付专门为中国跨境电商卖家打造的一项服务。连连支付的跨境收款支持亚马逊北美站、日本站和欧洲站等站点，一次性打通美元、日元、欧元、英镑四大主流币种，为跨境电商卖家提供真正国际化的服务。无论在亚马逊哪个站点销售产品，连连支付的跨境收款都能提供高效安全的收款服务，真正助力卖家"卖全球"。在亚马逊所有站点，所有币种都能收取，包括美元、欧元、英镑、日元，而且提现到账速度很快，真正做到为跨境电商卖家提供专业、灵活、高效、便捷的国际跨境收款服务。

3．连连支付的特点

第一，方便快捷。境内亚马逊卖家通过连连支付提现，最快的到账速度是 6～7 秒，一般 2 小时内就能提现到账。PayPal 账户提现的到账时间为 3～4 天，比提现到银行卡快。

第二，成本低。连连支付的亚马逊提现手续费是 0.7%，在跟亚马逊官方合作的企业里费用是最低的。通过连连支付，卖家将 PayPal 中的外币提现为人民币，手续费仅为 1.2%，无其他费用。

第三，安全可靠。连连支付在跨境支付业务上仅次于支付宝和微信支付，获得中国人民银行和国家外汇管理局的支付业务许可，以及跨境人民币结算业务许可和跨境外汇结算业务许可；有中国人民银行和国家外汇管理局双重从业许可权威认证，资金更安全。

📖 项目实训 ●●●●·

实训一 PayPal 账户注册

（1）打开 PayPal 网址，然后单击"注册"按钮，如图 7-2 所示。

图 7-2 注册页面

（2）选择账户类型，如图 7-3 所示。

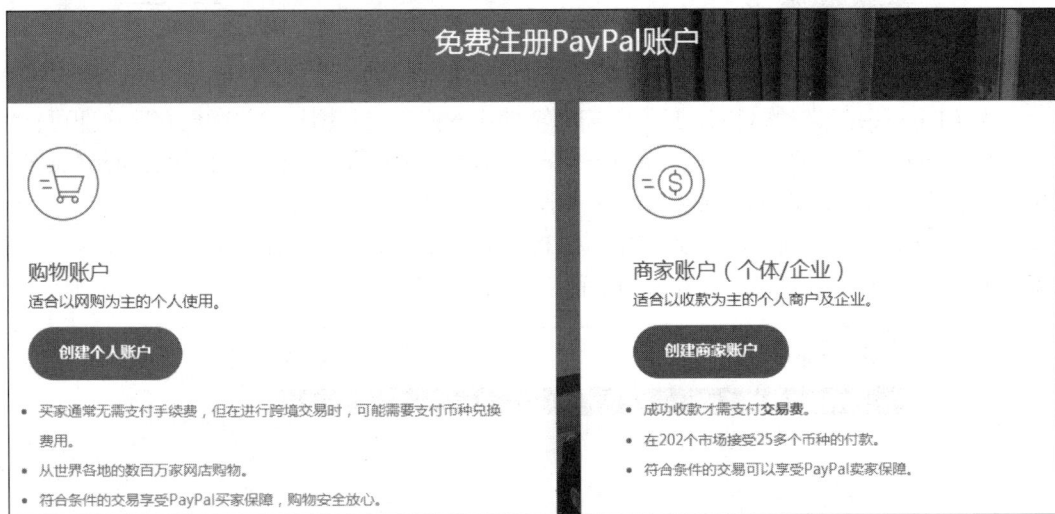

图 7-3 选择账户类型

（3）创建个人账户或者商家账户，如果单击"创建个人账户"按钮，就可以填写图 7-4 所示的信息。

（4）输入银行卡号、使用期限和 CSV 码，输入手机号获取的验证码，就可以成功绑定银行卡，然后通过电子邮箱激活账号，PayPal 个人账户就注册成功了。

思考：尝试用新注册的 PayPal 账户进行支付。

实训二 Payoneer 账户注册及介绍

Shopee 通过第三方支付合作商 Payoneer 打款给卖家。

（1）进入"My Wallet"（我的钱包）页面，跨境电商卖家可以在后台绑定 Payoneer 与 Shopee 平台结算收款，如图 7-5 所示。

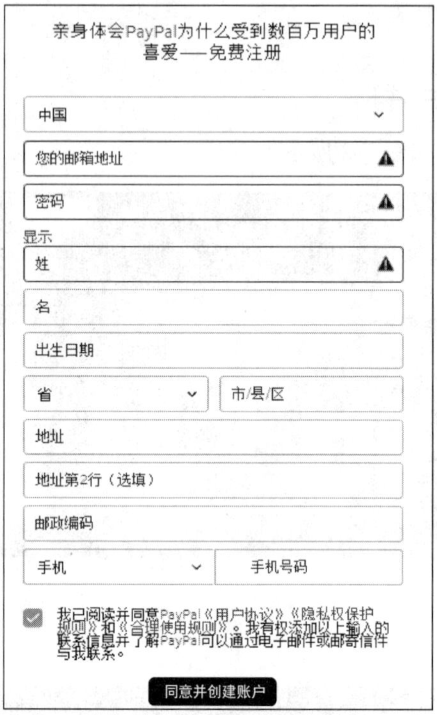

图 7-4　创建购物账户

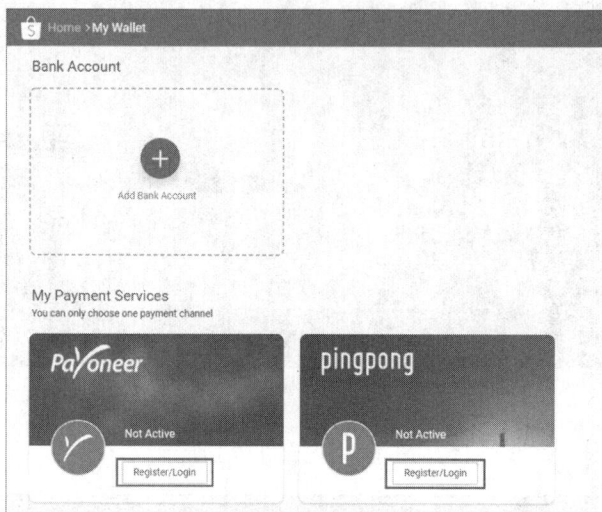

图 7-5　后台绑定

　　已有 Payoneer 账户的卖家，只需单击想要使用的账户卡片图标，关联已有账户即可；尚未开通 Payoneer 账户的卖家，可单击 Payoneer 或 PingPong 卡片图标上的"Register/Login"按钮，进行 Payoneer 或 PingPong 账户的注册，然后绑定账户。

　　（2）Payoneer 账号注册—个人信息。在 Payoneer 注册页面填写注册信息（注意用英文填写），单击"下一步"按钮，如图 7-6 所示。

图 7-6　账号注册

　　（3）Payoneer 账号注册—联系信息。

　　• 联系信息填写详细到门牌号的居住地址（账单地址），用拼音分两行写。

- 牢记手机或座机号码，在以后需要验证服务时使用。在座机号码前要加区号，若直接输入手机号码，直接输入 11 位数字。
- 不详的信息可能导致账户审批过程延长。

（4）Payoneer 账号注册—安全信息。

- 账户密码至少要 7 个字符，并且至少包含 1 个英文字母（a-z）以及一个数字（0-9）。
- 安全问题（密保）是随机抽取的，要牢记，用来验证。
- 账户和重设密码，英文字母区分大小写。

（5）Payoneer 账号注册—添加银行卡。

- 银行名称，推荐选择中国银行、招商银行、中国工商银行、中国农业银行、中国建设很行、中国邮政储蓄银行、光大银行等。
- 境内银行卡与 Payoneer 账户的持有人姓名最好一致。账号填境内银联卡的卡号，通常为 16 位或 19 位。
- Payoneer 个人账户申请。
- 注册 Payoneer 个人账户时添加境内银行卡信息，账户审核通过后即可收款和提现。注册时要求添加一个人民币币种的银行账户，后续可在 Payoneer 后台再添加两张银行卡（可以添加别人的银行卡，但需要额外的关系证明），累积入账满 20 万元时可添加美元/欧元账户提现。最后单击"完成"按钮提交。

（6）Payoneer 账号注册—完成注册。

- 收到邮件，完成申请。
- 通过 Shopee 后台进入 Payoneer 账号注册页面，注册成功后会自动绑定 P 卡。
- 返回"My Wallet"页面，P 卡区域会出现图 7-7 左图所示的图标，静待一会儿，会变成图 7-7 右图所示的图标，账号显示 Active，表示绑定成功，即可收款。

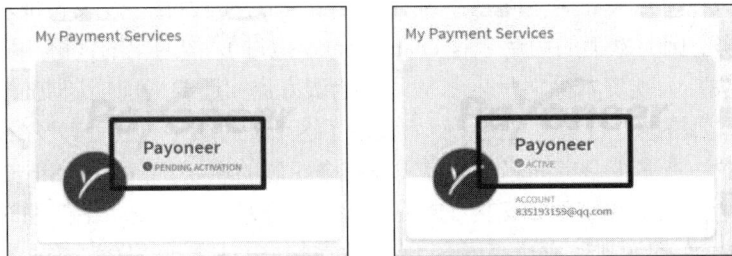

图 7-7　绑定 P 卡

📖 项目小结 ●●●●●

本项目重点介绍了跨境电商的支付概念和支付方式，要求掌握跨境支付的不同方式的特点和流程，重点掌握国际电汇、西联汇款、国际信用卡、PayPal 和国际支付宝等支付方式。

📖 习　题 ●●●●●

一、判断题

1. 从支付资金的流向看，跨境电商出口业务涉及跨境支付购汇，购汇途径一般有第三

方购汇支付、境外电商接受人民币支付、通过国内银行购汇汇出等。　　　　　　（　　）

2. 跨境支付有两大类：一是网上支付，包括电子账户支付和国际信用卡支付，适用大金额；二是银行汇款模式，适用零售小金额。　　　　　　　　　　　　　　　　（　　）

3. 低于 1 万美元且高于 1000 美元的交易选择电汇方式也是一种不错的支付方式。

　　　　　　　　　　　　　　　　　　　　　　　　　　　　　　　　　　（　　）

4. 目前，西联汇款在欧洲和美国客户中接受度比较高，一般是小额美元汇款比较方便。

　　　　　　　　　　　　　　　　　　　　　　　　　　　　　　　　　　（　　）

5. PayPal 是针对具有国际收付款需求客户设计的账户类型，是目前全球使用比较广泛的网上交易工具。　　　　　　　　　　　　　　　　　　　　　　　　　　　（　　）

二、简答题

1. 列举并比较境内外各大网上银行的跨境支付方式，同时比较跨境银行转账与第三方平台跨境转账的异同，并分析我国跨境银行转账的优劣有哪些？

2. PayPal 提现方式有哪几种？

3. eBay 卖家应该注册哪种账户？

4. 西联汇款适合哪些业务？

5. 使用西联汇款时需要注意哪些事项？

三、案例分析题

跨境支付新用法

跨境电商目前最大的痛点之一是支付，支付成功率低、反欺诈问题不断。在 Shopline 支付总经理彭魁峰看来，解决这个问题最好的办法，就是"把专业的事交给专业的人来做"，找到合适的合作伙伴、合适的支付供应商，因为支付并不是一件简单的事情。彭魁峰认为，企业在支付领域要重点关注两个问题：第一是风险控制，因为会涉及支付成功率和反欺诈；第二是客户服务，因为欧美的信用卡有 chargeback（拒付），沟通上的误解和服务不到位都可能导致卖家损失。大观资本徐瑞呈表示赞同，他认为企业还要提前规划支付成本，"对于支付成本，企业需要提前进行预算规划，例如我用了这个支付渠道，最后有多少是不能成功的，有多少是欺诈的，有多少是有问题的，都需要有个明确的规划。"对此，Stripe 总经理严峻进一步强调，企业应该关注境外市场的支付成功率，"因为当支付成功率低的时候，其实是在丢钱而不是省钱。"假如支付成功率提高 1%，放在整个交易模型里面，企业整体的交易量就会产生巨大的差异，整个收入端会实现极大的增长。所以，找到支付成功率最高而非支付成本最低的支付方式，对于企业经营会有巨大的提升。

此外，严峻还特别提到支付的市场覆盖率的问题，一个覆盖率高的支付方式可以省掉很多麻烦。"选择支付方式的时候一定要考虑覆盖率问题，如果花费很大精力接入一个支付方式，几个月之后想再去别的国家（地区），你发现这个支付无法延伸到其他地方，可能又要重新来一遍。"

思考：

分析跨境电商支付中存在问题和面临的困难有哪些？该如何解决？

跨境电商物流

学习目标 ↓

素质目标

掌握跨境电商物流方式，学会计算物流费用，树立利润意识。

知识目标

掌握跨境电商常用的物流方式；
掌握不同物流方式的优劣势；
了解不同物流方式的注意事项。

能力目标

能够根据货物的性质和目的区域选择合适的物流方式；
能够根据订单的详情设置运费模板，并计算运费。

任务一 跨境电商物流概述

任务引入

跨境电商物流的发展与跨境电商的发展是互相影响的，跨境电商的发展促进跨境电商物流行业的迅速发展，跨境电商物流的发展也会有助于跨境电商行业进一步发展。跨境电商的发展是物流、信息流和资金流的协调发展，跨境电商物流作为重要的环节，其发展状况影响整个跨境电商的发展。

跨境电商物流是什么？

跨境电商包括线上的信息流、商流、资金流和线下的物流，其中前3个基于互联网运行，而物流必须在线下实体环境下才能完成。跨境电商物流与普通物流的区别在于地域不同，跨境电商物流指跨境电商卖家将商品从一个国家（地区）通过海运、陆运或空运的方式运往另外一个国家（地区）。

跨境电商物流主要有哪几种模式？

因为跨境电商具有数量少、批次多、订单不稳定等特征，所以从事跨境电商的卖家大多采取以下4种物流模式：传统快递包裹模式、集中发货模式、国际快递模式、海外仓模式。

1. 传统快递包裹模式

传统快递包裹即邮政包裹，又称邮政小包。邮政小包是目前中国跨境电商物流最主要的物流模式，其特点是覆盖面广。邮政小包覆盖全球超过230个国家和地区，几乎可以送达世界任何地方。据统计，中国跨境电商物流包裹有超过70%是通过传统快递包裹模式运送的。在实际中，由于邮政小包的物流时效太慢，越来越无法满足跨境电商的发展要求，这严重制约了跨境电商行业的发展。

2. 集中发货模式

集中发货模式即专线物流模式，一般通过航空专线将众多同一地区客户的包裹集中发往目的地，再通过当地的合作公司或物流分公司进行配送。集中发货模式具有规模效应，同时又多采用空运的形式，因此其物流时效以及运输成本高于传统快递包裹模式。

3. 国际快递模式

国际快递模式是时效最快、成本最高的运输方式。其最大的优势在于运送速度快，客户体验好。由于成本最高，除了客户特别要求时效或者运输的安全性，通常卖家不会主动选择国际快递模式发送商品，因此国际快递模式在跨境电商市场份额占比相对较小。

4. 海外仓模式

海外仓模式是跨境电商卖家先将商品提前备货到目的地的物流仓库中，待客户在卖家电商网站或第三方店铺下单后，卖家直接从海外仓将商品发送给客户。这样可以提高物流时效，给客户带来优质的物流体验。

相关知识

在我国跨境电商快速发展中，物流配送成为重要的制约要素。我国跨境电商物流成本高、时效慢、基础设施和运作水平较为滞后，不仅制约了我国跨境电商的快速发展，也滞缓我国从"贸易大国"成为"贸易强国"的进程。物流作为连通买卖双方的桥梁,在电商交易中发挥重要的作用。与境内电商活动相比,跨境电商具有时间跨度大、空间距离远、覆盖范围广等特点,因此,实现跨境电商中商品的有效流通,发展科学、合理的跨境电商物流尤为重要。

一、跨境电商物流定义

物流作为供应链的重要组成部分,是对商品、服务以及相关信息从产地到消费地的高效、低成本流动和储存进行的规划、实施与控制的过程,目的是满足客户需求。电商物流是利用互联网技术,尽可能把世界范围内有物流需求的企业和提供物流服务的物流企业联系在一起,提供中立、诚信、自由的线上物流交易市场,促进供需双方高效地达成交易,创造性地推动物流行业发展的新商业模式。而跨境电商物流区别于电商物流的地方在于交易的主体分属于不同关境,商品要跨越不同的关境,才能够从生产者或供应商送达客户手中。

跨境电商物流是指采用现代物流技术,利用国际化物流网络,选择最佳的方式与路径,以最低的费用和最小的风险,实现商品在国际间的流动与交换。

(1)国际物流服务水平是跨境电商发展的保证。跨境电商运作过程涉及信息流、商流、资金流和物流,其中,信息流、商流和资金流均可通过计算机与网络通信设备在虚拟环境下实现,但物流不能在虚拟环境下实现;国际物流系统包括仓储、运输、配送、流通加工、包装、装卸搬运和信息处理等7个子系统,国际物流系统高效率、高质量、低成本的运作是促进跨境电商发展的重要保证。

(2)跨境电商效率与效益的提升对跨境电商物流服务提出更高的要求。随着跨境电商的发展,国际物流企业需要不断更新信息技术和物流技术,增强国际供应链响应能力,降低国际物流成本,提高智能化管理水平,提升客户服务水平,从而促进跨境电商效益的提升。

二、跨境电商物流分类

当收到订单后,跨境电商卖家接下来需要考虑物流问题,即选择何种物流方式将商品运送到客户手中。跨境电商物流配送分为3个阶段,即揽收/集货、通关、境内/外配送。目前,比较常用的跨境电商物流主要有邮政物流、商业快递、专线物流及海外仓等方式。

邮政物流是目前跨境电商企业主要采用的一种物流方式,我国跨境电商出口业务有70%的包裹都是通过邮政物流投递的,这与当前跨境电商出口业务主要的商品结构有关。在我国跨境电商出口业务中,食品、服装、电子商品占主导地位,这些商品体积小、重量轻,使用邮政物流具有方便性等优点,但存在部分地区配送成本较高、时间长、退换货难以及海关查扣等问题。时效性对跨境电商的影响较大,部分跨境邮政业务的周期长达一个月左右,这大大降低了客户购买的欲望。另外,随着跨境电商业务规模的扩大,邮政物流的处理能力也有待提高。

商业快递具有速度快、服务好、丢包率低的特点,尤其是发往欧美等发达国家(地区)非常方便。在传统B2C模式下,一般客户需求的商品数量小,且要求商品购买价格较低,因此普遍追求低成本的物流。近年来,商业快递业务发展迅速,但仍然是邮政业务的补充。

对我国物流企业来说，要想在国际市场上站稳脚跟，必须在各国（地区）走本土化道路，不仅企业管理需要本土化，企业人才、市场、企业文化等也需要本土化，只有这样才能更有效地降低企业运营成本，更快融入国际市场。另外，所遵守的标准和操作模式也不相同，商业快递市场对快递企业责任和义务的要求与境内市场有所不同，在计费依据、计费标准、服务时限、售后服务等方面也存在很大差异，这些都在一定程度上提高了国际快递业务的成本。

商业快递目前主要指 FedEx、UPS、DHL、TNT 四大国际商业快递，以及中国的顺丰速运和 EMS。商业快递具有较高的物流服务水平，但是成本相对较高。

专线物流一般是通过航空方式将商品运输到境外，再通过合作公司进行目的地的派送，是比较受欢迎的一种物流方式。目前，使用较普遍的专线物流包括美国专线、欧洲专线、澳大利亚专线、俄罗斯专线，以及中东专线、南美专线、燕文专线、中俄航空专线等。

大物流时代，很多物流企业开始大规模建立海外仓。第一，海外仓扩大了运输品类，降低了物流费用。邮政物流和专线物流对运输商品的重量、体积、价值等具有一定的限制，导致很多大件商品和贵重商品只能通过商业快递运送。海外仓的出现不仅突破了商品在重量、体积、价值等方面的限制，而且费用比商业快递更低。第二，海外仓直接从本地发货，大大缩短了配送时间，而且使用本地物流一般能在线查询货物配送状态，实现包裹的全程跟踪。海外仓的头程采用传统的外贸物流方式，按照正常清关流程进口，大大降低了清关障碍。第三，海外仓可以为卖家提高附加值。基于大数据分析，卖家可对供应链进行全程监控，降低海外仓的使用成本，从卖家被动等待物流公司配送转变为卖家远程操控物流配送全流程，主动掌控物流管理链。从目前的物流管理链来看，告别传统的快递模式，走海外仓模式，能通过降低成本大幅度提升卖家赢利水平。

海外仓的整个流程包括头程运输、仓储管理和本地配送 3 个部分。

（1）头程运输：卖家通过海运、空运、陆运或者联运将商品运送至海外仓库。

（2）仓储管理：卖家通过物流信息系统，远程操作海外仓储商品，实时进行管理库存。

（3）本地配送：海外仓储中心根据订单信息，通过当地邮政或快递将商品配送到客户手中。

三、跨境电商物流特点

目前，跨境电商物流主要具有以下特点。

1．复杂性

由于跨境电商物流涉及不同国家和地区，商业发展的背景表现出极大的差异性，相应的政策法规也表现出较大差异。同时，物流体系的建设各不相同，使跨境电商物流在发展过程中表现出较大的复杂性。

2．国际性

跨境电商物流往往涉及诸多国家和地区，覆盖面较广，体现了国际性的特点。

3．风险性

跨境电商物流运输容易受到人为因素以及自然因素的影响而遭受相应的风险，具有一定程度的风险性。

4．管制性

为确保跨境电商物流拥有更好的运输服务质量，国家和政府往往会对物流运输进行一定的管制。

5．技术性

对于跨境电商物流来说，其运输体系要获得充分的技术支持，才能够确保国际物流运输体系朝着更加规范化的方向发展。

任务二　邮政物流

任务引入

中国邮政集团海南省分公司以 2651 万元成功拍到土地总面积为 37602.8 平方米的地段，土地用途为仓储用地，土地出让年限为 50 年，拟用于建设国际邮件互换局（交换站）、国际快件监管中心、跨境电商监管中心，智能国际物流分拨中心。

相关知识

邮政网络覆盖全球，出于对物流成本的控制，饰品、配件等重量轻、体积小的非紧急商品，使用邮政包裹配送是最佳选择。对于一些偏远地区，使用邮政小包的运费更低。

邮政物流

一、邮政物流介绍

邮政物流是邮政推出的集仓储、加工、运输、配送和信息服务于一体的现代化综合性物流服务。邮政物流利用先进的物流信息管理系统、精良的装备、优质的服务和高效的公司化运营，为社会提供多层次、全方位的物流服务。

二、邮政物流类别

目前，邮政网络覆盖全球 200 多个国家和地区，只要设置有邮局的国家，就可以通邮，商品几乎可寄送到全球所有国家和地区。下面介绍几种较为常用的邮政物流。

（一）中国邮政航空小包

中国邮政航空小包，俗称"中邮小包""空邮小包"或"航空小包"，是中国邮政基于万国邮政联盟网络，针对 2 千克以下小件物品推出的经济类直发寄递服务，通达全球 200 多个国家和地区。中邮小包可分为挂号小包和平邮小包两种，主要区别在于，挂号小包主要路向提供全程跟踪信息，并提供异常情况查询、收件人签收等增值服务；平邮小包为经济型产品，性价比高。

中邮小包限重 2 千克，尺寸规格为最大长、宽、高合计 90 厘米，最长一边不得超过 60

厘米；至少有一面的长度不小于 14 厘米，宽度不小于 9 厘米。圆卷状的包裹，直径的两倍和长度合计不超过 104 厘米，长度不超过 90 厘米。

中邮小包出关不会产生关税或清关费用，但从目的地进口时有可能产生进口关税，具体根据目的地海关税法的规定而各有不同。

1．中邮小包基本知识

中邮小包的资费标准、参考时效以及体积重量限制等方面的信息如表 8-1 所示。

表 8-1　中邮小包的相关信息

中邮小包资费标准	参照中国邮政官网
中邮小包参考时效	中国邮政并未对中邮小包的寄递时限进行承诺，卖家可通过查询相关的网站统计，对寄递时效进行了解
中邮小包跟踪查询网站	平邮小包不受理查询； 挂号小包查询网站为中国邮政官网，也可登录一些社会网站进行查询
中邮小包体积重量限制	中邮小包寄递的重量范围为 2 千克以内（阿富汗为 1 千克以内）
	外包装长宽高三边之和小于 90 厘米，其中最长一边小于 60 厘米

2．中邮小包的优缺点

中邮小包具有以下几个优点。

（1）运费比较低，部分国家运达时间较短，因此是性价比较高的物流方式。

（2）清关能力很强，包裹在海关操作方面享用"绿色通道"。

（3）覆盖面广，中国邮政是"万国邮联"的成员，因此其派送网络遍布世界各地。

（4）中邮小包本质上属于民用包裹，并不属于商业快递，因此该方式能邮寄的商品比较多。

中邮小包具有以下几个缺点。

（1）限制重量为 2 千克以下（阿富汗限重 1 千克以下），这就导致部分卖家的包裹如果超过 2 千克，就要分成多个包裹，或者选择其他物流方式。

（2）运送时间较长，如商品要运送到俄罗斯、巴西等国家，超过 40 天才显示客户签收都属正常现象。

（3）许多国家（地区）不支持全程跟踪，因此卖家需要借助社会公司的网站或登录寄达地的查询网站进行跟踪，查询不方便。

总体来说，中邮小包属于性价比较高的物流方式，适合寄递重量较轻、数量较多、价格实惠，而且对于时限和查询要求不高的商品。

3．中邮小包通关的注意事项

（1）由于中邮小包属于民用包裹，海关对个人邮递商品的验放原则是"自用合理数量"，即以亲友之间相互馈赠自用的正常需要量为限。

（2）限值规定：海关规定，对个人寄自或寄往港、澳、台地区的商品，每次限值为 800 元；寄自或寄往其他国家和地区的商品，每次限值为 1000 元。对超出限值部分，属于单一不可分割且属于个人正常需要的，可从宽验放。

（二）e 邮宝

e 邮宝业务是中国邮政为适应跨境轻小件商品寄递的需要而开办的标准类直发寄递业务。该业务依托邮政网络资源优势，境外邮政合作伙伴优先处理，为客户提供价格优惠、时效稳定的跨境轻小件寄递服务。

e 邮宝主要寄递的商品是价值较低（在 15～50 美元），单件重量在 2 千克以内的 3C、首饰、服装类商品。该类邮件寄递时限一般为 7～15 个工作日，主要节点可跟踪查询。

目前，e 邮宝业务已通达美国、英国、澳大利亚、加拿大、法国和俄罗斯等几十个国家。该业务在境内使用 EMS 网络进行发运；出口至境外后，寄达地邮政将通过其境内轻小件网投递邮件，并提供邮件实时跟踪查询，通关便捷，速度较快、邮费较低。

1．通达范围及规格限重

图 8-1 展示了 e 邮宝的部分通达范围及规格限重，由于该业务通达范围在不断扩大，最新详情请查询中国邮政官网。

通达范围及规格限重

序号	产品名称	目的地	限重/千克
1	e邮宝	爱尔兰	2
2	e邮宝	奥地利	2
3	e邮宝	澳大利亚	2
4	e邮宝	巴西	2
5	e邮宝	比利时	2
6	e邮宝	波兰	2
7	e邮宝	丹麦	2

图 8-1　e 邮宝的部分通达范围及规格限重

2．资费标准

最新资费标准可查询中国邮政官网 e 邮宝业务，通过单击“协议客户门户”按钮，可以根据自己的起始地和商品详情查询报价，如图 8-2 所示。

报价查询

发件人省份：广东省　发件人市：深圳市　发件人县：龙岗区

寄达国(地区)：英国　重量(克)：1000　业务产品：E邮宝　查询

序号	业务产品	总资费	标准资费	首重资费	续重单价	挂号费	增值服务
1	E邮宝	70元	70元	47.5元/500克	0.045元/克	0元	0

图 8-2　报价查询

三、邮政物流的运费计算

以下是标准运费折扣的计算步骤。

【例 1】商品 1 包装后的实际重量是 80 克，商品 2 包装后的实际重量是 180 克，商品 3 包装后的实际重量是 580 克，使用中国邮政平常小包发往美国，中国邮政平常小包的资费标准如表 8-2 所示。请分别计算运费是多少？

表 8-2　中国邮政平常小包的资费标准

| 配送目的地 | 包裹重量为 30 克以下 | 包裹重量为 30～80 克 | | 包裹重量为 80 克以上 | |
| | 首重价格（首重 30 克） | 首重价格（首重 30 克） | 超出 30 克的配送服务费（根据包裹重量按克计算） | 首重价格（首重 30 克） | 超出 30 克的配送服务费（根据包裹重量按克计算） |
	元（RBM）	元（RBM）	元（RBM）	元（RBM）	元（RBM）
美国	22.36	22.36	91.46	22.36	91.46
澳大利亚	9.42	9.42	93.99	9.42	68.76
以色列	9.51	9.51	101.37	9.51	78.94
瑞典	9.32	9.32	73.22	9.32	57.73

【解】商品 1 的运费：22.36+（0.08-0.03）×91.46≈26.93（元）

商品 2 的运费：22.36+（0.18-0.03）×91.46≈36.08（元）

商品 3 的运费：22.36+（0.58-0.03）×91.46≈72.66（元）

【例 2】商品包装后的实际重量是 240 克，使用中国邮政挂号小包发往美国，不同分区国家（地区）的资费标准（部分）如表 8-3 所示。请计算运费是多少？

表 8-3　不同分区国家（地区）的资费标准（部分）

分区	国家或地区	挂号/kg	挂号费/票
1	日本	62.00	8.00
2	新加坡、印度、韩国、泰国、马来西亚、印度尼西亚	71.50	8.00
3	奥地利、克罗地亚、保加利亚、斯洛伐克、匈牙利、澳大利亚、瑞典、挪威、德国、荷兰、捷克、希腊、芬兰、比利时、爱尔兰、意大利、瑞士、波兰、葡萄牙、丹麦、以色列	81.00	8.00
4	新西兰、土耳其	85.00	8.00
5	英国、加拿大、美国、西班牙、法国、俄罗斯、乌克兰、卢森堡、爱沙尼亚、立陶宛、罗马尼亚、白俄罗斯、斯洛文尼亚、马耳他、拉脱维亚、波黑、越南、菲律宾、巴基斯坦、哈萨克斯坦、塞浦路斯、朝鲜、蒙古国、塔吉克斯坦、土库曼斯坦、乌兹别克斯坦、吉尔吉斯斯坦、斯里兰卡、叙利亚、阿塞拜疆、亚美尼亚、阿曼、沙特阿拉伯、卡塔尔	90.50	8.00
6	南非	105.00	8.00
7	阿根廷、巴西、墨西哥	110.00	8.00
8	秘鲁、老挝、孟加拉国、柬埔寨、缅甸、尼泊尔、文莱、不丹、马尔代夫、东帝汶、阿联酋、约旦、巴林、阿富汗、伊朗、科威特、也门、伊拉克、黎巴嫩、智利	120.00	8.00
9	塞尔维亚、阿尔巴尼亚、冰岛、安道尔、法罗群岛、直布罗陀、列支敦士登、摩纳哥、黑山、马其顿、圣马力诺、梵蒂冈、摩尔多瓦、格鲁吉亚	147.50	8.00

最大重量不能超过 2 千克，且长+宽+高≤90 厘米，单边长度≤60 厘米

【解】商品运费=（重量/千克）×（挂号/千克）+挂号费

=0.24 千克×90.5 元/千克+8 元

=29.72 元

【例3】假设商品重量是240克，前5区包邮，那么8区的运费折扣应当是多少?

【解】5区商品运费=0.24 千克×90.5 元/千克+8 挂号费=29.72 元

8 区商品运费=0.24 千克×120 元/千克+8 挂号费=36.8 元

差额=36.8-29.72=7.08（元）

8 区折扣=7.08/36.8≈19.24%

任务三 国际商业快递

任务引入

极兔速递越来越多次进入人们的视线，很多人在签收快递的时候，发现不是四通一达，而是极兔速递。在物流行业专家杨达卿看来，极兔速递的快速发展主要得益于其看对了两个势：第一个势是"农村是中国快递新增长极"，第二个势是"跨境是中国快递新增长极"。

近年来，在国家鼓励各企业"走出去"的政策下，境内快递企业迎来出境热潮，例如顺丰速运、中通快递等已经着眼于跨境业务，积极拓展境外布局。而极兔速递更是为跨境电商物流提供了一种新的模式。

实际上，极兔速递从成立之初就紧跟境外电商发展步伐，不断发力跨境业务：2015年四川人李杰在印度尼西亚雅加达创立了极兔速递，成为东南亚首家以"互联网配送"为核心业务的科技型快递企业。随后，在东南亚产业数字化浪潮发展的同时，极兔速递相继与印度尼西亚、越南、菲律宾等国家的主要电商平台开展合作，并成功位于东南亚市场的领先地位。

回国后，刚站稳脚跟的极兔速递更是选择再度出境：成立极兔国际并正式开展跨境电商物流业务；开通中国香港直飞印度新德里的国际航班，启动南京到洛杉矶和深圳到巴黎的包机航班。

极兔速递在境内外市场持续发力，不仅可以保持自身业务增长，也将加快中国跨境电商企业的出境步伐，进而推动全球化物流网络的建设。

相关知识

国际商业快递是指参与国际物流活动的主体是各大国际快递公司。现阶段，全球拥有较大影响力以及物流业务量较高的国际快递公司，包括 FedEx、UPS、DHL、TNT。这四家快递公司成立较早，物流运输网络遍布全球各地，而且其完善的物流配送系统让门到门配送服务真正成为现实，使客户拥有极佳的购物体验，具有服务质量高、送货快捷的优点。但同时，优质的服务也意味着非常高的运输费用，因此一般中小型 B2C 卖家只有在发货相对紧急时才会选择使用，而且会向客户收取额外的服务费用。

国际商业快递

一、国际商业快递介绍

FedEx、UPS 和 DHL 是目前三大商业快递，其特点是自建的网络可覆盖全世界，并且拥有强大的 IT 系统和遍及全球的本地化服务，给客户带来很好的物流体验。但其价格昂贵，需要考虑体积重量，商品送达偏远地区需付额外费用。商业快递的时效基本为 3~5 个工作日，最快可在 48 小时内送达。良好的物流服务往往与高昂的成本密切相关，商业快递收费标准以 500 克为一个收费单位。我国本地快递公司也在布局跨境电商物流，拓展业务范围，如顺丰速运、EMS、申通快递等。

二、国际商业快递类别

（一）FedEx

1．FedEx 简介

FedEx（Federal Express，联邦快递），成立于 1973 年 4 月，总部设于美国田纳西州孟菲斯，隶属于美国联邦快递集团，是一家国际性速递集团，提供隔夜快递、地面快递、重型货物运送、文件复印及物流服务，为全球 230 多个国家及地区提供快捷、可靠的快递服务。表 8-4 所示为 FedEx 关于资费标准、参考时效和体积重量限制等方面的信息。

表 8-4　FedEx 的详细信息

FedEx 资费标准	最新资费标准以官网公布的信息为准
FedEx 参考时效	优先型服务派送正常时效为 2~5 个工作日（此时效为快件上网至收件人收到此快件为止），需要根据目的地海关通关速度决定
FedEx 跟踪查询网站	FedEx 官网查询
FedEx 体积重量限制	单票的总重量不能超过 300 千克，超过 300 千克的需要提前预约；单件或者单票多件中的单件包裹如果超过 68 千克，需要提前预约
	单件最长边不能超过 274 厘米，最长边和其他两边之和的 2 倍不超过 330 厘米

2．FedEx 的优劣势

（1）服务优势：适宜运送 21 千克以上的大件，运送南美洲的价格较有竞争力。

时间优势：送达速度快，一般 2~4 个工作日可送达；网站信息更新快，网络覆盖全，查询响应快。

（2）FedEx 的劣势：价格较贵，需要考虑商品体积重量；对托运商品限制比较严格。

（二）UPS

1．UPS 简介

UPS（United Parcel service，美国联合包裹运送服务公司），1907 年成立于美国华盛顿州西雅图，总部位于美国佐治亚州亚特兰大市。UPS 作为全球最大的快递承运商与包裹递送公司之一，同时也是运输、物流、资本与电商服务的领导性提供者。目前，UPS 根据递送时效的不同，提供 4 种不同的快递服务，如表 8-5 所示。

表 8-5　UPS 提供的 4 种不同的服务

UPS Worldwide Express Plus	全球特快加急，资费最高
UPS Worldwide Express	全球特快
UPS Worldwide Saver	全球速快
UPS Worldwide Expedited	全球快捷，速度最慢，资费最低

UPS 在计费方面规定，一票多件货物的总计费重量依据运单内每个包裹的实际重量和体积重量中较大者计算，不足 0.5 千克的按照 0.5 千克计算，超过 0.5 千克的计 1 千克。每票包裹的计费重量为每件包裹的计费重量之和。

UPS 关于资费标准、参考时效和体积重量限制等方面的信息如表 8-6 所示。

表 8-6　UPS 的相关信息

UPS 资费标准	最新资费标准以官网公布的信息为准
UPS 参考时效	派送时间为 2～4 个工作日，派送时效为从已上网到收件人收到此快件为止。如遇到海关查车等不可抗拒的因素，派送时效要以海关放行为准
UPS 跟踪查询网站	UPS 官网查询
UPS 体积重量限制	单件包裹最大重量为 70 千克
	单件包裹最长边为 270 厘米
	两条短边之和的 2 倍再加上最长边不超过 419 厘米

2．UPS 的优劣势

（1）UPS 的优势

服务优势：提供全球货到付款预付服务，免费、及时、准确的在线查询服务，加急、限时送达服务。

价格优势：出口美国、加拿大、西欧、北欧、澳大利亚、新西兰的 UPS 国际快递的商品价格具有独特的优势。

时间优势：正常情况下，24 个工作日送达全球。特别是美国，48 小时就能送达。全球有 200 多个国家和地区的网络，查询网站的信息更新非常快，问题也能及时得到解决。

（2）UPS 的劣势

对托运商品的限制比较严格；运费较高，需要计算商品包装后的体积重量，适合寄送 6～21 千克或 100 千克以上的商品。

（三）DHL

DHL 是全球快递行业的市场领导者，1969 年成立，现隶属于德国邮政全球网络，可寄达 220 个国家及地区，涵盖超过 120000 个目的地（主要邮递区码地区）的网络，向企业及个人客户提供专递及速递服务。

1．DHL 简介

DHL 关于资费标准、参考时效及体积重量限制等方面的信息如表 8-7 所示。

表 8-7　DHL 的相关信息

DHL 资费标准	最新资费标准以官网公布的信息为准
DHL 参考时效	上网时效：参考时效从客户交货之后第二天开始计算，1～2 个工作日会有物流信息
	妥投时效：参考妥投时效为 3～7 个工作日（不包括清关时间，特殊情况除外）
DHL 跟踪查询网站	DHL 快递官网查询
DHL 体积重量限制	一般情况下，DHL 国际快递没有重量限制
	单边长度不得超过 119 厘米，长宽高之和不得超过 300 厘米，超过需要加收超长附加费

2．DHL 的优势

（1）服务优势：送达西欧、北美有优势，适宜寄送小件；可送达国家（地区）网点比较多。

（2）价格优势：运送 5.5 千克以上 20 千克以下的小件商品和 21 千克以上的大件商品价格便宜；超过 21 千克的商品有单独的散装价格。在某些地区，散装价格低于国际 EMS。

（3）时间优势：在正常情况下，商品将在 2～4 个工作日送达全球。尤其是欧洲和东南亚地区，速度极快，商品送达欧洲仅需 3 个工作日，送达东南亚只需 2 个工作日。配送网络遍布全球，及时准确更新查询网站的包裹状态。

（四）顺丰速运

顺丰速运（SF Express）在 1993 年创建于广东顺德。近年来，顺丰速运积极拓展国际服务，目前已开通美国、日本、韩国、新加坡等 30 多个国家的快递服务。顺丰国际服务针对不同的需求，目前开设了国际标快、国际特惠、海购丰运、国际重货、海外仓、国际电商专递和国际电商小包业务。

1．SF Express 简介

SF Express 关于资费标准、参考时效及体积重量限制等方面的信息如表 8-8 所示。

表 8-8　SF Express 的相关信息

SF Express 资费标准	最新资费标准以官网公布的信息为准
SF Express 参考时效	国际服务因始发地和目的地参考时效有差异，参考顺丰速运官网运费时效查询页面
SF Express 跟踪查询网站	顺丰速运官网查询
SF Express 体积重量限制	对于体积大、重量轻的货物，顺丰速运参考国际航空运输协会（IATA）的规定，根据体积重量和实际重量取较大值进行收费

2．SF Express 的优劣势

（1）优势：主要体现为境内服务网点分布广，工作人员服务意识强，队伍庞大，价格有一定的竞争力。

（2）劣势：主要表现在开通的国家（地区）线路少，虽然在全球很多国家与地区有自己的物流网络，但是卖家可选的国家少，而且业务种类繁多，导致揽收人员对于国际快递的专业知识欠缺。

（五）EMS

邮政特快专递服务（Express Mail Service，EMS），是万国邮政联盟管理下的国际邮件快递服务，是中国邮政提供的一种快速投递服务，主要采取空运方式，加快了递送速度。EMS 业务在海关、航空等部门均享有优先处理权，为客户提供高速度、高质量的传递境内外紧急信函、文件资料、金融票据、商品货样及各类文件资料等服务。

1．EMS 简介

（1）EMS 的通达范围

EMS 目前分为 8 个资费区：二区、三区、四区、五区、六区、七区、八区、九区，每个资费区对应不同的国家，各资费区的主要通达国家（地区）如图 8-3 所示。

通达范围

资费区	通达国家（地区）
二区	朝鲜、韩国、日本
三区	菲律宾、柬埔寨、马来西亚、蒙古国、泰国、新加坡、印度尼西亚、越南
四区	澳大利亚、巴布亚新几内亚、新西兰
五区	美国
六区	爱尔兰、奥地利、比利时、丹麦、德国、法国、芬兰、荷兰、加拿大、卢森堡、马耳他、南非、挪威、葡萄牙、瑞典、立陶宛、瑞士、西班牙、希腊、意大利、英国
七区	巴基斯坦、老挝、孟加拉国、尼泊尔、斯里兰卡、土耳其、印度
八区	阿根廷、阿联酋、巴拿马、巴西、白俄罗斯、波兰、俄罗斯、哥伦比亚、古巴、圭亚那、捷克、秘鲁、墨西哥、乌克兰、智利、匈牙利、以色列、约旦、黎巴嫩、乌拉圭、哥斯达黎加
九区	阿曼、埃及、埃塞俄比亚、阿塞拜疆、爱沙尼亚、巴林、保加利亚、博茨瓦纳、布基纳法索、刚果（布）、刚果（金）、哈萨克斯坦、吉布提、几内亚、加纳、加蓬、卡塔尔、开曼群岛、科特迪瓦、科威特、克罗地亚、肯尼亚、拉脱维亚、卢旺达、罗马尼亚、马达加斯加、马里、摩洛哥、莫桑比克、尼日尔、尼日利亚、塞内加尔、塞浦路斯

图 8-3　EMS 的各资费区的通达国家（地区）

（2）重量、尺寸限制

不同国家或地区的最大限重为 20～50 千克，大多数国家的最大限重为 30 千克。部分国家的尺寸限制如图 8-4 所示。

尺寸限制

序号	目的地	收寄规格	
		限重/千克	最大尺寸限制
1	朝鲜	30	标准2
2	韩国	30	标准1
3	日本	30	标准1
4	菲律宾	30	标准2
5	柬埔寨	30	标准1
6	马来西亚	30	标准1

图 8-4　EMS 部分国家的尺寸限制

最大尺寸限制分为 5 个标准，介绍如下。

标准 1：任何一边的尺寸都不得超过 1.5 米，长度和长度以外的最大横周合计不得超过 3 米。

标准 2：任何一边的尺寸都不得超过 1.05 米，长度和长度以外的最大横周合计不得超过 2 米。

标准 3：任何一边的尺寸都不得超过 1.05 米，长度和长度以外的最大横周合计不得超过 2.5 米。

标准 4：任何一边的尺寸都不得超过 1.05 米，长度和长度以外的最大横周合计不得超过 3 米。

标准 5：任何一边的尺寸都不得超过 1.52 米，长度和长度以外的最大横周合计不得超过 2.74 米。

其他国家限重详情可查询中国邮政 EMS 官网。

2．EMS 的优势

覆盖面广：揽收网点覆盖范围广，目的地投递网络覆盖能力强。

收费简单：无燃油附加费、偏远附加费、个人地址投递费。

全程跟踪：邮件信息全程跟踪，可随时了解邮件状态。

清关便捷：享受邮件便捷进出口清关服务。

三、三大国际商业快递优缺点比较

三大国际商业快递的优缺点比较如表 8-9 所示。

表 8-9　三大国际商业快递的优缺点比较

国际商业快递	DHL（总部：德国）	FedEx（总部：美国）	UPS（总部：美国）
优点	① 送达西欧、北美地区有优势，适宜寄送小件商品；可送达国家（地区）网点比较多。 ② 一般 2～4 个工作日可送达；送达欧洲地区一般需要 3 个工作日，送达东南亚地区一般需要 2 个工作日。 ③ 查询网站信息更新比较及时，遇到问题解决速度快	① 适宜寄送 21 千克以上的大件商品，送达南美洲的价格较有竞争力。 ② 一般 2～4 个工作日送达。 ③ 网站信息更新快，网络覆盖全，查询响应快	① 速度快，服务好。 ② 强势区域为美洲地区，适宜发快件。 ③ 一般 2～4 个工作日可送达。送达美国需要 48 小时。 ④ 商品可送达全球 200 多个国家和地区；可以在线发货、全国 109 个城市上门取货服务。 ⑤ 查询网站信息更新快，遇到问题解决及时
缺点	① 寄送小件商品，价格较贵不划算，DHL 适合寄送 5.5 千克以上，或者 21～100 千克的商品。 ② 对托运商品的限制比较严格，拒收一些特殊商品，部分国家（地区）不提供 DHL 包裹寄递服务	① 价格较贵，需要考虑商品体积重量。 ② 对托运商品限制比较严格	① 运费较贵，要计算商品包装后的体积重量，适合寄送 6～21 千克或者 100 千克以上的商品。 ② 对托运商品的限制比较严格

四、国际商业快递费用的计算

国际商业快递费用的计算主要分为以下两种情况。

（1）对于重量在 21 千克以下的商品，运费的计算公式如下。

实际重量＞体积重量时：

运费=首重运费+[重量（千克）×2-1]×续重运费

总燃油附加费=运费×当月燃油附加费率

总运费=运费+总燃油附加费={首重运费+[重量（千克）×2-1]×续重运费}×（1+当月燃油附加费率）

实际重量<体积重量时，先计算体积重量，然后按照运费的计算方法，重量按体积重量进行计算。

（2）对于重量在 21 千克以上的商品，运费的计算公式如下：

总运费=计费重量×每千克运费×（1+当月燃油附加费率）

【例1】有一批商品采用某国际商业快递运送到巴西，重量为 16 千克，商品按首重运费 160 元、续重运费 25 元，当月燃油附加费率为 25%，请计算总运费。

【解】运费=首重运费+[重量（千克）×2-1]×续重运费

$$=160+[16×2-1]×25$$
$$=935（元）$$

总燃油附加费=运费×当月燃油附加费率

$$=935×25\%$$
$$=233.75（元）$$

总运费=运费+总燃油附加费

$$=935+233.75$$
$$=1168.75（元）$$

【例2】有一批商品采用某国际商业快递运送到俄罗斯，重量为 56 千克，体积为 60 厘米×70 厘米×80 厘米，每千克运费为 25 元/千克，当月燃油附加费率为 25%，请计算总运费。

【解】实际重量=56 千克

体积重量=（长×宽×高）÷5000

$$=60×70×80÷5000$$
$$=67.2（千克）$$

体积重量>实际重量，按体积重量进行计算，不足 1 千克按 1 千克计算，则计算重量=68 千克

总运费=计费重量×每千克运费×（1+当月燃油附加费率）

$$=68×25×（1+25\%）$$
$$=2125（元）$$

任务四　专线物流

任务引入

2021 年 6 月 10 日，独立站 SaaS 平台 Shopify 与京东的合作有了新动向。Shopify 官方曾在某卖家群中发布的消息称，Shopify 应用商店即将上线京东国际物流插件，首开中美专线服务。

据悉，此项服务目前还在内测阶段，Shopify 官方为广州、深圳提货的卖家提供 10 个京东国际物流插件内测机会。

此前，亿邦动力曾报道，京东与 Shopify 正在进行合作探索，初步动作是京东围绕 Shopify 生态做一些插件类的 SaaS 服务，同时也招募境内卖家做 Shopify 独立站，通过补贴、优惠政策等方式带动卖家积极性，为卖家进行建站、运营、推广等各方面的培训。

Shopify 官宣"Shopify 应用商店即将上线京东国际物流插件"，则印证了这一消息，并预

示着双方的合作已开始推进。

相关知识

　　跨境专线物流一般指通过航空包舱方式将商品运输到境外，再通过合作公司进行目的地的派送服务。专线物流的优势在于，能够集中大批量到某一特定国家或地区的商品，通过规模效应降低成本。因此，其价格一般比商业快递低。在时效上，专线物流稍慢于国际商业快递，但比邮政物流快。

一、专线物流介绍

　　专线物流是专门针对某一国家或地区的物流运输方式。按照服务对象不同，专线物流可以分为跨境电商平台企业专线物流和国际物流企业专线物流。其中，跨境电商平台企业专线物流是大型电商平台专门为在线销售商品的中小企业开发的物流项目，通过在境内设立仓库实现提供简单易行且成本较低的物流服务的目的。国际物流企业专线物流则是专门往返于某一国家或地区的物流运输线路，如专业从事中俄两国物流的 Ruston（俄速通）。为了提高运输效率，专线物流商会在目的地设置海外仓，所有的寄送商品都在海外仓中完成分拣、装配等工作，然后再统一发出，降低了运输成本。专线物流的缺点是覆盖范围较窄，且不提供退换货服务。

　　专线物流适合运送多批次、小批量、时效要求高的商品，尤其适合小额批发和样品运输等。

二、专线物流类别

（一）Special Line-YW

　　Special Line-YW（燕文航空挂号小包，简称燕文专线），是北京燕文物流有限公司通过整合速递服务资源，利用直飞航班配载，由境外合作伙伴快速清关并进行投递的服务。燕文专线目前已开通南美专线、俄罗斯专线及印度尼西亚专线。

　　燕文南美专线通过调整航班直飞欧洲，再发挥欧洲到南美航班货量少的特点快速中转，避免旺季爆仓，大大缩短运送时间。

　　燕文俄罗斯专线通过与俄罗斯合作伙伴实现系统内部互联，一单到底，全程实现无缝可视化跟踪。快速预分拣，快速通关，快速分拨派送，在正常情况下，俄罗斯全境派送时间不超过25天，人口50万以上的城市的派送时间低于17天。

1. 燕文专线简介

　　燕文专线的资费标准、参考时效及重量和尺寸要求等方面的信息如表8-10所示。

表8-10　燕文专线的相关信息

燕文专线资费标准	最新资费标准以官网公布的信息为准
燕文专线参考时效	正常情况下，16～35天到达目的地； 特殊情况下，35～60天到达目的地，特殊情况包括节假日、特殊天气、政策调整、偏远地区等； 可提供全程追踪服务，详见官网具体要求，参考时效为自然日

续表

燕文专线跟踪查询网站	燕文专线官网查询			
尺寸限制	非圆筒形包裹	小于2千克	长、宽、高长度之和≤90厘米，最长一边长度≤60厘米	至少有一面的长度≥14厘米，宽度≥9厘米
	圆柱形包裹		2倍直径及长度之和≤104厘米，单边长度≤90厘米	2倍直径及长度之和≥17厘米，长度≥10厘米

2.燕文专线的注意事项

（1）包装材料及尺寸应按照所寄商品的性质、大小及轻重选择适当的包装袋或纸箱，且包装袋或纸箱上不能有文字、图片、广告等信息。

（2）由于寄递路程远、冬天寒冷等，要选用结实抗寒的包装材料，防止发生以下情况。

- 封皮破裂，内件露出，封口胶开裂，内件丢失
- 伤害处理人员。
- 污染或损坏其他包裹、分拣设备等。
- 寄递途中因碰撞、摩擦、震荡或受压力、气候影响而发生损坏。

3.燕文专线的优劣势

（1）优势

时效快：燕文专线会根据目的地选择服务优质和派送时效最好的合作伙伴。

交寄便利：提供上门揽收服务，揽收区域之外可以自行发货到指定揽收仓库。

赔付保障：提供邮件丢失或损毁赔偿，支持在线发起投诉，投诉成立后最快5个工作日完成赔付。

（2）劣势

不支持全球递送，对于普通商品，目前只能寄往40多个国家和地区。不能寄送电子商品，如手机、平板电脑等带电池商品，或纯电池（含纽扣电池）和任何可重复使用的充电电池，如锂电池、内置电池、笔记本电池等。

（二）Ruston

Ruston（俄速通），是由黑龙江俄速通国际物流有限公司提供的中俄航空小包专线服务。它是通过境内快速集货、航空干线直飞，在俄罗斯通过俄罗斯邮政或当地落地配送公司进行快速配送的物流专线合称。针对跨境电商客户物流需求的小包航空专线服务，渠道时效性强，全程物流可跟踪。俄速通在俄罗斯境内的服务类型有俄罗斯航空小包、俄罗斯航空大包和俄罗斯3C小包3种。

1.俄罗斯航空小包

（1）俄罗斯航空小包简介

俄罗斯航空小包是黑龙江俄速通国际物流有限公司与速卖通合作设立的专门针对速卖通平台的物流模式，服务覆盖俄罗斯全境，可提供上门揽件服务，广东省、福建省、江苏省、浙江省、上海市等地5件起可免费上门揽收，少于或不在揽收区域范围内的，需由卖家自行发货至集货仓。

（2）赔付保障

Ruston专线物流商承诺：包裹入库30天后，收件人未收到包裹且物流商不能确认包

裹状态的，以及自包裹入库后 60 天内未妥投且没有异常信息返回的，直接认定为包裹丢失。 如果确认丢件，物流商将以该订单在速卖通的实际成交价（不超过 700 元）为标准进行赔偿。

（3）俄罗斯航空小包的优劣势

① 优势

经济实惠：以克为单位，计算精确，无起重费，运费最低。

运送时效快：开通了"哈尔滨—叶卡捷琳堡"货运包机，包机直达俄罗斯，实现 80%以上的包裹在 25 天内送达。

全程可追踪：物流信息 48 小时内同步网络，实现商品全程可视化追踪。

送达范围广：与俄罗斯邮局合作，将境外递送环节全权委托给俄罗斯邮政，递送范围覆盖俄罗斯全境。

② 劣势

价格不是最低的；在淡季可能受货量影响，时效没有旺季快；由于航空安全控制，不可以寄送带电磁性的商品；内件限制较多，安检严格。

2．俄罗斯航空大包

（1）俄罗斯航空大包简介

俄罗斯航空大包可送至俄罗斯全境，平均时效为通关后 20～30 个工作日。

（2）赔付保障

对于物流承运过程中发生的商品丢失，俄罗斯航空大包有赔付保障。

① 对于已保价的商品：如果整件商品丢失，按照商品保价规则进行赔偿，并退还运费；如果商品部分丢失，按照丢失商品重量占总重量的百分比乘以保价进行赔偿，不退还运费。

② 对于未保价的商品：如果整件商品丢失，退还运费；如果商品部分丢失，按照丢失商品重量占总重量的百分比乘以运费进行赔偿，不退还运费。

3．俄罗斯 3C 小包

（1）俄罗斯 3C 小包介绍

俄罗斯 3C 小包是黑龙江俄速通国际物流有限公司专门面向俄罗斯电商市场推出的跨境包裹邮寄业务。商品外包装要求使用干净的快递袋包装，封口处粘胶仅限制在刚好封口为止，不需要按商品体积折叠快递袋，禁止使用透明胶带封口或对包装进行二次封缠；3 千克以上商品需要用白色布口袋包装。要求客户将收件人信息和运单号贴在快递袋中心位置，标签不可大于 14 厘米×10 厘米。

（2）俄罗斯 3C 小包的优劣势

① 优势

可寄送商品多：可以邮寄手机电池、纽扣电池、化妆品等商品。

运送时效性强：一般 16～20 天可送达俄罗斯，35 天送达俄罗斯全境。

② 劣势

俄罗斯中西部地区时效较慢；因为要从各地集运到绥芬河口岸，境内头程运输时间较长。

4．3 种服务类型比较

以上介绍了 Ruston 的 3 种服务类型，每种服务类型对所运送商品的重量和尺寸都有要求，如表 8-11 所示。

表 8-11　3 种服务类型的重量及尺寸要求

项目	俄罗斯航空小包	俄罗斯航空大包	俄罗斯 3C 小包
重量要求	每个单件包裹限重在 2 千克以内	包裹重量不得超过 200 千克/件，货值每件不得超过 200 欧元（若超出，收件人收取包裹时需要向俄罗斯海关缴纳相应的关税）	包裹重量不得超过 10 千克/件，报价最高限额为 500 元/件
尺寸要求	最大尺寸：非圆筒形包裹为长+宽+高≤90 厘米，单边最长为 60 厘米；圆筒形包裹为 2 倍直径及长度之和≤104 厘米，单边长度≤90 厘米	最大尺寸：长+宽+高≤180 厘米，单边长度≤150 厘米	最大尺寸：42.5 厘米×26.5 厘米×38 厘米，超出该尺寸需要额外交付超大费，按运费的 40%收取
	最小尺寸：非圆筒形包裹为单件表面尺码≥9 厘米×14 厘米；圆筒形包裹为直径的两倍+长度≥17 厘米，长度≥10 厘米	最小尺寸：最长边长度≥17 厘米，最短边长度≥12 厘米	

（三）Aramex

Aramex（中东专线）创建于 1982 年，总部位于中东，作为中东地区的国际快递企业，是商品发往中东地区的重要渠道，具有在中东地区清关速度快、时效快、覆盖面广、经济实惠的优势。Aramex 主要优势在中东地区，区域性很强，对商品的限制较大。

1．Aramex 简介

Aramex 的资费标准、参考时效及体积重量限制等方面的信息如表 8-12 所示。

表 8-12　Aramex 的相关信息

Aramex 资费标准	包括基本运费和燃油附加费两部分，其中燃油附加费以 Aramex 网站公布的数据为准
Aramex 参考时效	中东地区派送时效为 3～8 个工作日
Aramex 跟踪查询网站	Aramex 官网查询
Aramex 体积重量限制	Aramex 的价格计算方式为：（首重价格+续重价格×续重数量）×当月燃油附加费率×折扣；超过 15 千克的按续重单价 1 千克计费，然后外加燃油附加费，再乘以折扣。 单件包裹的重量不得超过 30 千克，体积不得超过 120 厘米×50 厘米×50 厘米。若单件包裹重量超过 30 千克，则体积必须小于 240 厘米×190 厘米×110 厘米

2．Aramex 的注意事项

（1）运单上必须用英文填写明晰的收件人名字、地址、电话、邮编、国家、商品信息、申报价值、件数及重量等详细资料。

（2）必须在运单包关联填写明晰的商品详情、名称、件数、重量及申报价值；单票商品申报不得超过 5 万美元；寄件人信息统一打印。

（3）Aramex 收件地址不可以是 PO Box 的邮箱地址。

3．Aramex 的优劣势

（1）优势

运费价格优势：寄往中东、北非、南亚等国家（地区）价格具有显著的优势，是 DHL 的 60%左右。

时效优势：时效有保障，包裹寄出后大部分在 3~5 天可以送达，大大缩短了世界各地间的商业距离。

无偏远费用：抵达世界各地无须附加偏远费用。

可实现全程信息追踪：包裹可在 Aramex 官网跟踪查询，状态实时更新，寄件人随时都能跟踪包裹的最新动态信息。

（2）劣势

区域性强：优势主要在中东地区，其他国家或地区没有优势，区域性很强。

对货物的限制较高：电池以及带有电池的商品无法寄送；各寄达地禁止寄递进口的商品；任何全部或部分含有液体、粉末、颗粒状、化工品、易燃、易爆违禁品以及带有磁性的商品（上海仓库可安排磁性检验）均不予接收。

（四）芬兰邮政

速优宝-芬兰邮政是由速卖通和芬兰邮政（Post Finland）针对 2 千克以下小件商品推出的特快物流服务，分为挂号小包和经济小包，运送范围为俄罗斯及白俄罗斯全境邮局可通达区域。速优宝具有在俄罗斯和白俄罗斯清关速度快、时效快、经济实惠的特点。

1．芬兰邮政简介

芬兰邮政的资费标准、参考时效及体积重量限制等信息如表 8-13 所示。

表 8-13　芬兰邮政的相关信息

资费标准	包括配送服务费和挂号服务费。芬兰邮政经济小包只有配送服务费，没有挂号服务费。芬兰邮政挂号小包的运费计算方式为：运费=配送服务费×邮包实际重量+挂号服务费；芬兰邮政经济小包的运费计算方式为：运费=配送服务费×邮包实际重量。芬兰邮政起重为 1 克，运费会根据每月初的最新汇率进行调整			
参考时效	芬兰邮政挂号小包一般 16~35 天到达目的地（受不可抗力因素影响除外）			
跟踪查询网站	挂号包裹到达俄罗斯邮政后，可在俄罗斯邮政官网查询			
体积重量限制	包裹形状	重量限制	最大体积限制	最小体积限制
	方形包裹	小于 2 千克	长+宽+高≤90 厘米，单边长度≤60 厘米	至少有一面的长度≥14 厘米，宽度≥9 厘米
	圆柱形包裹		2 倍直径及长度之和≤104 厘米，单边长度≤90 厘米	2 倍直径及长度之和≥17 厘米，单边长度≥10 厘米

注：不能寄送电子产品，如手机、平板电脑等带电池商品，或纯电池（含纽扣电池）商品

2．芬兰邮政的优劣势

（1）优势

运费价格优势：寄往俄罗斯和白俄罗斯的价格较其他专线有显著的优势。

时效优势：时效有保障，包裹寄出后大部分在 35 天可以投递，挂号包裹因物流商原因在承诺时间内未妥投而引起的速卖通平台限时达纠纷赔款，由物流商承担，降低卖家风险。经济小包包裹离开芬兰前均有物流轨迹，此时发生包裹丢失、破损以及时效延误而引起的速卖通平台限时达纠纷赔款，由物流商承担，降低卖家风险。

（2）劣势

地区限制：目前只支持发往俄罗斯、白俄罗斯、爱沙尼亚、拉脱维亚、立陶宛、波兰、德国。

三、总结

（1）以普货为例，对国际物流各渠道进行比较，如表 8-14 所示。

表 8-14　国际物流各渠道比较

物流渠道	可送达国家	尺寸限制	重量限制	是否计抛	是否支持带电	物流时效	物流信息轨迹
中国邮政小包	200 多个国家和地区	长+宽+高≤90 厘米 最长边≤60 厘米	≤2 千克	不计抛	×	15～60 天	平邮：只支持境内物流信息查询 挂号：全程都有物流追踪
e 邮宝	30 多个国家和地区，主要面向欧洲国家和地区	长+宽+高≤90 厘米 最长边≤60 厘米	≤2 千克	不计抛	×	15～30 天	全程都有物流追踪
中国邮政大包	200 多个国家和地区	长+（宽+高）×2＜300 厘米	≤30 千克	不计抛	×	航空：15～30 天 SAL：30～60 天 水陆路：60～90 天	全程都有物流追踪，水陆路（海运）只保证上网
EMS	100 多个国家和地区	长+（宽+高）×2＜300 厘米	≤30 千克	最长边＞60 厘米时，长×宽×高/6000	×	7～15 天	全程都有物流追踪
e-EMS（e 特快）	100 多个国家和地区	长+（宽+高）×2＜300 厘米	≤30 千克	不计抛	×	3～15 天	全程都有物流追踪
UPS	200 多个国家和地区	长+（宽+高）×2＜330 厘米 最长边≤120 厘米	≤70 千克	长×宽×高/5000	×	3～7 天	全程都有物流追踪
DHL	200 多个国家和地区	最长边≤120 厘米	单件≤70 千克	长×宽×高/5000	×	3～7 天	全程都有物流追踪

（2）选择物流渠道的注意事项。

① 清楚各跨境电商平台的物流网规，建议每周查看一次物流规则是否更新，及时掌握平台物流动向。

② 每个月至少查看两次平台或者货代的物流报价是否更新，如有更新，采用最新的报价模板重新核算。

③ 根据商品特性设置运费模板，区分普货、带电商品、液体、粉末商品等（如中邮挂号和 e 邮宝无法寄送带电商品、液体和粉末商品等，避免客户选择了却无法发货的情况）。

④ 要寻找和熟悉多种物流渠道或货代，以备不时之需。

⑤ 淡旺季物流要有所不同，特别是旺季，如周年庆、6 月年中大促、双十一等大型活动，要学会分散物流渠道，避免某个地方爆仓。

⑥ 通过分析店铺热卖商品销售类型和国家（地区），拓展海外仓渠道，提升客户购物体验，从而提升店铺的竞争力。

⑦ 如果使用商业快递或专线物流，需要提前与客户沟通好清关问题，避免商品到达目的地海关之后而客户不愿意清关。

⑧ 特殊类目先查表，确认这个类目是否有权限，针对特殊类目的商品设置，卖家自

定义发货；使用卖家自定义物流必须是全程可以追踪的，要实施跟进物流，避免产生过多差评。

任务五　海外仓

任务引入

亚马逊物流服务（Fulfillment by Amazon，FBA），是亚马逊提供的物流配送业务，具体指卖家把自己在亚马逊上销售的商品库存直接送到亚马逊当地市场的仓库中，客户下单后，由亚马逊系统自动完成后续的发货，整个操作流程如图 8-5 所示。

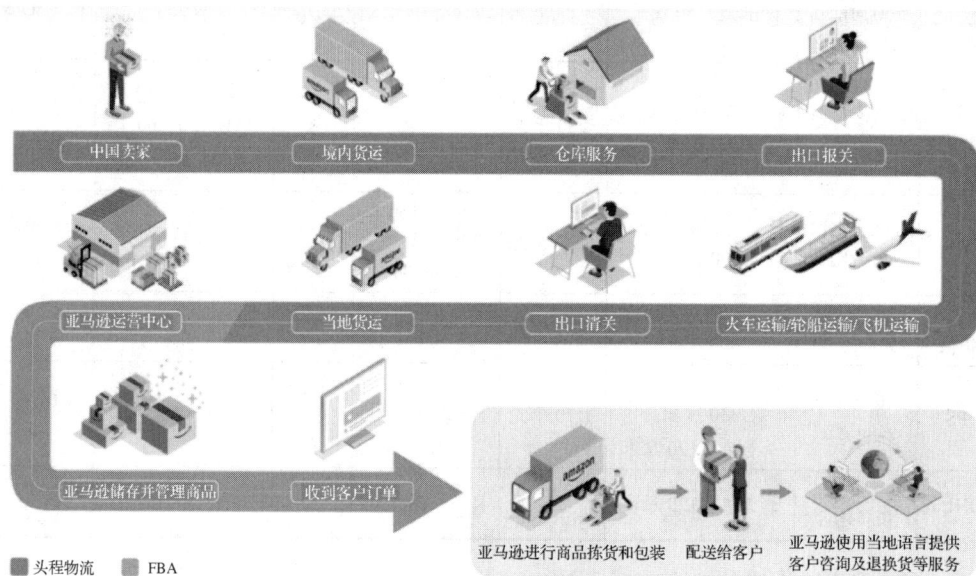

图 8-5　FBA 操作流程

相关知识

FBA 和海外仓的区别

1．选品范围的差异

FBA 对选品的尺寸、重量、类别有一定程度的限制，偏向于选择体积小、利润高、质量好的商品；海外仓选品范围比 FBA 广，体积大、重量大的商品也适合。

2．头程服务的差异

FBA 不会为卖家提供头程清关服务；部分第三方海外仓服务商会为卖家提供头程清关服务，甚至提供代缴税金、派送到仓的一条龙服务。

3．商品入仓前要求的差异

FBA 的入仓要求较为严格，需要卖家在发货前贴好外箱标签及商品标签，如果外箱或商品标签出现破损，会要求卖家先整理，然后才能进入 FBA 仓。亚马逊不提供商品组装服务。

第三方海外仓的入库要求没有 FBA 高，在上架前会提供整理、商品组装服务。

4. 发货后商品差评处理的差异

由 FBA 导致的任何中差评，都可以由亚马逊移除，卖家无须操心；如果使用第三方海外仓引起中差评，海外仓服务商不一定能提供售后与投诉服务，即使提供了，也不一定能够成功消除客户留下的中差评。一般情况下，第三方海外仓很少出现因物流派送而引起的差评。

5. 对退货支持的差异

FBA 支持客户无条件退换货，对退回的商品不会再进行任何的鉴定，也不会收取客户的任何费用。即使退回的商品没有质量问题，亚马逊也不会再次将该商品售给第二个买家。这样的退货方式比较偏向客户，容易产生较高的退货率。如果商品被退回，无论是销毁还是寄还卖家，FBA 都会另外收取费用。

第三方海外仓对退回来的商品，如果不是质量问题，可以替卖家更换标签或者重新包装，然后再次进行销售，能减少卖家的损失。

6. 商品存放风险的差异

商品放置在 FBA 仓中，其安全与亚马逊账号安全相关联。如果在亚马逊销售的商品出现问题，账号被亚马逊关闭的话，那么放在 FBA 的商品也会被暂时查封；如果商品存放在第三方海外仓的话，则无此风险。

通过以上 6 点差异，可以看出，无论选择 FBA 还是第三方海外仓，都有各自的长处与短处，卖家可以根据自身的实际情况进行选择。

对于出口跨境电商卖家来说，他们所面临的巨大挑战，就是如何掌控物流，确保商品能够及时完好送达，以及如何实现便捷的退换货流程，并提供优质的售后服务，使客户获得最好的购物体验。境内卖家大多采用传统物流快递方式将商品运送至境外市场出售，这种方式具有费用较高、物流周期长、退换货麻烦等缺点，还可能出现海关查扣、快递拒收等难以预计的情况，因此严重影响客户体验，对于卖家扩张商品销售品类也会产生限制。

海外仓是由电商平台、物流运营商单独或共同在销售目标地建立的集储存、分拣、装配、配送等功能于一体的集成化管理仓库。通过对客户购买喜好的预测，卖家提前在海外仓备货，一旦客户下单，卖家就能及时发货，在缩短客户下单后的等待时间和发货时间的同时，也有效降低了物流成本，还具有方便退换货的优点。因此，海外仓是目前解决跨境电商物流售后难、成本高、时间慢的有效途径。

一、海外仓的定义

海外仓是指出口跨境电商企业事先在境外自建或者租用仓库，通过海运、陆运、空运或者国际多式联运的方式，先把商品批量运送至境外仓储设施，当境外客户通过互联网下单后，境内卖家可以在第一时间做出快速响应，及时通知境外仓库进行商品的分拣、包装和派送等一站式服务，确保商品安全准确、低成本地送达境外终端客户。其实质是以海外仓为核心的综合物流配套服务体系，主要包括大宗货物运输、境内外贸易清关、精细化仓储分拣管理、个性化订单管理、包装配送和综合信息管理等。其适用范围：价格较贵、运送周期长，市场销量大，库存周转快且对物流成本承担能力较强的热销商品。

二、海外仓的功能

1．代收货款功能

由于跨境交易风险较大，同时跨境交易的特殊性会导致资金结算不便、不及时等问题出现。因此，海外仓可以在合同规定的时限和佣金费率下，在收到商品的同时，提供代收货款的增值业务，从而有效规避跨境交易风险。

2．拆包拼装功能

大部分跨境电商的订单数量相对较少、订单金额相对较低，而订单频率较高，普遍具有距离长、数量少、批次多的特点。因此，为了有效提高运输的效率，节省资源，海外仓可将这些较零散的商品拼装为整箱合并运输，商品到达之后，再由海外仓将整箱商品进行拆分。同时，海外仓也可以根据客户的订单要求，为所处地域较集中的客户提供拼装服务，进行整箱运输或配送，从而提高运送效率，降低物流成本。

3．保税功能

有些海外仓可以经海关批准成为保税仓库，其功能和用途范围更为广泛，如可以简化海关通关流程和相关手续。同时，在保税仓库还可进行中转贸易，以海外仓所在地为中转地，连接生产地和消费地。一些简单的加工、管理等增值服务在保税仓库内也可以实现，这可以大大丰富仓库功能，从而提升竞争为。

三、我国海外仓建设模式

我国目前的海外仓建设主要有以下3种模式，如表8-15所示。

表8-15　3种海外仓模式

模式	定义	分类	特点
自建模式	由大卖家在境外市场建设仓库	卖家自建	便于物流管理，提高库存周转率，控制长期成本，树立品牌形象
	由规模较大的、有自营海外仓的电商企业转型而来	电商转型	
与第三方合作模式	是指跨境电商企业与第三方公司合作，由第三方公司提供海外仓储服务的建设模式	租用	可降低电商企业运营风险和资产投入，第三方物流更具专业性，在我国仍有很大市场潜力，解决跨境电商企业后顾之忧
		合作建设	
一站式配套服务模式	以海外仓为基础，提供跨境电商物流整体解决方案服务的模式		能够整合物流资源，完善跨境电商供应链，为客户提供更好的服务体验

四、海外仓的运作流程

海外仓以境内商品从供应商到海外仓再到境外客户为主线，以物流、商流、资金流和信息流的协同运作为目标，由境内外从事零售、计算机信息技术、报关报检、金融支付和咨询管理等不同行业的知识密集型服务商共同参与、高效整合，实现为跨境电商企业提供种类多样化、一体化需求的综合跨境电商物流增值服务方案，提升客户的体验度和满意度。

海外仓的运作流程主要分为3步。

（1）头程运输：跨境电商卖家通过海运、空运和陆运等方式将商品运送至海外仓，涉及集中式报关、报险、个性化流通加工、代收货款等增值服务，节约了时间和成本。

（2）仓储管理：对海外仓库中的商品进行科学分类，精细化仓储管理，确保商品质量安全；提供订单管理、库存实时查询、销量分析与预测等增值服务，通过分析客户购买习惯，确定海外仓的最佳补货量和补货周期，实现安全库存。

（3）尾程配送：海外仓根据订单信息，选取最适合本地的配送方式将商品安全快速、准确无误地送达客户手中。通过提供快速回收，二次配送的退换货服务以及 O2O 体验门店本土化服务，提升客户满意度。

五、海外仓的作用和存在的问题

1．建设海外仓的积极作用

（1）海外仓有利于降低成本，提高利润。

由于海外仓物流模式先把销售的商品批量运到海外仓库，大大降低了头程物流中商品的单位运输成本。将商品从中国送到欧盟或美国等主流市场，海外仓与传统的邮政小包价格相当，比国际商业快递便宜 20%～50%。另外，将一些容易发生货损的商品放入海外仓，可以有效地将商品的货损率控制在很低的水平，降低了跨境电商企业的货损风险，提高利润。

（2）海外仓有利于加快发货速度。

海外仓可以直接从本地发货，订单和发货同步，可以做到自动化处理订单。当跨境电商平台接到订单后，大部分商品在 2～3 天就可以送达；如果由卖家发货，邮政物流需要 15 天左右，国际商业快递需要 3～7 天。相较于传统的跨境电商物流模式，海外仓在物流时效上的优势更大，客户体验更好。另外，由于物流时效的提升，卖家可以适当提高商品的售价，从而提高单件商品的利润。

（3）海外仓有利于提高售后服务质量。

在海外仓出现之前，退换货一直是跨境电商企业的一大难题。退换货涉及进出口国家（地区）的通关和物流等一系列问题，导致退换货的成本和时间一直居高不下。而跨境电商的商品以价格较低的小商品为主，往往会出现退、换货的成本高于商品本身价格的情况。海外仓的出现除了可以在本地直接发货，退换货等售后服务也可以在本地完成，同样可以做到自动化退货处理，避免退、换货重新通关的手续，不仅降低了退、换货成本，还缩短了退、换货时间，提升了客户体验。

（4）海外仓有利于扩大商品销售品类。

传统的跨境电商物流模式多采用邮政小包或者国际快递，一般适用于小件商品的销售。对于商品品类限制较大，一些体积大、重量重或者特殊商品，如液体、锂电池等商品不适合；而海外仓的物流模式头程运输使用了集中运输的方式，突破了商品体积、重量、品类、价格等方面的限制，扩大了跨境电商企业销售商品的品类。

2．使用海外仓存在的问题

（1）仓储费用较高。

海外仓存储和中转派送，可以让商品错峰出行，避免商品堵在半路错过销售旺季。虽然进入海外仓有免租期，但免租期过后，海外仓仓储费是"水涨船高"的。例如美国海外仓，在美国是按美元收取费用的，按天收取，海外仓仓储成本的增长是每个卖家不得不考虑的重点因素。每个国家和地区的海外仓收费和运营条件不同，卖家需要根据自己的情况选择适合的海外仓。

（2）存在滞销风险。

一般用到海外仓中转的都是中大卖家，为降低成本一般会集中货物大批量发货，以降低物流成本。卖家在海外仓存储一定量的商品，可能会产生滞销风险。

（3）对仓库的管理要求高。

卖家要随时了解商品的出入库、上下架的详细信息，否则很容易出现丢失或者存储信息不匹配的情况。

六、FBA

（一）FBA 简介

FBA 是指卖家将商品批量发送至亚马逊运营中心之后，由亚马逊负责帮助卖家存储商品。当商品售出后，由亚马逊负责订单分拣、包装和配送，并为这些商品提供客户咨询、退货等服务，帮助卖家节省人力、物力和财力。

FBA 流程如图 8-6 所示。

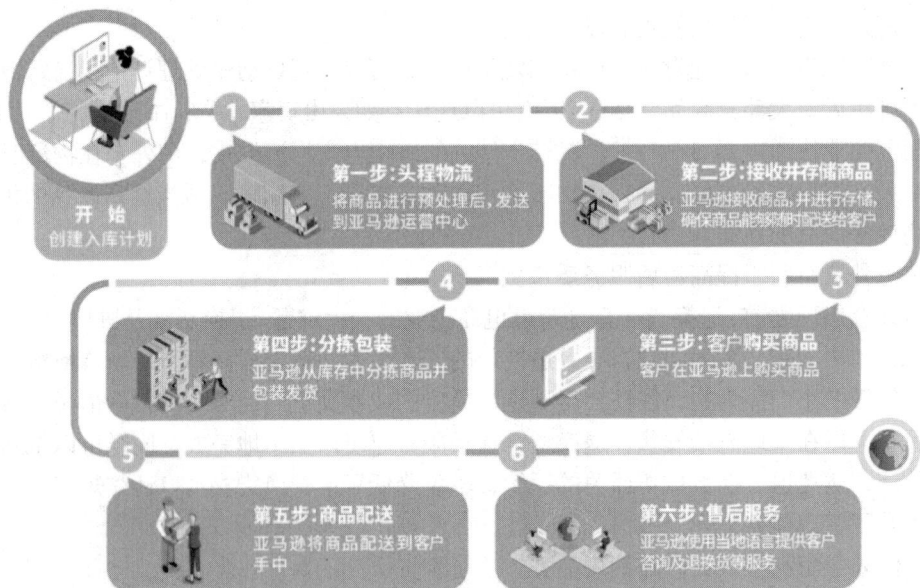

图 8-6 FBA 流程

（二）FBA 优势

1. 触及海量 Prime 会员

Prime 会员相较一般的亚马逊客户，拥有更高的忠诚度、更大的购物需求。使用 FBA 配送的商品会带有 Prime 标记，更易触及亚马逊全球海量、优质的 Prime 会员，提高曝光量及销量。

2. 次日达或隔日达配送服务

符合要求的商品将有资格享受亚马逊 Prime 次日达或隔日达配送服务，帮助卖家加快配送速度，改善客户体验，提高客户复购率。

3. 赢得"购买按钮"

FBA 的配送及售后服务有助于提高客户对卖家商品的客户满意度，获得更多的商品评价,从而为卖家的商品赢得"购买按钮"的机会。

4．全天候专业客服

亚马逊使用当地语言为 FBA 商品提供全天候专业客服,帮助卖家回复客户咨询,减少时间成本,运营省心更省力。

(三)FBA 适用范围

大多数商品都可以使用 FBA,但是以下 4 种情况需要特别注意。

1．FBA 禁运商品

卖家需提前了解亚马逊受限商品的相关政策与限制范围,如酒精饮料、汽车轮胎等禁运商品。

2．危险品(危险物质)

易燃易爆、易腐蚀或其他在储存、处理或运输过程中会带来风险的商品。

3．具有有效期的商品

发布具有有效期的商品,卖家需遵守相关的政策与要求。

4．易融商品

易融商品使用 FBA 有时间限制,可在 10 月 16 日至次年 4 月 14 日使用。

(四)FBA 费用

FBA 费用由仓储费、配送费和其他杂费组成,同时还提供多种可选付费增值服务,帮助卖家减轻运营压力,图 8-7 展示了 FBA 的费用构成。

图 8-7　FBA 的费用构成

📖 项目实训

在学习了跨境电商物流的相关基础知识后,作为卖家,该如何根据订单选择合适的物流方式呢?下面以敦煌网为例,详细演示物流环节的操作过程。

操作步骤如下。

(1)卖家让客户选择习惯的物流方式,如客户无具体要求,可按照经验,依据步骤二操作。需要注意,卖家最好选择客户下单时选用的运输方式,不能因为运费贵而随便更换,除非经客户同意。

(2)从客户角度出发,为客户购买的货物做全方面考虑,包括运费、安全性、运送速度、是否有关税等;尽量在满足商品安全性和速度的情况下,为客户选择运费低廉的服务。

注意事项如下。

选择平台认可的物流方式,否则发货后无法向平台回填物流信息。

重点关注不同运输方式在运费、派送时间、清关能力的区别。

（3）进入运费模板。

方式一：进入"产品"页面，单击"模板管理"选项，再单击"运费模板"选项，如图 8-8 所示，即可进入运费模板管理页面。

图 8-8　单击"运费模板"选项

方式二：打开"添加新产品"页面，在"设置运费"区域中单击"管理运费模板"超链接，如图 8-9 所示，即可进入运费模板管理页面。

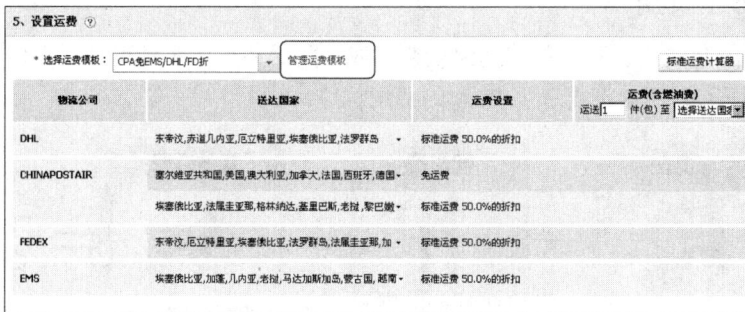

图 8-9　单击"管理运费模板"超链接

（4）添加新的运费模板。

在"模板管理"页面单击"添加新模板"按钮，如图 8-10 所示。

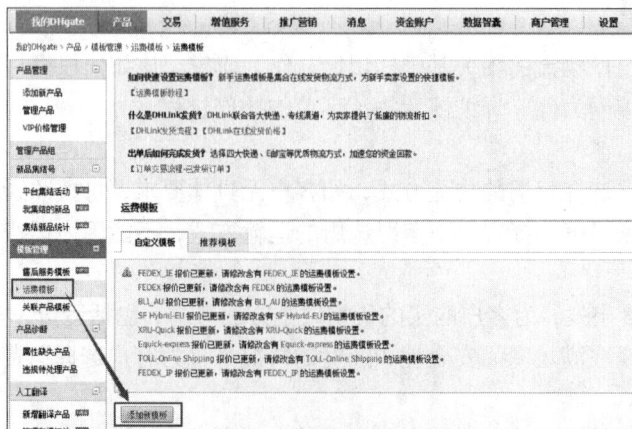

图 8-10　单击"添加新模板"按钮

（5）选择运输方式。

在"添加运费模板"页面输入"运费模板名称"，可选择"线下物流方式"栏下的物流方式，这里选择"DHL"物流方式，单击"选择并设置"超链接，如图 8-11 所示。

图 8-11　设置运费模板

（6）为所选择的物流方式进行运费设置，如图 8-12 所示。

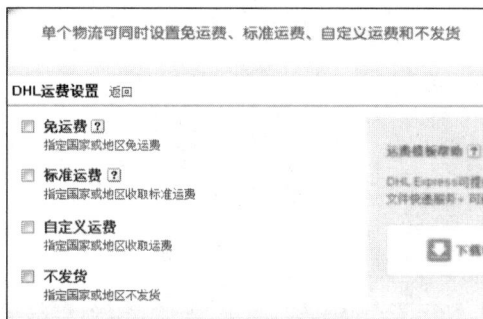

图 8-12　运费设置

（7）选择国家或地区。

方式一：按区域选择，如图 8-13 所示。

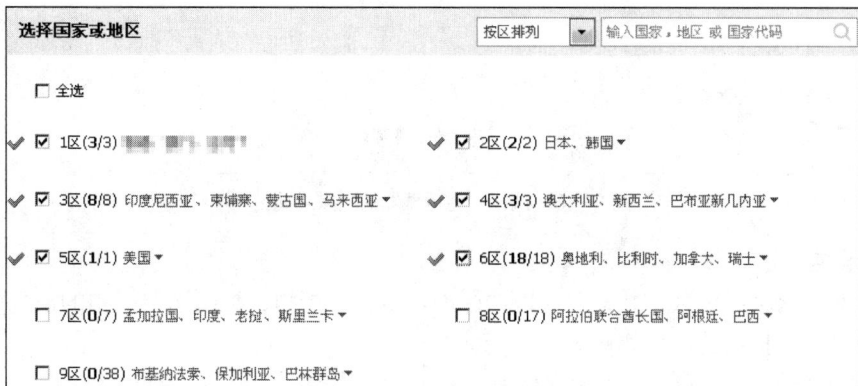

图 8-13　按区域选择

方式二：按国家或地区选择，如图 8-14 所示。

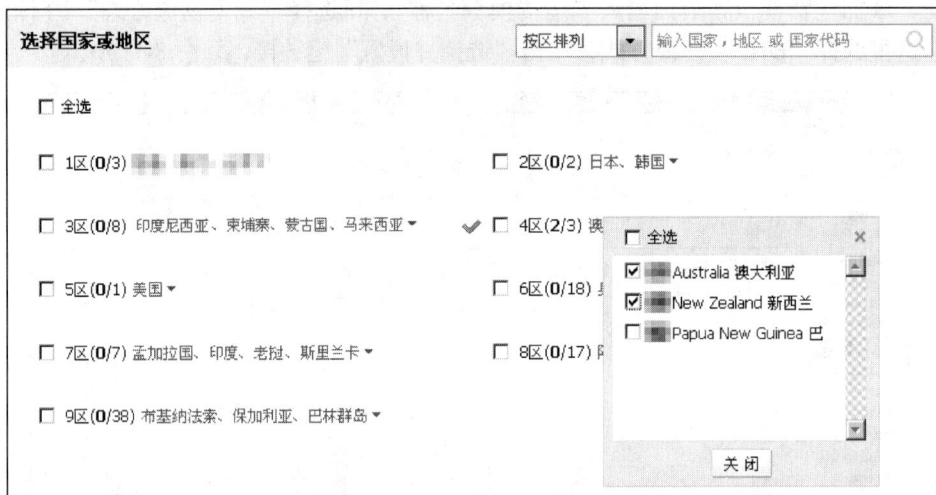

图 8-14　按国家或地区选择

（8）运费设置。

① 免运费

根据需要，将某些国家或地区设置为"免运费"，如图 8-15 所示。

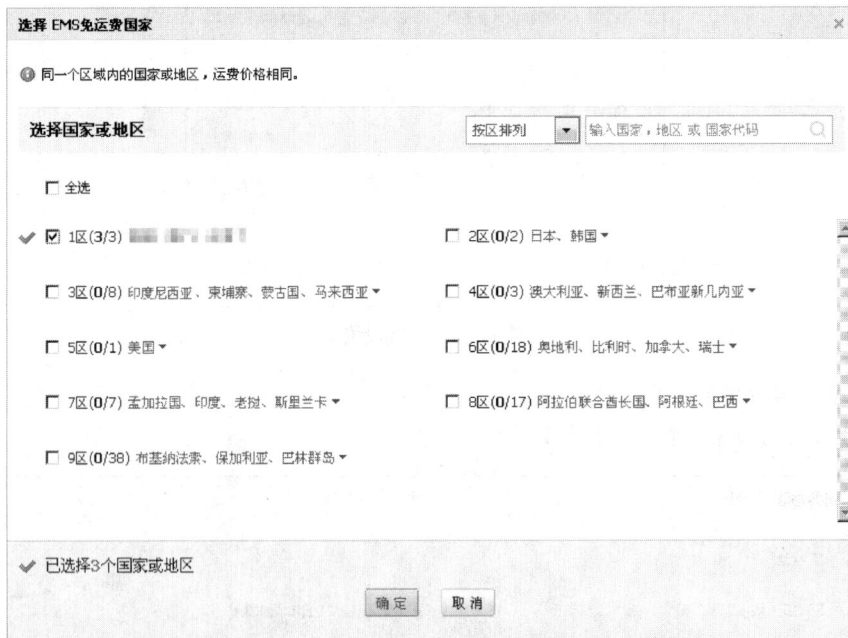

图 8-15　选择"免运费"的国家或地区

② 标准运费

选择部分国家或地区，并设置收取"标准运费"的折扣，相同运费折扣的设置如图 8-16 所示，不同运费折扣的设置如图 8-17 所示。

③ 不发货

根据需要，将某些国家或地区设置为"不发货"，如图 8-18 所示。

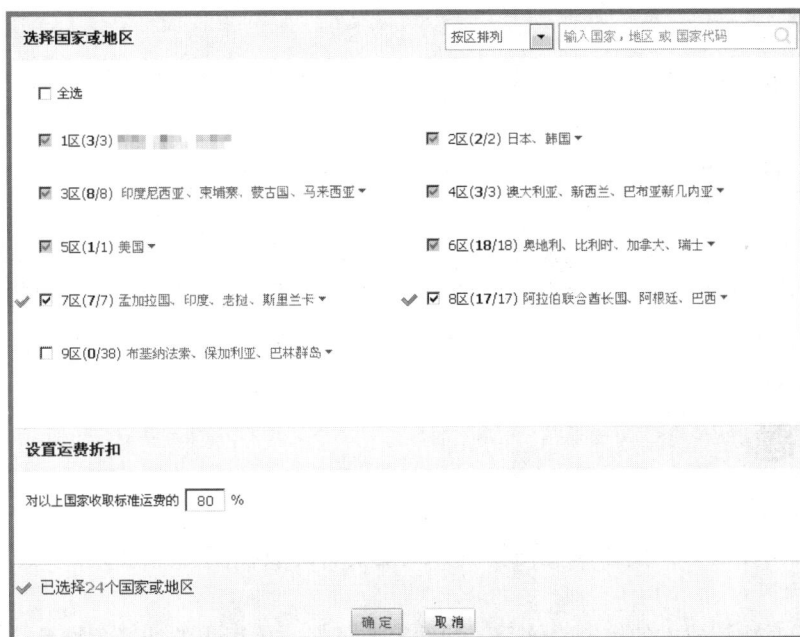

图 8-16　设置相同的运费折扣

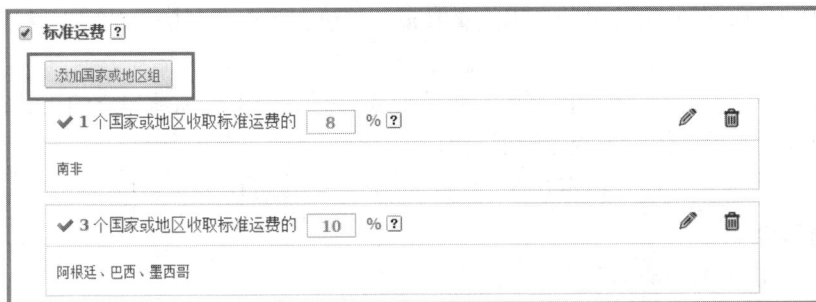

图 8-17　设置不同的运费折扣

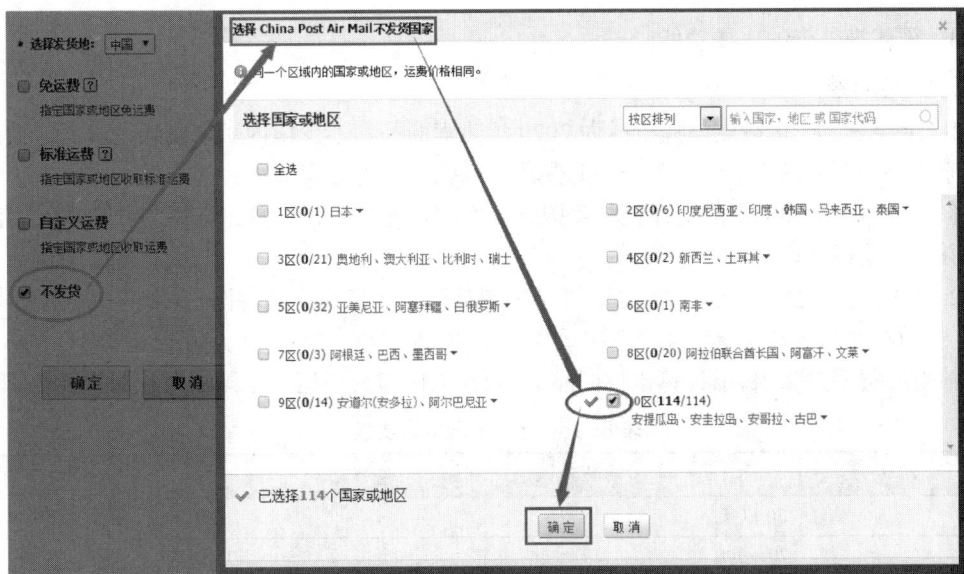

图 8-18　设置"不发货"的国家或地区

（9）保存运费模板。

（10）使用运费模板。在"添加新产品"页面可使用之前添加的运费模板。

项目小结

本项目对跨境电商物流的相关知识进行了讲解，详细阐述了主要物流类型的相关基础知识、优劣势以及操作注意事项，方便卖家针对货物的性质、重量、体积以及目的区域，选择适合的物流方式。

习 题

一、判断题

1. 行业中比较常用的跨境电商物流方式主要有邮政物流、国际商业快递及专线物流方式。   （   ）

2. 出于对物流成本的控制，饰品、配件等重量轻、体积小的非紧急物品，国际商业快递是最佳选择。   （   ）

3. 中邮小包提供的物流跟踪条码能实时跟踪邮包在大部分目的地的实时状态。

                                                                （   ）

4. 海外仓是由电商平台、物流运营商单独或共同在销售目标地建立的集储存、分拣、装配、配送等功能于一体的集成化管理仓库。   （   ）

5. 国际商业快递的时效基本在 3～5 个工作日，最快可在 48 小时内送达。 （   ）

二、简答题

1. 简述跨境电商物流的分类。

2. 简述中邮小包的优劣势。

3. 简述常用的国际商业快递。

4. 简述海外仓的主要功能。

三、实训题

1. 近年来，无接触式体温枪成为 2020 年热卖商品，不少境内卖家乘势大卖。这款商品的搜索趋势有明显的季节性，冬季的时候比较畅销。作为速卖通平台的红外线体温枪卖家之一，你最近有一单 30 件的商品销往美国，请你综合考虑各种因素，选择一种合适的物流方式，并写出选择的理由。

2. 公司有一批商品共 4 个包裹，准备采用某国际快递运送到德国，4 个包裹的尺寸均为 50 厘米×60 厘米×70 厘米，4 个包裹重量分别为 25 千克、25 千克、30 千克和 31 千克，当月燃油附加费率为 23%，请计算该批商品的运费。该快递公司运往德国的资费如表 8-16 所示。

表 8-16　运往德国的资费表

重量/千克	运费/（元/千克）
70 以下	160
70～300	150
300 以上	136

四、案例分析题

航母上的包裹

收快递是一件令人欣喜之事，尤其是拆包裹的时候更加兴奋。大部分人都觉得，生活在航母上的官兵无法收到快递，因为航母经常在海上执行任务，真的是这样吗？

2013 年 10 月 5 日从山东省邮政公司获悉，中国首个航母邮局在山东青岛市黄岛区揭牌成立，将主要为"辽宁舰"上的官兵提供邮政服务。了解完中国航母邮局的情况，我们来了解美国的航母是如何收发快递的。

美国的尼米兹级核动力航空母舰就是一个典型的例子，其上生活了 5000～6000 人，虽然有超市，但是并不能满足所有海军的需求。据美国当地邮局表示，每一年仅处理一艘航空母舰上的快递就超过 4.5 吨，特别是圣诞节等节日的快递非常多。美国海军能收到来自世界各地寄来的圣诞节礼物、衣服、各种体育器材等商品。

思考：

结合上述案例，分析各种跨境电商物流方式的优缺点，指出邮政物流在跨境电商交易中的独特优势。

項目九

跨境电商客户管理

学习目标 ↓

素质目标

掌握搜索跨境电商目标客户的方法，学会客户关系管理和纠纷处理技巧，树立服务意识。

掌握跨境电商客服工作内容与技巧，成为具备高职业素养的客服人员。

知识目标

了解跨境电商客户关系管理相关知识；

熟悉跨境电商客服工作内容；

掌握跨境电商客服工作技巧。

能力目标

能够独立进行境外客户搜索；

能够独立对客户进行分类；

能够履行客服的职责与义务；

能够为客户提供恰当的服务；

能够化解客服工作中的问题。

任务一 搜索跨境电商目标客户

任务引入

小茗如愿以偿地进入深圳当地的一家跨境电商企业，公司领导安排他做客服相关业务，即对潜在客户进行开发以及对老客户进行管理与服务。跨境电商企业的客户都在境外，怎么样才能挖掘潜在客户呢？

搜索跨境电商目标客户

相关知识

在跨境电商领域，最有效寻找客户的方式就是进行"搜索"。跨境电商不同于一般实体企业，不能够完全遵从 STP 战略进行市场细分（Market Segmenting）、选择目标市场（Market Targeting）并且有针对性地进行市场定位（Market Positioning）。跨境电商企业在进行搜索前，要有明确的营销目标，对自身商品的终端市场进行分析，预测商品适合或者畅销的国家和地区，分析商品的客户特征，是个人还是批发商？下面将介绍如何高效搜索目标客户。

一、境外行业协会网站

相比综合商贸网站，专业网站在客户、卖家等信息的真实性和完整性方面更加可靠，分类更加细致，更方便卖家找到所需信息。行业协会是常用的专业类网站，英文表达有 Association、Institute、Society 和 Guild 等。在搜索引擎中搜索"行业名称+Association（或其他关键词）"，就可以找到相应的行业协会。一般来说，每个国家（地区）的行业协会都包含与制造商、经销商相关的大量信息。

每个行业几乎都有行业网站，用关键词搜索某专业网或某行业协会（如 Foodstuff Association），一般就会在专业网站或行业网站上看到会员列表，其包含的客户信息量很大。另外，行业协会网站上有很多相关链接，能帮助卖家找到更多的相关企业信息。

二、黄页网

黄页是国际通用的，依照企业性质和商品类别编排的电话号码簿，其上刊登企业的名称、电话、地址等信息，是一个城市/地区企业信息的汇总表。目前，黄页网逐渐替代传统黄页，成为查询企业信息的重要途径。黄页网以互联网为载体，将传统黄页的企业信息上传到网页，发布、传播电话簿。相比传统黄页，黄页网的内容更全面、使用更方便，优势更显著。

三、海关数据

现在，越来越多的出口企业意识到海关机构通常是寻找客户的便捷渠道，有了海关数据，卖家可以掌握目前最活跃的进口商的交易金额、交易频率、交易商品种类及交易数量等方面的信息。

卖家通过分析海关数据，可以了解并有效利用如下内容：竞争对手的经营情况；现有客户的交易信息；商品所属品类的全球需求量；客户购买周期与需求规模；流失客户的去向。

四、商业论坛

每个国家（地区）都有商业论坛，论坛中活跃着很多行业、企业专家，流通着很多客户信息与商业机会。在商业论坛上，有很多机会可以与潜在客户进行沟通，它是寻找客户最有效的方式之一。下面列举常用的商业论坛网站。

1．进出口论坛

进出口论坛是美国最大的专业外贸论坛之一，致力于打造全球最具人气、最实用的外贸社区。它包含特定行业的信息，如解决方案、资源、服务、供求信息、税收等。

2．Biznik

Biznik 是一个在线商业网络社区。一些独立商人聚集在这个社区，分享信息资源，为彼此提供支持。Biznik 是唯一一个为独立商人创建的社区，创建人也是两个独立的商人，他们的目的是为这些独立商人创建一个很好的商业网络。

3．The Fastlane Forum

The Fastlane Forum 是一个专门为企业家出谋划策的论坛，企业家可以在此讨论商业策略，分享建议。

4．MMG 论坛

MMG 论坛是首屈一指的金融服务供应商网站，拥有了 10 多万成员，每天的页面浏览量超过 6000 人次。MMG 论坛主要讨论与金融广告相关的信息。论坛的主要栏目包括使用规则、帮助、搜索、日历、博客、链接等。

五、搜索引擎

1．明确预期目标

在使用搜索引擎之前，企业应从以下几个方面分析目标客户，了解潜在客户购买周期需求的变化及影响因素，从而细化搜索的预期目标。

（1）目标客户所属的国家和地区。

（2）目标客户的文化背景与特征。

（3）目标客户惯用的网站和社交媒体。

（4）目标客户获取商品/服务信息的途径与方式。

2．搜索目标市场定位

利用搜索引擎寻找客户无异于大海捞针，所以企业应当做好搜索前的定位工作，限定搜索范围。首先，选择此次需要寻找的客户所属的国家与地区；其次，锁定潜在客户的类型，从而确定最有效率的关键词。若搜索的目标市场是非英语国家，建议先将关键词翻译成英语，再翻译成目标国家语言，提高翻译的精准度。

3. 搜索引擎的分类和搜索方法

搜索引擎主要分为 3 种, 分别是全文搜索引擎、目录索引类搜索引擎和元搜索引擎。

对于跨境电商企业来说, 各个搜索引擎网站前 3 页呈现的信息和广告是最具价值的, 如果只用其中一个搜索引擎, 可能会错过很多市场机会。用某一商品作为搜索关键词, 采用不同的搜索引擎, 对比搜索结果, 可以看出, 同一关键词在不同搜索引擎中的搜索结果有显著差异。例如, 用同一个搜索引擎在不同国家/地区进行搜索; 在同一国家/地区用不同搜索引擎进行搜索; 采用本土搜索引擎与非本土搜索引擎进行搜索。通过以上方式的搜索, 我们可以发现前几页的信息几乎不同。因此, 企业要采用多种不同的搜索引擎, 以避免客户信息的流失。

每个搜索网站在每天会收录其他网站更新的信息, 多搜索引擎并用可以发现最新的商机。例如, 客户在阿里巴巴上发布新的采购信息, 几小时后在 Google 上就能搜索到这些信息。这些新收录的即时信息对店铺的销量非常有帮助。通过不同的搜索引擎查找商品和客户信息是跨境电商客服搜索客户的核心。同样的关键词, 在不同的搜索引擎进行搜索, 就有不同的结果; 即使是同一个搜索引擎, 多尝试一些关键词, 也会有意想不到的收获。

■ 六、行业展会

虽然跨境电商是新兴的出口方式, 但传统的、面向国际贸易行业的展会依旧是非常有效的出口营销方式。行业展会大多有专门的网站, 网站对之前参展客户的名单及已经报名本次展会的客户的名单、联系方式等重要资料都有记录。

任务二 跨境电商客户关系管理

任务引入

小茗通过上述方法找到潜在客户, 那么怎么和对方进行沟通呢? 客服人员的工作不仅是与客户进行联系, 还要具备一定的客户关系管理理念, 以理念指导实践。客户关系管理理念是从领导层到基层工作人员都应放在首位的店铺工作指导思想。

相关知识

客服人员的工作除了服务客户, 更关键的是在客服工作中融入客户关系管理的思想, 帮助店铺做好客户关系管理工作。

■ 一、客户关系管理理论基础

客户关系是现代企业商务活动的巨大信息资源, 企业所有商务活动所需要的信息几乎都来自客户关系管理。21 世纪, 谁真正了解客户、拥有客户并有效地服务于客户, 谁就能赢得客户。而客户关系管理正是快捷、精准地实现这一目标最有效的手段。

跨境电商客户关系管理基础

1．客户关系管理理论

客户关系管理（Customer Relationship Management，CRM），是指企业为提高核心竞争力，利用相应的信息技术以及互联网技术协调企业与客户在销售、营销和服务上的交互，从而提升管理方式，向客户提供创新式的个性化的客户交互和服务的过程。其最终目标是吸引新客户、保留老客户，以及将已有客户转变为忠实客户，增加市场份额。

CRM是一个获取、保持与增加可获利客户的方法和过程。CRM既是一种崭新的、国际领先的、以客户为中心的企业管理理论、商业理念和商业运作模式，也是一种以信息技术为手段、有效提高企业收益、客户满意度、员工生产力的具体软件和实现方法。CRM是伴随着互联网和电商的大潮进入中国的。

根据客户类型的不同，CRM可以分为B2B CRM及B2C CRM。B2B CRM的客户是企业客户，而B2C CRM的客户则是个人客户。提供企业商品销售和服务的企业需要的是B2B CRM，而提供个人及家庭消费的企业需要的是B2C CRM。

根据管理侧重点不同，CRM又分为操作型CRM和分析型CRM。大部分CRM为操作型CRM，支持CRM的日常作业流程的每个环节；而分析型CRM则偏重于数据分析。

2．客户生命周期理论

客户生命周期理论，也称客户关系生命周期理论，是指从企业与客户建立业务关系到完全终止关系的全过程，是客户关系水平随时间变化的发展轨迹，它动态地描述了客户关系在不同阶段的总体特征。

客户生命周期可分为考察期、形成期、稳定期和退化期4个阶段。考察期是客户关系的孕育期，形成期是客户关系的快速发展阶段，稳定期是客户关系的成熟期和理想阶段，退化期是客户关系水平发生逆转的阶段。

对于企业而言，一般客户可以分类为潜在客户、新客户、老客户。

（1）潜在客户。

潜在客户是指虽然没有购买过企业商品，但有可能在将来与企业进行交易的客户。当客户对某种商品或服务产生购买意识后，就会对有关这种商品或服务的信息感兴趣，通过媒体广告、商品展示、他人推介、本人经历等途径收集信息，为自己的购买决策提供依据。然后，客户将收集到的各种信息进行处理，包括对不同企业生产或提供的同类商品或服务进行对比、分析和评估。

在该阶段，客户最需要的是建立对企业商品的信心。潜在客户对商品的信任程度或认可度，决定了其上升为新客户的可能性，也可能丧失信心，从而让企业失去这个客户。外界评价、客户的层次以及客户的所属行业等因素会对客户进入下一阶段产生影响。

（2）新客户。

当客户经过需求意识、信息收集、评估选择后，对企业业务已有所了解，或者在他人的推荐与介绍下会将某种商品和服务的期望同属于自己的价值观念密切地联系在一起，客户决定使用或者购买某一企业的某个商品或服务时，就由潜在客户上升到新客户。

与此同时，企业也开始收集和记录与新客户有关的各种信息，以便与他们保持联系，或在今后分析他们的商业价值。新客户与企业的关系仍处于整个客户生命周期的初级阶段。虽然新客户已经对企业有了初步的认同，接受了企业商品，但是，企业还必须继续培养客户对企业及其商品的信任感和忠诚感。企业应保持与新客户的联系，呵护和关心他们，这是让新客户再次与企业交易的基础。

客户在与企业交易过程中的体验以及对所购买商品的价值判断，将会影响他们今后是否继续与企业进行交易。

（3）老客户。

如果有良好的交易体验以及对企业商品产生持续认同，一个新客户就会反复地与企业进行交易，成为企业的忠诚客户，这就是我们常说的老客户。他们与企业的关系进入成熟阶段。这时候，客户的满意度和信用度是企业关注的焦点。同时，企业应该了解他们是否有新的需求，以便将企业的相关商品介绍给他们。因此，保持与老客户原有的业务关系，努力与他们建立新的业务关系，将他们培养成为新业务的客户，是企业在这一阶段的工作重点。

二、跨境电商客户分类

对客户进行分类是一种科学的分析方法，卖家可以把客户分成一些客户群，在每个客户群中，客户需求或其他一些和需求相关的因素非常相似，而且每个客户群中的客户对于一些市场营销的手段的反应也非常相似，这样卖家就可以针对每个客户分群采取相应的市场营销手段，提供符合这个客户群的商品或服务。卖家通过为不同客户群提供差异化的商品和服务，大大提高营销效率。更重要的是，这种对客户的细分能力可以成为卖家的核心竞争力，使店铺在激烈的市场竞争中立于不败之地。

客服人员与客户接触最紧密，可以收集与客户相关的一手资料，因此在进行客服工作时，首先要对客户进行分类，从而针对不同类型的客户提供有针对性的服务。根据电商平台客户的特点，客服人员可以对客户做出以下分类。

1. 按客户属性分类

与传统贸易相比，每个客户拍下订单都会有信息记录，包括拍下的时间、联系方式、当时购买的商品和价格、发货方式等。通常情况下，客服人员可按客户的地理属性、行为属性和价值属性对客户进行分类，将有相似属性的客户归为一类，对自身商品和店铺定位进行相应调整。

（1）地理属性。

地理属性是跨境电商与境内电商非常明显的区别，不同的国家（地区）拥有不同的文化背景和消费需求。订单批量导出后，客服人员以客户地址为基准，按照国家（地区）分类，可以直观地得出自身店铺的主要客户群体的地区分布情况。例如，一种销量较好的运动鞋，来自美国的客户对商品评价非常高，而来自巴西的客户对商品评价并不理想，我们可以分析原因并针对该商品进行调整。

（2）行为属性。

每个客户的消费行为不尽相同，表现出的消费方式也不同。大部分客户喜欢购买打折商品和免运费，但也有部分客户偏向选择高价的同类商品，或者选择有快递方式的商品。很多客户在没有特殊情况时，都会给予商品好评，但也有部分客户容易给中差评或申请纠纷仲裁。店铺在维护客户的过程中需要以不同的方式对待他们。客户选择高价的同类商品和有快递方式的商品，往往注重商品质量和服务的体验，这也是广大卖家期望的。那些容易给中差评或申请纠纷仲裁的客户，建议卖家不要轻易采用"列入黑名单"方式进行解决，而是诚恳地与客户沟通，了解客户真正的需求点在哪里，以便之后为其他客户提供更愉快的购物体验。

（3）价值属性。

在跨境电商平台交易过程中，平台有严谨的卖家等级制度，同时也规范了客户等级，客户等级制度是依据客户的购买行为、成交金额及评价情况等综合性地给每位客户做标识，如积分、VIP等级等。店铺对客户的积分等级有了充分认识后，就能很快给客户打上标签。

2．按 RFM 模型分类

客户分类是为了方便卖家对客户进行管理，差异化地对待客户，更有针对性地向客户营销。在众多客户细分的模型中，RFM模型是在客户关系管理中被广泛运用的，也是非常直观简捷的工具，其主要思想是通过某个客户近期的购买行为、消费频率和消费金额比值3个指标描述客户的价值状态。

R（Recency）指最近的购买行为，即客户上一次在店铺成交的时间和成交的商品。理论上，客户购买的时间越近，对店铺的记忆程度越高，在此期间，如果卖家能为这些客户提供相应的引导和服务，这些客户很有可能回应。

F（Frequency）指消费频率，即在单位时间内的消费次数。消费次数越多，说明客户满意度越高，如果卖家始终保持优质的商品和服务，客户就非常容易产生黏性，对店铺的忠诚度也会越高。

M（Monetary）指消费金额比值，单位期间内的消费总额与平均消费额的比值。当店铺成长到一定阶段后，因为资源有限，卖家可能无法及时对所有的客户进行维护，店铺80%的利润往往来自20%的客户，所以卖家应当花80%的精力维护这20%的客户，从而获得高效益。

3．按客户成交阶段分类

在跨境电商交易流程中，每个平台根据自己的特色可以对客户进行分类管理。以阿里巴巴国际站为例，根据客户成交阶段，常常把客户分为潜在客户、询盘客户、样单客户、成交客户、复购客户。

（1）潜在客户是指未有过直接的沟通，仅处在访问、认知阶段的客户。

（2）询盘客户是发起站内信询盘或者阿里买家询盘的客户。

（3）样单客户是指已支付的信保订单类型全部为"样品订单"的客户。

（4）成交客户是指有且只有一笔已支付的非样品信保订单的客户。

（5）复购客户是指有2笔及以上已支付的非样品信保订单的客户。

三、跨境电商客户关系管理基础

不管在哪个行业，客户对卖家都是至关重要的，特别是一些老客户，他们会不断给卖家带来新的客户，所以做好老客户的客户关系管理，防范老客户流失，让老客户带来或者成为新客户，显得尤为重要。在跨境电商领域，卖家要做好老客户关系管理，应重点关注以下几点。

1．实施全面质量营销

客户追求的是较高质量的商品和服务，如果卖家不能给客户提供优质的商品和服务，那么客户就不会对卖家满意，建立客户忠诚度就无从谈起了。因此，卖家应实施全面质量营销，在商品质量、服务质量等方面让客户满意。

另外，卖家在竞争中为防止竞争对手挖走自己的客户，要想战胜竞争对手并吸引更多的客户，就必须向客户提供比竞争对手具有更多"客户让渡价值"的商品，这样，才能提高客户满意度并加大买卖双方深入合作的可能性。为此，卖家可以从两个方面进行改进：一是通过改进商品、服务、人员和形象，提高商品的总价值；二是通过改善服务和促销手段，减少客户购买商品的时间、体力和精力的消耗，从而降低货币和非货币成本。

2．提高市场反应速度

（1）善于倾听客户的意见和建议。

客户与卖家是一种平等的交易关系，在双方获利的同时，卖家还应尊重客户，认真对待客户提出的各种意见及抱怨，并真正重视起来，才能得到有效改进。在客户抱怨时，卖家应认真倾听，扮好听众的角色，要让客户觉得自己提出的意见受到重视。仅听取还不够，卖家应及时调查客户的反映是否属实，迅速将解决方法及结果反馈给客户，并请其监督。

客户意见是卖家创新的源泉。通过倾听，卖家可以得到有效的信息，并可据此进行创新，促进卖家更好地发展，为客户创造更多的经营价值。当然，卖家也要正确识别客户要求，并进行正确的评估，以最快的速度生产或采购到最符合客户要求的商品，以满足客户的需求。

（2）减少老客户的流失。

部分卖家会放任客户流失。一个卖家如果每年降低 5%的客户流失率，利润每年可增加25%～85%，因此对客户进行成本分析是有必要的。

分析客户流失的原因，对于店铺是非常必要的，卖家在"商品+服务"方面要做到尽善尽美，管理好老客户，减少老客户的流失，就是一场巨大胜利。

（3）用平和心态对待客户的投诉。

当遇到客户投诉的时候，先不计较结果如何，卖家首先应该让客户感觉到自己是抱着积极的态度解决问题的，而不是让问题更加严重化。当客户提出一些要求或者建议的时候，只要合理且在卖家接受的范围内，卖家就应该接受；同样，卖家要据理力争，对于客户提出的不合理要求，要坚决抵制。

3．与客户建立关联

卖家可通过为客户建立客户关系档案，及时了解客户的动态，建立客户关系资源库，维护和客户的良好关系。

（1）向客户灌输长远合作的意义。

客户与卖家合作的过程经常会发生很多的短期行为，这就需要卖家向客户灌输长远合作的好处，并对短期行为进行成本分析，指出短期行为不仅给自己带来很多的不利，而且给客户本身带来资源和成本的浪费。卖家应该向老客户充分阐述自己的美好远景，使老客户认识到只有和卖家保持长期合作才能够获得长期的利益，这样才能使客户与自己同甘苦、共患难，不会被短期的高额利润所迷惑。

（2）优化客户关系。

感情是维系客户关系的重要方式，日常的拜访、节日的真诚问候、婚庆喜事、过生日时的一句真诚祝福、一束鲜花，都会让客户深为感动。交易的结束并不意味着客户关系的结束，卖家在售后还需与客户保持联系，以确保他们的满意持续下去。

防范客户流失工作既是一门艺术，又是一门科学，它需要卖家不断地创造、传递和沟通优质的客户价值，这样才能最终获得、保持和增加客户，锻造自己的核心竞争力，使自己拥有立足市场的资本。

任务三 跨境电商客服工作内容

任务引入

客户在境外店铺购买商品，会遇到各种问题，如购买前对商品的疑惑、对店铺相关活动的疑问；付款后对物流状态的追踪；收货后对商品质量及使用的疑惑等。这一系列问题都需要客户与店铺沟通后进行解决。

就店铺而言，其需要专门的人员帮助店铺做推广与答疑工作，并且汇总客户的问题与反应，同时监控商品物流信息等；需要专门的客服人员作为"中介"，整合店铺对内与对外的业务需要，维系客户与店铺的沟通与处理双方的诉求。

相关知识

客服人员的任务是帮助与服务客户完成整个购买流程，并在此过程中提供周到的服务，以及辅助店铺完成购买追踪与汇总客户信息。因此，客服人员的工作范畴包括"解答售前咨询""解决售后问题""促进销售完成"以及"管理监控职能"4个方面。

订单小单化、碎片化以及订单数量增长迅速，是目前跨境电商的两大特点。由于跨境电商业的客户服务工作所面临的环节多、情况复杂，涉及多种跨境运输渠道，以及不同国家（地区）在语言、文化、商品标准与规范上的各种差异，非专业化的客服工作方式已经不能适应行业的发展与客户需求。

因此，本任务就从梳理跨境电商客服工作内容入手，解答跨境电商客服人员"应该对店铺外部做什么"及"应该对店铺内部做什么"这两个基本的问题，进而为探讨客服工作如何组织、开展、落地等内容进行铺垫。

本任务将客服的工作归纳为解答售前咨询、解决售后问题等。

跨境电商客服工作内容

一、解答售前咨询

在线购物时，客户会对店铺提出大量关于"商品"和"服务"的咨询。

1．解答关于商品的咨询

纵观目前中国跨境电商行业，商品具有以下特点。

（1）商品种类庞杂。从早期的3C、玩具，到后期卖家集中精力经营的服装、配饰、家居用品等，跨境电商涉及的行业不断丰富，基本已经覆盖境内外所有常见的日用消费品。

（2）单个店铺经营的专业品类多。不同于境内电商单个店铺往往只销售一到两个专业品类的特点，在跨境电商交易中，境外客户对"店铺"的概念非常薄弱。这是因为早期建立的境外电商平台大多没有"店铺"的概念，而只有松散的"商品链接"，如美国亚马逊。因此，跨境电商的店铺同时兼营的商品经常涉及多个行业、种类，这就使得客服工作变得更加复杂。

（3）商品规格在不同的国家（地区）存在较大差异。例如，令许多卖家头疼的服装尺码问题，欧洲尺码标准、美国尺码标准与中国商品尺码存在差异。又如，电器设备的标规问题，欧洲、日本、美国电器商品的电压都与中国标规不同，即使是电源插头这样一个小细节，各国（地区）也有较大差异，中国卖家出售的电器适用于澳大利亚的电源插座，但是到了英国就不匹配了。

跨境电商商品的特点增加了客服人员解答商品咨询的难度，而客服人员的工作任务就是，当客户提出任何关于商品的问题时，无论多么复杂，都要为客户做出专业的解答，提出可行的解决方案。

2. 解答关于服务的咨询

跨境电商还具有服务实现复杂性的特点。当面临运输方式、海关申报清关、运输时间以及商品安全性等问题时，跨境电商往往比境内电商需要处理更多、更复杂的问题。而当商品到达境外客户手中后，解答商品在使用中遇到的问题也需要客服人员具备售后服务技巧，这样客服人员才有可能用较低的售后成本为境外客户妥善地解决问题。

很多商品信息在购买页面就可以被读取，但售后还涉及服务问题。一旦商品售出，客服人员所面临的都是关于商品的一系列服务问题，而且相对于商品咨询，服务问题更是千差万别。商品是稳定、不变的，而服务的标准与内容差别很大，客服人员在把握时难度更高。

▌ 二、解决售后问题

1. 跨境电商售后问题产生的原因

跨境电商行业有一个非常有趣的特点，即在正常情况下，客户下单之前很少与卖家进行沟通，这就是行业内经常提到的"静默下单"。卖家首先要在商品描述页中使用图片、视频、文字等方式充分且明确地说明正在销售的商品特点，以及能够提供的售前、售后服务。一旦这些内容落实到商品页面上，就成为卖家做出的不可改变、不可撤销的承诺。

在大众所熟悉的境内电商行业中，大部分客户在下单前都会与客服人员就"是否有库存""可否提供折扣或赠品"等内容进行多次沟通。而在跨境电商行业中，客户往往在下单前不与店铺的客服人员进行联系。客户静默下单，即时付款，对卖家来讲，减少了工作量。

在跨境电商行业中，当客户联系卖家时，往往是客户在商品、物流运输或者其他服务方面遇到了问题，而这些问题是客户无法解决的。大部分情况下，一旦客户联系店铺客服人员，就会对售后环节提出疑问与不满。

统计数据说明，许多跨境电商卖家每天收到的邮件中有将近七成都是关于商品和服务的投诉。也就是说，店铺客服人员在日常工作中处理的主要问题是各种售后问题。

2. 客服人员解决售后问题应具备的能力

（1）客户关系管理的能力。

帮助客户客观地认识问题，稳定他们的情绪，进而控制整个业务谈判的方向，是客服人员必须具备的一项能力。

（2）成本核算与规避损失的能力。

无论是何种商业模式，客服人员在面对客户的投诉时可以采取多种解决方案，然而这些方案往往会涉及一些售后成本。跨境电商不同于境内电商，由于距离远、运输时间长、运输成本高，当商品或服务出现问题时，售后处理方案的成本往往更高。

例如涉及退换货的问题，当一件售价20美元的服装出现尺码严重不符，以致客户无法穿着的情况时，境内电商处理此类问题的方式往往是安排客户退回商品，卖家再重新递送一件尺码合适的服装，其中的售后成本仅是退货与再次发货的运费，这一费用很低，往往低于商品本身的价值，卖家还可以和客户协商由谁承担这个费用。但是在跨境电商交易中，情况就完全不同。在跨境电商中，同样一件20美元的夏季服装，如果需要客户退回商品，可能要为退回商品支付超过10美元的运费（以美国客户为例，使用USPS可跟踪服务退货至中国，0.5千克内的包裹需要花费15~20美元）。退货运费往往超过商品本身的价值，在这种情况下，无论是客户还是卖家，都不愿承担这样的高额退货运费。因此，退换货模式就不再适用。

上述例子中，根据跨境电商的现实情况，售后的处理方法与境内电商是完全不同的，最常见的处理方式就是免费重发或者退款等。而这些处理方法需要卖家支付的成本也是不同的。优秀的客服人员就需要在多种处理方法中引导客户选择对卖家而言成本最低的处理方案。

（3）全面了解店铺商品与各岗位工作流程的能力。

解决客户的问题时，客服人员首先必须是跨境电商的行业专家，需要对商品、采购、物流、通关等方面的工作流程有一个全面且正确的认知。只有这样，客服人员才能够准确地发现问题所在，客户遇到的麻烦才能够得到完美的解决。

除此之外，客服人员还需要熟悉平台规则，了解店铺后台，把握店铺整体评论、评分以及商品星级评分和评论内容，熟悉公司商品，了解商品的功能、特色、成本、物流及供货周期等，了解公司文化和品牌理念等。

（4）良好的沟通能力。

客服人员每天的业务操作都离不开沟通，所以沟通技巧是跨境电商客服人员需要具备的重要能力之一。客服人员熟练掌握沟通技巧，就能使面临的许多问题迎刃而解。良好的沟通可以使交流双方的思想、观念、观点达成一致，让店铺赢得更多的订单和客户，也能避免出现不必要的中差评。同时，客服人员应具备良好的英语听说读写能力，回复邮件速度达到50~100封/天。

三、常见问题与邮件回复模板

客服人员在回复客户提出的问题时，可以参考一些固定的回复模板。下面将从售前、售中及售后3方面介绍邮件回复模板。但是，客服人员不可以完全照搬这些模板，而是需要在了解客户的真实需求后，对模板进行调整，并做出具有针对性的个性化回复。

1．售前

（1）当客户光顾店铺，并询问商品信息时。

> Hello, my dear friend. Thank you for your visiting. Hope you can find the products you need in our store. If you have any need, please feel free to contact me. Thanks again.

（2）库存不多，催促客户下单时。

Dear X,

Thank you for your inquiry.

Yes, we have this item in stock. How many do you want? Right now, we only have lots of the X color left. Since they are very popular, the product has a high risk of selling out soon. Please place your order as soon as possible. Thank you!

Best regards,

(name)

（3）回应客户砍价。

Dear X,

Thank you for your interests in our item.I am sorry but we can't offer you the price you asked for. We feel that the price listed is reasonable and has been carefully calculated and leaves me limited profit already.

However, we'd like to offer you some discounts on bulk purchases. If your order more than X pieces, we will give you a discount of xx% off.

Please let me know if you have any further questions. Thanks.

Sincerely

(name)

（4）断货。

Dear X,

We are sorry to inform you that this item is out of stock at the moment. We will contact the factory to see when they will be available again. Also, we would like to recommend to you some other items which are the same style. We hope you like them as well. You can click on the following link to check them out.

http://www.×××××.com

Please let me know for any further questions. Thanks.

Sincerely

(name)

（5）推广新品。

在客户咨询期间，客服人员可根据自己的经验，为客户推荐自己店铺热销的商品。

Hi friend,

Right now Christmas is coming, and Christmas gift has a large potential market.Many buyers bought them for resale in their own store, Its high profit margin product, here is our Christmas gift link, Please click to check them, if you want to buy more than 10 pieces, we also can help you get a whole-sale price. Thanks.

Regards

(name)

2．售中

（1）关于支付。

选择第三方支付方式，提醒客户商品折扣快要结束了。

Hello X,

　　Thank you for the message. Please note that there are only 3 days left to get 10% off by making payments with Escrow (credit card, Visa, Mastercard, money bookers or Western Union). Please make the payment as soon as possible. I will also send you an additional gift to show our appreciation.

　　Please let me know for any further questions. Thanks.

　　Best regards,

　　(name)

（2）合并支付及修改价格。

Dear X,

　　If you would like to place one order for many items, please first click "add to cart", then "buy now", and check your address and order details carefully before clicking "submit". After that, please inform me, and I will cut down the price to US$XX. You can refresh the page to continue your payment. Thank you.

　　If you have any further questions, please feel free to contact me.

　　Best Regards,

　　(name)

（3）提醒客户尽快付款。

Dear X,

　　We appreciated your purchase from us. However, we noticed you that you haven't made the payment yet. This is a friendly reminder to you to complete the payment transaction as soon as possible. Instant payments are very important ; the earlier you pay, the sooner you will get the item.

　　If you have any problems making the payment, or if you don't want to go through with the order, please let us know. We can help you to resolve the payment problems or cancel the order.

　　Thanks again! Looking forward to hearing from you soon.

　　Best Regards,

　　(Your name)

（4）海关税。

Dear X,

　　Thank you for your inquiry and I am happy to contact you.

　　I understand that you are worried about any possible extra cost for this item. Based on past experience, import taxes falls into two situations.

　　First, in most countries, it did not involve any extra expense on the buyer side for similar small or low-cost items.

Second, in some individual cases, buyers might need to pay some import taxes or customs charges even when their purchase is small. As to specific rates, please control your local customs office.

I appreciate for your understanding!

Best Regards,

(Your name)

（5）客户买错商品。

建议保留原商品，给客户折扣，使其重新购买正确的商品。

Dear X,

Thanks for your message. I am sorry to hear that you bought the wrong item.

Usually we don't accept item returns without any defects. However as you need one item#xxx(item number), I advice you to send us ×××(how much money), hope you can understand we did offer you a great discount. In this way, there is no need for you to return the previous wrong item and we will resend you a correct item.

As you know, if you return it back , you need to take it to the post office and pay for the postage and restocking fee. Once we received the return, we will arrange the reshipment. That will take about 2 weeks for you to get a new item or refund.

What do you think? If you agree, here is our account : (correct PayPal account). Once you send the money please tell me here, and I will arrange the reshipment in time. If you don't agree, please let me know, i will offer you other solution.

Regards,

（Your Name）

（6）付款后发货前客户要求换货。

由于商品价值不同，所以需要客户补差价。

Dear X,

Thanks for your mail and please find the following item ID:×××××××.

If this is the item you want, please pay…as price difference. If you can accept that, I will send a money request to your email, please check it.

Once you have paid for it,please let me know,I will keep an eye on it.

Any problem please contact me freely,I will try my best to help you.

Best Regards.

(Your Name)

3．售后

（1）物流遇到问题。

Dear X,

Thank you for your inquiry. I am happy to contact you.

We would like to confirm that we sent the package on 16 Jan, 2012. However we were informed package did not arrive due to shipping problems with the delivery company. We have resent your order by EMS; the new tracking number is：×××. It usually takes 7 days to arrive to your destination. We are very sorry for the inconvenience. Thank you for your patience.

If you have any further questions, please feel free to contact me.

Best Regards,

(Your name)

（2）退换货问题。

Dear friend,

I'm sorry for the inconvenience. If you are not satisfied with the products, you can return the goods back to us.

When we receive the goods, we will give you a replacement or give you a full refund. We hope to do business with you for a long time.

We will give you a big discount in your next order.

Best regards,

(Your name)

（3）请求客户给予评论。

Dear friend,

If you are satisfied, we sincerely hope that you can take some of your precious minutes to leave us a positive comment and 5-star Detailed Seller Ratings, which are vital importance to the growth of our small company.

Besides, PLEASE DO NOT leaves us 1, 2, 3 or 4-star Detailed Seller Ratings because they are equal to negative feedback. Like what we said before, if you are not satisfied in any regard, please tell us.

Best regards,

(Your name)

（4）海关速度慢。

Dear friend,

Yes, Actually we can send these items to Italy.However, there's only one problem.Due to the Spain and Italy Customs are much stricter than any other Europe Countries, the parcels to these two Countries often meet "Customs Inspection".

That make the shipping time is hard to control.As our former experience, normally it will take 25 to 45 days to arrive at your Country.On the other hand, due to near Xmas days, most of our customers are buying for Xmas gifts. But we can't ensure the parcels can arrive Italy in time.

Is that ok for you ?Waiting for your reply.

Sincerely,

(Your name)

任务四　跨境电商客服人员职业素养

任务引入

客服人员面对客户的不同问题，在沟通与解决的时候，如果没有正确且统一的思路与技巧，不但无法解决客户的问题，还可能使问题放大。因此，客服人员需要在开展工作之前对客户特征有所了解，同时对常见问题进行总结，并且掌握基本的思路与技巧，在实践工作中不断改进与积累。

相关知识

解决客户提出的问题，需要正确的思路与技巧，客服人员必须熟练掌握这些技巧，同时做到随机应变，对客户进行分类。具体的技巧包括：向客户提供专业服务、做谈判的主导、控制客户对事件的认知与情绪、积极提供让客户有选择的解决方案、坚持主动承担责任、让第三方承担错误等。

一、跨境电商客服人员应具备的专业素养

1. 具有发现潜在大客户的敏锐性

大客户往往是通过零售客户转化而来的，但并不是所有的零售客户都是店铺的潜在大客户，这就需要客服人员具有发现潜在大客户的敏锐性。这个技能是无法在短期内形成的，但有些常用的技巧可供参考。例如，潜在大客户会比普通客户更重视卖家的商品丰富度、商品线的备货供应情况，以及当购买数量增加时是否能够得到相应的折扣等。

大客户重视的是与卖家合作之后，是否能够得到更大的利润空间，以及稳定的商品供应和某个类目下丰富的商品种类。供货稳定，批发折扣力度大，运输方案灵活的具有丰富经验的卖家，比较容易博得大客户的青睐。依据这样的思路，客服人员通过与客户的积极沟通交流，对客户进行观察与总结，可逐渐培养发现潜在大客户的敏锐性。

2. 对成本、物流、市场情况的全面了解

店铺客服人员在工作中经常会涉及物流费用、商品成本以及销售利润预算的问题。这就需要客服人员充分掌握本团队所经营商品的成本情况、运输方式的选择以及各项费用的预算。

3. 具备持续跟进的耐力

新手卖家很少能够谈成大额订单的一个重要原因，就是他们在客服工作方面欠缺对重点客户持续跟进。大客户在跨境电商平台上的询盘往往是同时向多个卖家批量发出的，在收到多个卖家的第一轮报价后，大客户往往会对所有的报价以及相应的运输服务进行横向比较。在第一轮报价完成之后，客服人员应该定期与大客户进行联系，明确他们现在的情况与问题，及时调整价格、运输方式、交货时间或者清关方式，这些都是大客户在收到多个报价后主要

考虑的。

采用推己及人的思路考虑这种情况，当客户进行跨境批量采购时，涉及的金额比较大，运输、付款等各项风险也相对较高。因此，境外的大客户在进行采购时并不仅仅考虑报价的高低，更要考虑合作的稳定性与卖家的服务、处理能力。

持续、定期地与客户沟通，解决客户的顾虑或疑惑，与客户一起研究，提供最安全、稳妥的物流和供应方案，是最终取得大额订单的关键。另外，当与客户第一次达成大额订单后，卖家后续的客户服务要更加主动。根据以往经验，跨境电商平台上产生的大额订单再次回购的稳定性非常好。跨境电商平台上的大客户主要是在欧美国家在线下开展零售业务的小店铺业主。由于他们的资金有限，很难像传统进口商一般，开展以集装箱为单位的大额进口贸易，但是小店铺业主的经营是非常灵活的，所以他们的订单往往兼具金额小、下单频率高且稳定的特点。

对于跨境电商卖家而言，与一位客户达成第一笔大额订单只是后续多次合作的开始，其店铺的客服人员要定期联系合作过的客户，为他们提供更加周到的售后服务，同时向他们推荐店铺最新的相关商品。这种回访的模式往往会带来更高的下单率和更加稳定的长期客户。

▌二、跨境电商客服沟通技巧

1．向客户提供专业服务

（1）从专业的角度解决问题。

客服人员需要从专业的角度帮助客户解决问题。第一，客服人员需要清楚明了地向客户解释问题产生的真实原因；第二，无论是针对物流还是商品中涉及的一些专业术语或行业专用的概念，客服人员需要适当简化，用通俗易懂的语言向客户进行说明；第三，客服人员需要基于对问题产生的真实原因，提出负责且有效的解决方案，而不是拖延问题的处理时间。

长远来看，客户就遇到的问题提出投诉，对卖家是好事。问题能够顺利且彻底地解决，可以有效地增加客户对卖家的信任感，进而形成客户黏性。在心态上，卖家应当把每一次客户反映的问题都当作展示自己专业能力的一个机会，用专业的方法与态度解决问题，将偶然下单的客户转变为自己的长期客户。

（2）提供可信赖的数据与证据。

站在客户的角度思考，由于距离远、流程多，加上语言的不同与文化差异的障碍，客户在跨境购物过程中必然容易对卖家产生诸多不信任与怀疑。无论是回答客户的咨询提问，还是在售后应对客户提出的投诉与问题，客服人员应当尽量提供可以让客户"看得见、摸得着"的数据与证据。

对商品来讲，可信赖的证据指商品的细节图片、详尽的使用说明，或者卖家为了说明商品的技术细节而拍摄的短片视频等；对物流方面的问题而言，可信赖的数据与证据指可追踪的包裹单号、可以追踪到包裹信息的网站、最新的物流信息等。

向客户提供数据与证据时，客服人员需要注意以下事项。

① 物流信息务必完整。针对物流这一问题，当回答客户所购商品的包裹邮寄咨询时，客服人员必须同时提供以下3个信息要点：可追踪的包裹单号，可以追踪到包裹信息的网站

及最新的物流信息。

只有当这 3 点信息同时存在时，客户才可以查询到真实、可靠的物流信息。这对增加客户的信任，让客户对日后的再次合作持有信心是非常重要的。

② 境外客户更信任来自本地网站提供的信息。在针对国际物流的相关信息中，"追踪网站"是非常重要的。特别是对境外买家而言，如果客服人员能够提供客户所在地的"追踪网站"，并且能够找到客户母语所展示的追踪信息，这对增加客户对卖家的信任有极大的帮助。

③ 需要提供对专业数据平实易懂的解释。无论是关于商品的技术细节，还是关于跨境电商物流中的各个环节，凡是涉及专业的数据或概念时，客服人员都应该在提供客观数据后，进一步对技术细节和专业数据进行通俗的解释。这样做可以方便零售端的客户更清晰地理解卖家所提供的信息，增加对卖家的信任。

（3）采取多样化的回复方式。

在跨境电商销售平台上，有许多优质的商品，无论是在组装、使用还是在后期的维护中，步骤都比较复杂。此时，卖家一般会撰写大量的说明性文本供客服人员参考。当客户就相关的技术性问题进行咨询时，客服人员可以就各种技术参数、使用方法等进行大段描述与解释。

经过观察，对复杂的问题而言，客服人员说得多并不一定能彻底解决问题。针对这些问题，用图片或视频进行沟通往往会取得更好的效果。例如，制作"安装流程图"或者拍摄简单的"使用演示录像"，并将这些资料放在网络空间中传递给客户。

2. 控制客户对事件的认知与情绪

作为商务谈判的一种，跨境电商客服工作在开展初期就需要将"疏导客户的情绪"作为一个重要的原则与技巧，设法引导客户的情绪，为后面的双向沟通与问题解决打好基础。

（1）淡化事件的严重性，保障问题顺利解决，先让客户心安。

当一个跨境零售电商的客户从一个并不怎么熟悉的国家（地区）购买了一件商品，经过少则一周、多则数周的等待，物流却不能及时妥投，或者收到的商品出现了无法解决的问题，其肯定会充满沮丧与不满。

在跨境电商中，客户作为不专业的一方，不熟悉复杂的国际物流，可能很难清晰地理解卖家所提供的英文说明。因此，当出现问题时，客户普遍会感到问题很棘手，并容易出现焦躁情绪。

针对这种情况，客服人员首先需要做的就是在沟通的每一个环节，特别是在与客户第一次的接触中，要想办法淡化事件的严重性，向客户保证能够帮助其顺利解决问题。

（2）向客户展示感恩的态度。

"感恩"一直是欧美社会普遍认可的一种美德，美国、加拿大、希腊、埃及等国的"感恩节"就是这种社会认知的集中体现。卖家的销量、利润甚至事业，都来自客户，理应对客户心怀感恩。

在实际的客服工作中，客服人员要在字里行间向客户表明一种感恩的态度，对顺利解决投诉或其他问题，说服客户接受卖家提出的解决方案，甚至降低卖家解决问题的成本，都是非常有效的。

（3）最后一封邮件一定来自卖家。

在与客户的沟通过程中，大部分情况下，卖家都使用电子邮件、站内信或者订单留言的方式。从商务礼仪的角度讲，作为卖家，双方文字沟通过程中的最后一封邮件理应由卖家发出，这对增加客户对卖家的好感有一定的积极作用。

另外，从技术的角度讲，许多跨境电商平台在后台系统中都会有一个自动设置，用来扫描卖家所有站内信或订单留言的平均回复时间。平均回复时间越短，时效越高，这一个细微的侧面也能反映出卖家的服务水平。

在实际操作中，卖家往往会遇到这种情况：经过沟通后，卖家顺利帮助客户解决了问题，而客户往往会回复一封简单的"Thanks"或"OK"的信息，对于这种邮件，卖家可能就不做任何回复了。由于各个跨境电商平台的后台系统无法真正识别客户发出的信息内容是否需要回复，这些简短的客户信息如果没有得到及时回复，就可能影响系统对"卖家回复信息时效"的判断。

因此，客服人员要做到无论在何种情况下，与客户进行的互动中，最后一封邮件一定来自卖家。这既是出于礼貌，也是出于技巧的考虑。

> **案例**
>
> 2017 年 7 月 5 日，一种名为 Petya 的新型病毒袭击了俄罗斯、乌克兰等多个国家，全球物流商 TNT 的 IT 系统也遭受攻击，导致 TNT 的物流业务遭遇延迟，出口跨境电商卖家的包裹遭受影响。
>
> 一周之后，外媒报道 TNT 母公司 FedEx 已宣布了目前针对 TNT 的 IT 系统被攻击后的全球包裹的处理情况。FedEx 方面表示，TNT 正在继续实施应急计划，以减轻该病毒袭击事件的影响。其在声明中指出，TNT 团队正在修复系统方面取得积极进展，并有条不紊地将业务中的关键系统和服务重新上线。TNT 欧洲内部的通路和航空线路已正常运营，可以继续提货和运输。
>
> "联邦快递和 TNT 的网络正在努力将对客户的影响最小化，包括提供全套联邦快递服务作为替代方案，但客户在短期内可能还会遇到一些服务延误和限制。"TNT 声明中说道。此外，该声明还指出，虽然 TNT 操作和通信系统已经中断，但并没有出现数据泄露的情况。所有其他联邦快递公司的业务都不受影响。
>
> 而实际上，有外媒指出，目前 TNT 并未提供预计的恢复时间，也没有详细说明其 IT 环境受到影响的严重程度。对于本次病毒事件产生的 TNT 包裹延误，不同客户也发表了自己的看法。
>
> "7 月 3 日，我还在等待一个包裹。虽然我知道网络攻击的严重程度，但这延误影响了我的业务。"一位客户在 Facebook 上写道。
>
> "我担心我的包裹漂浮到世界某个地方却完全没有追踪情况。"另一个因没有包裹追踪而担忧的客户说道。
>
> "跟踪服务没有变化，巨大的运输延迟，也没有任何沟通和信息。"一位客户也说道。
>
> 问题：面对上述突发情况，客服人员应该如何向客户解释？

3．卖家积极提供让客户有选择的解决方案

（1）方案应由卖家主动提供，而不是由客户提出。

经过与大量的客服人员的接触可发现，在遇到问题时，新手客服人员的工作态度往往非常被动。最常见的情况就是，出现问题后，卖家不是主动为客户寻找解决方案，而是问客户"您想怎么解决呢"。这是一种非常不专业的做法，会给客户留下不在乎、缺乏专业素养的不

良印象，为后面问题的解决增加了困难。由于跨境电商中的客户对这个行业并不了解，缺乏必要的专业知识，因此，由客户提出的解决方案，往往对卖家而言是执行困难且成本较高的。

在出现问题的第一时间，卖家应该积极地提出解决方案，既能给客户留下专业、负责任的印象，又能够最大限度地降低处理问题的成本和难度。

（2）尽量提供多个方案（至少2个）供客户备选。

在为客户提供解决方案时，建议尽量提供两个或两个以上的解决方案。这样做的好处在于：一方面，多个方案给客户备选，让客户能够充分体会到卖家对其的尊重，使客户更有安全感；另一方面，提供两个主推解决方案，加上一个到两个备选方案，也可以防止在客户不接受卖家主推方案时，单方面向平台提起纠纷或给店铺留差评。

4．坚持主动承担责任，第三方承担错误

（1）寻找合适的解释理由。

面对客户的不满情绪或者投诉时，卖家需要为客户找到一个合理的能够接受的理由，并且这个理由最好由第三方（卖家和买家之外）或者不可抗力引起。从照顾客户心理的角度出发，一个合理的理由可以让客户更容易接受卖家提出的解决方案，从而快速解决纠纷和争议。

（2）真诚地承担责任。

需要注意的是，为客户寻找一个合理的理由（无论这个理由是否真实），并不是说卖家不承担责任，只是为了让客户能够更容易接受卖家提出的方案，其出发点是服务客户。也就是说，把错误合理地推诿到第三方身上，并表明"即使错误不在我们，我们仍然愿意为客户解决问题"的态度，这样往往更能平息客户的怒气，使其更顺利地接受卖家提出的方案。

从长远来讲，只有卖家把客户当作自己的朋友，以诚意相待，以最快捷、最彻底的方式帮助客户解决问题，才有可能在一次次的实践中积累客户对卖家的信任。只要卖家能够让客户感受到诚意，完美地为他们解决一个又一个的问题，这些客户就更容易成为店铺的长期客户，这种买卖双方的经历和感情更弥足珍贵。

5．注重回复邮件的技巧

（1）基本功扎实，避免拼写与语法错误。

在跨境电商行业中，并不是每一个岗位都需要具备高超的外语技能，但是对客服岗位而言，熟练掌握最主要客户的语言是必需的。即使在进入工作岗位后，客服人员也需不断加强对语言的学习，特别需要准确并熟练地掌握所售商品的专业词汇。

客服人员要扎实肯干、注重细节，尽量避免出现低级的拼写与语法错误，正确使用客户的母语，这一方面展示了卖家对客户的尊重，另一方面也可以有效地提高客户对卖家的信任感。

（2）邮件中不要有成段的大写。

某些卖家为了在邮件文字中突出展示重点信息（如促销优惠信息等）而采用成段的大写字母，这样做虽然可以有效地突出重点，让客户一眼就看到卖家所要表达的核心内容，但也会产生一些副作用。

在英语世界中，文本中成段的大写往往表达愤怒、暴躁等激动的情绪，是一种缺乏礼貌的书写方式。因此，客服人员需要在日常工作中注意这一细节。

（3）尽量使用结构简单、用词平实的短句。

在与客户的沟通过程中，考虑到方便大部分客户的阅读习惯，客服人员应当尽量使用结

构简单、用词平实的短句，这样可以在最短的时间内让客户充分理解卖方所要表达的意思。

当前在速卖通平台上使用最多的语种是英语，但客户来自全球 220 多个国家和地区，其中大部分国家（地区）的客户并没有使用英语作为自己的母语。很常见的情况是，许多客户仍需通过"谷歌翻译"等在线翻译工具阅读店铺的商品页面与邮件。针对这种情况，卖家需要为他们简化店铺的书面语言，提高沟通效率。

（4）巧用分段与空行，让客户尽快找到想看到的重点。

大部分人在阅读卖家邮件、促销信息等文字资料时，都会采取跳读（略读）。跳读指快速阅读文章以了解其内容大意的阅读方法。换句话说，跳读是读者有选择地进行阅读，可跳过某些细节，以求抓住文章的大概，从而加快阅读速度。

针对这种情况，客服人员在撰写电子邮件时，需要特别注意按照文章的逻辑将整篇邮件进行自然分段，并在段与段之间添加空行，这样有利于客户快速地浏览非重要的段落，跳至重点信息。

这一技巧一方面可以有效地节省客户的阅读时间，增加客户与卖家的沟通信心；另一方面，清晰地按逻辑进行分段，可以给客户留下专业、有条理的印象，增加客户对卖家的信任感。

三、激发跨境电商客服人员的创新能力：客户再营销

销售与促销往往被认为是业务销售人员的工作。但实际上，在跨境电商领域中，客服人员如果能够充分发挥主观能动性，就能够为企业和团队创造巨大的销售业绩。

客服人员需要在与客户的首次以及后续交易中发挥主观能动性，尽可能促进后续交易的稳定进行。

1. 促进再次交易的途径

（1）顺理成章。跨境电商客服人员除了解答客户的问题外，还有一个非常重要的职责，就是促成潜在大客户的大额批发订单成交，这一工作范畴就是促成客户再次交易的一种途径和目标。在跨境电商中，许多大客户的购买模式往往是挑选几家店铺做小额的样品采购，在确认样品的质量、款式以及卖家的服务水平之后，这些客户经常会试探性地增加单笔订单的数量和金额，之后逐渐发展为稳定的"采购—大额供应"关系。根据以往经验，美国客户、澳大利亚客户和俄罗斯客户等是潜在大客户的主要人群。

（2）转危为安。除了促成大额订单外，客服人员通过自己的努力，也可以有效地帮助零散客户再次与店铺进行交易。在普遍"静默下单"的情况下，店铺的境外客户很少与跨境电商零售团队进行深入交流，也就很难成为具有黏性的老客户。因此，客服人员在遇到客户的投诉问题时，不要感到麻烦与急躁，应当将这种沟通作为展示自己团队服务水平的机会，促成客户再次交易。

2. 实现再次交易的方法

（1）卖家对问题的完美解决会在客户心中大大加分——形成客户黏性。

很多在店铺下单几十次的老客户往往是在最初几次交易中遇到过问题的人。而当客服人员帮他们完美地解决问题后，客户对卖家的信任会显著增强。特别是当客服人员专业的服务态度能够感动客户时，两者的信任关系迅速增进，这种人与人之间的相互信任关系可以促使客户稳定下单。

（2）从大量售前咨询中发掘潜在大客户——促成大额交易。

跨境零售电商行业中（特别是在速卖通平台上）有大量的境外客户主要的目的是搜寻合适的供应商。无论是售前还是售后的咨询，这类客户更关注卖家在商品种类的丰富程度、商品线的开发拓展速度、物流与清关的服务水平和大额订单的折扣力度与供货能力等。一旦发现这种客户，客服人员需要积极跟进，不断地解决客户的所有疑问与顾虑，最终促成订单的成交。

（3）巧妙使用邮件群发等工具形成客户社群——增加回头客。

在跨境电商的营销过程中，通过与营销业务人员的配合，客服人员也可以扮演非常重要的营销角色。相对于境内买家，境外零售电商的客户更容易接受"客户俱乐部制"等客户社群方式。因此，有效且精准的营销邮件群发，一方面可以增强客户的黏性，另一方面也可以发放优惠券，促使客户参与店铺的各种促销活动，促进他们回店再次下单。

（4）充分利用境外社交平台进行精准营销。

做推广想要获得好的效果，建议选择成熟度较高的渠道。例如 Facebook、YouTube 等境外社交平台，能够通过大数据精准定向，精准触达潜在客户群体，将商品和服务传递给目标人群，成本低，转化率高。

📖 项目实训

在目前跨境电商企业经常遇到的纠纷问题中，常见的有以下几类，分别是客户未收到货、客户只收到部分商品、承诺时间内未收到货、包裹滞留海关、客户收到的商品与描述不符、商品破损、商品无法正常工作等。

小茗在深圳某跨境电商企业已顺利通过实习期考核，成为正式员工。周一，他和往常一样来到办公室，第一件事就是打开计算机查阅客户邮件或留言。他发现后台有不少客户的留言，小茗在对客户的留言信息进行分类和筛选后，选取了以下 3 份进行加急处理。

来自巴西的客户留言：

> I wrote to you twice and you had more than 10 days to answer. It is ovious you do not want to solve this issue. One of the packages arrived weeks ago, the other did not.

来自俄罗斯的客户留言：

> Unfortunately, you sent me wrong products. I've ordered SMD1317 - 20LEDs - 15w, received 42LEDs-5W. Third times difference in power. I'm very upset, because, I always receive corn bulbs with lower power. This time I'm triple upset, because you sent the wrong bulbs. If you need I can send you the link to the video.

来自中东的客户留言：

> Checked the goods and as evidenced by the photos attached the goods are faulty, barely touched the pieces are broken, so I ask for a partial refund of 16 USD.

思考：

1. 来自巴西、俄罗斯、中东的客户诉求分别是什么？
2. 小茗应如何回复来自巴西、俄罗斯、中东的客户？

📖 项目小结

本项目主要介绍了搜索境外目标客户的方法，跨境电商客户关系管理的相关知识，如客户关系管理理论、客户生命周期理论以及跨境电商客户的分类，随后重点讲述了跨境电商客服的工作内容、客服人员的职业素养等内容。

📖 习 题

一、判断题

1. 跨境电商客服的工作内容仅包含与客户进行沟通。　　　　　　　　　（　　）
2. 跨境电商客户分类的维度要根据店铺特点决定。　　　　　　　　　（　　）
3. 跨境电商客服人员需要主动承担错误。　　　　　　　　　　　　　（　　）
4. 跨境电商客服人员需要尽力提供可信赖的数据。　　　　　　　　　（　　）
5. 跨境电商客服人员只需专心服务新客户，老客户会自动购物。　　　（　　）

二、简答题

1. 简述跨境电商客户关系管理的过程。
2. 简述跨境电商客服工作内容。
3. 简述跨境电商客服人员的职业素养。

三、实训题

浏览亚马逊、速卖通、Shopee 三大跨境电商平台网站，向客服人员询问，分析其客户服务特色，并形成实训报告。

进口跨境电商

学习目标 ↓

素质目标

掌握进口跨境电商的流程，了解保税仓进口模式，树立进口营销意识；

了解和掌握进口跨境电商法律法规政策，树立法律意识。

知识目标

了解进口跨境电商的生态圈；

理解进口跨境电商的价值链；

掌握进口跨境电商的模式。

能力目标

能够理解进口跨境电商的分类；

能够掌握进口跨境电商的流程。

任务一 进口跨境电商的生态圈和价值链

任务引入

商务部新闻发言人高峰透露，2020 年我国跨境电商零售进口规模已突破 1000 亿元。自 2018 年 11 月开展跨境电商零售进口试点以来，各相关部门和地方积极探索，不断完善政策体系，在发展中规范，在规范中发展。同时，风险防控和监管体系也在逐步健全，事中事后监管有力有效，具备了更大范围内复制推广的条件。2021 年 3 月 18 日，商务部、发展改革委、财政部、海关总署、税务总局、市场监管总局等六部门联合发布《关于扩大跨境电商零售进口试点、严格落实监管要求的通知》（以下简称《通知》）。《通知》中将跨境电商零售进口试点扩大至所有自贸试验区、跨境电商综试区、综合保税区、进口贸易促进创新示范区、保税物流中心（B 型）所在城市（及区域）。今后相关城市（区域）经所在地海关确认符合监管要求后，即可按照《商务部 发展改革委 财政部 海关总署 税务总局 市场监管总局关于完善跨境电子商务零售进口监管有关工作的通知》（商财发〔2018〕486 号）要求，开展网购保税进口（海关监管方式代码 1210）业务。

网购保税进口模式是指跨境电商企业通过集中采购，统一将货物从境外发至境内仓库，当客户在网上下单后，再由物流公司将货物直接从仓库配送至客户手中。相比于电商直购模式，电商企业运营成本更低，境内客户下单收货更为便捷。

相关知识

2014 年是跨境电商元年，海关总署《56 号文》和《57 号文》出台，这从国家政策层面承认了进口跨境电商。在此之前，跨境电商业态呈现的是以代购、转运为主要特点的业务形态，基本由海外代购、转运服务商等小微个体、中小企业主导；随着政策的明朗，电商平台、线下零售商、资本方、创业者、地方人民政府等多种力量开始角逐跨境电商市场。随着境内市场对境外商品的需求高涨，预计未来跨境电商进口的份额将有一定的扩大，但由于跨境电商进口受国家政策影响较大，跨境电商进口份额将会保持相对平稳缓慢的提升。

商务部市场运行和消费促进司长朱小良在新闻发布会上表示，2021 年商务部加快发展跨境电商零售进口业务，发挥进口博览会、消费品博览会等重要展会平台作用，扩大优质商品进口。支持外向型生产企业，加大境内市场开拓力度，开展形式多样的展销活动，鼓励电商平台、步行街、连锁商超等设立专区专柜，拓宽优质商品销售渠道。

进口跨境电商的生态圈和价值链

一、进口跨境电商的内涵

跨境电商零售进口是指我国客户通过跨境电商第三方平台经营者从境外购买商品，通过"网购保税进口"（海关监督方式代码 1210）和"直购进口"（海关监督方式代码 9610）入境的消费行为。它是一种利用"互联网+外贸"引进境外

商品的零售形式。境外供应链企业向境内代理人提供供应链企业销售的商品信息，在天猫国际、京东国际、全球云仓等平台上展示。客户购买商品，卖家通过报关、清关等一系列操作，将商品通过跨境物流送到客户手中。"9610"的全称为"跨境贸易电子商务"，通常简称为集货模式，适用于个人或电商企业通过电商平台实现交易，以"清单核放、汇总申报"的模式办理报关手续的电商零售进出口商品。"1210"称备货模式，即跨境电商网站可以将未售出的商品批发到我国保税物流中心，然后进行网上零售，卖一件就清关一件。如果商品没有售出，就不能离开保税物流中心，但不需要向海关申报。如果商品不能出售，它们也可以直接返回境外。

进口跨境供应链汇集了广泛的境外商品资源，以高效、协调的方式支撑产业链，完成商品采购、生产、交付和售后服务的全过程。供应链是完成整个交易所需的支持，包括供应商、制造商、承运人、零售商、客户等多个主体。供应链的整合能力决定了供应链的竞争力，也决定了供应链中涉及的产业链和交易链的利益。进口跨境供应链企业一般提供渠道、技术和售后服务等。

进口跨境电商平台是指依法展示进口跨境商品的具有一定资质的电商平台，如天猫国际、京东国际等。跨境供应商可以在该平台上展示商品，客户可以通过该平台购买商品。商品从境外的供应商直接发货，送达客户手中，而平台方只发挥中介作用。

▋二、进口跨境电商的生态圈

进口跨境电商生态圈包括境外品牌商、中间交易商、物流服务商和零售商，它通过线上和线下的途径，采用代购和转运的手段，把商品送到客户手里。

1．境外品牌商

境外品牌商的职责是定位客户、做好商品、提升品牌价值，然后根据商品特点和品牌价值选择适合的分销模式和渠道。对于在中国已经有成熟的分销体系的境外品牌商而言（通常都是一线品牌），经过多年的品牌和渠道经营，中国客户对其品牌已经耳熟能详，其销售渠道也早已多元化和成熟化。而对于在中国没有分销体系的境外品牌商而言，只能由代购推动。当前境外品牌商在跨境电商生态圈中仅为供应商角色，离贸易商很近，离零售商甚远。

2．中间交易商

一级代理商、贸易商、分销商、供应链金融服务商群体是真正卖货的，该群体即中间交易商，在境外品牌商缺乏的情况下，他们是激活市场的重要力量，跨境电商的价值链就有他们的存在，他们通过给电商供货、给代购供货、给微商供货等方式形成当下的跨境供应链体系。

互联网和电商是"去中间化"的，在境内电商中，品牌商和电商直接对接，中间交易商的地位并不重要。而在跨境电商中，中间交易商的地位非常重要，是境外品牌商和零售商的贸易润滑剂。例如，境外品牌商不给客户账期或账期很短，而贸易商现金采购，并给跨境电商赊账。在这种情况下，贸易商承担了供应链金融的角色，从而促成了交易。不了解中国市场的境外品牌商需要通过中间交易商推动品牌影响力和销售业绩，甚至引领需求和创造需求。

3．物流服务商

物流服务商群体大致包括海外仓/保税仓、空运/海运、境内快递/邮政、清关行、转运商和物流解决方案服务商，该群体基本搭建起跨境电商的物流服务体系。在这个体系中，清关是最重要的环节，清关的重点在于关税。跨境电商阳光清关模式基本上包括 B2B2C、B2C、个人物品和邮政包裹。

4．零售商

线上电商、O2O 零售商统称为零售商，他们是真正接触客户、促进客户下单的群体。从零售商的规模或实力划分，零售商大致可以分为以下两类。

（1）零售巨头。

现有境内电商"巨头"旗下的跨境业务板块有天猫国际、京东国际、考拉海购等。这些"巨头"代表现有电商格局，目标是凭借现有的客户规模、流量和资金优势继续维持甚至扩大其在电商市场的份额与地位。

（2）创业者。

这些创业者是跨境电商政策放开前后拿到风投的创业公司，代表有小红书、洋码头等。面对市场的不确定性，零售巨头可以凭借其母公司源源不断的现金流生存下去，但创业者首要任务是为生存而战。中国在线零售格局已定，市场份额、客户规模、公司实力产生的规模效益，对零售这一最强调规模效应的商业模式而言，让新进入者的门槛极高。创业者的毛利率很低，只有通过创新产生差异化，机会可能出现在创新的差异化内。例如，深圳海豚村就掌握了众多的境外零售商资源，且这些资源具有排他性；格格家以食品为主，食品是天然可以从线下获取流量的品类，客户好切入。

三、进口跨境电商的价值链

按照商业模式、供应链形态和清关模式的不同，跨境电商分为两个链条：其一是电商链，其二是代购链。

1．电商链

电商链商业模式上多是线上电商、O2O 电商；供应链形态包括 B2B2C 备货、海外仓备货和境外寄售模式；清关采用 B2B2C/B2B、个人物品、邮政包裹等阳光清关方式。零售巨头和创业者基本都在这个链条上，该链条是国家政策鼓励的，但是竞争非常激烈。其在 2016 年的市场份额大概是 400 亿元，其中零售巨头大约占 300 亿元，创业者大约占 100 亿元。电商链总体市场规模太小，下游的服务商也显得供给过剩，只有中间商和物流服务商可以为不同的客户提供服务。

2．代购链

代购链是指代购和转运模式，供应链形态多采用店铺扫货，清关多采用个人物品和邮政包裹等阳光清关方式。代购和转运业务根据不同国家（地区）不同的零售业特点、供应链特点而不同。

美国是现代品牌理论的发源地，有着全球最多的世界知名品牌，同时具备线上和线下都发达的零售体系，这使得美国成为海淘、代购的发源地；同时也使得美国代购具有线上和线下双繁荣的特色，既有遍地开发的收货点，也有数量众多的转运物流商。

在跨境电商新业态的大潮下，代购业态正在发生巨大的变化。这个变化主要体现在供应链的变化上：标类商品正在由代购店铺扫货向供应商一件代发给代购转变；非标类商品由个体的店铺扫货向买手或物流商批量扫货发展，批量扫货后再一件代发给代购。这些都代表供应链采购集中的趋势，在这个趋势逐步推进的过程中，代购商在价值链中承担角色的演变。

四、进口跨境电商的驱动力

跨境电商是中国零售的一个领域，要思考跨境电商的未来，首先要思考当下中国零售的发展趋势，其次要思考跨境电商自身领域的一些关键因素。当下中国零售正在发生深刻的变革，这种变革不仅来自需求端的重大变化，而且中产阶级消费升级、零售技术的重大变化等对其产生深远的影响，这些重大变化正在或将要驱动中国零售发生重大变革。

1．中产阶层的形成和壮大促进了跨境电商的发展

我国的中产阶层逐步形成，因为我国人口基数大，这个群体数量也非常庞大。中产阶层的价值观、消费观将影响我国经济和文化的方方面面。消费受到该阶层的影响也不例外。中产阶层的消费更注重商品的品牌、品质、品位、健康甚至精神上的满足，对进口商品的需求也在增加。

2．移动互联网技术成为跨境电商规模化最强劲的驱动力

零售业态的不断演进发展一直伴随着先进技术的驱动，无论是线下沃尔玛还是线上亚马逊，都是零售业态新技术的倡导者和践行者。沃尔玛是第一家使用卫星的零售企业，现在正在美国实践 RFID；亚马逊正采用机器人等新技术用于提高订单履约效率。在我国，移动互联网是零售业态变革的最大技术驱动力。移动互联网硬件和软件快速的、几乎覆盖所有人群的普及率，让零售的方方面面或已经发生，或正在发生，或将要发生重大的变革。

（1）客户购买习惯发生变化，如从在 PC 端下单转向在移动端下单；客户的支付方式也发生了变化，越来越多的卖家支持移动支付。

（2）微信、微博等 SNS 平台让线上流量变得更加碎片化。通过微信、微博，人人都可以是信息的生产者，人人皆有成为"网红"的潜力。这让打破渠道垄断、实现渠道多元化成为一种可能与现实；同时，品牌的推广和运营也多了一个新模式；小企业、小组织乃至个人都有可能创造小众品牌，客户也有可能越来越倾向于小众品牌。

（3）购物场景的多元化。微信的熟人关系等特质使购物场景层出不穷。现在的代购、通过微信群团购商品、拼团购物等都是场景式购物，相信未来会有越来越多的场景式购物创新。

（4）线下融合线上。移动互联网让线下的体验和服务优势与线上的便捷、客户无边界优势相结合成为可能。

3．快递网络的全国性覆盖也驱动了跨境电商的发展

我国农村快递网点新增近 9.5 万个，乡镇网点覆盖率提高到 70%以上，农村物流服务体系的邮政快递设施网络初步形成。快递网络全国性覆盖的意义在于，不但让农村农副商品走进城市，也让城市工业商品流入农村。

五、进口跨境电商的发展趋势

1．政策动向

母婴、食品、低价化妆品类保税税率提高，直邮与一般进口利好。一

进口跨境电商驱动力和发展趋势

段时间以来，按行邮税征收的模式对国家税收造成一定流失，并对一般贸易进口和境内商品销售造成影响。有关消息称，我国将以新税制取代行邮税：取消 50 元以下免征政策，按增值税和消费税缴税，并减免 30%。这一政策将对不同品类的税率造成不同影响。其中，母婴、食品、100 元以下化妆品等品类税率将提高，保税模式下的这些品类相对于直邮和一般贸易进口的优势将减少。而轻奢服饰、100 元以上化妆品等品类税率将降低，其优势将进一步扩大，如图 10-1 所示。

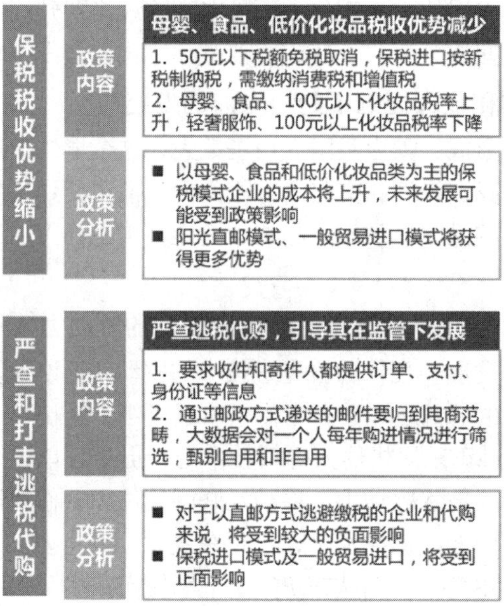

图 10-1　跨境进口零售电商未来重要政策动向

此外，我国也将针对直邮模式发布更加严厉的监管政策，在邮政物流方式中采取信息联网监管，以进一步减少税收逃逸。这一政策将使部分海外直邮模式的电商及代购的成本上升。

2．物流发展

跨境物流将进一步信息化、多功能化和低成本化。未来，跨境物流将不断优化：流程方面，物流信息将更加全面对接系统，使电商平台、海关、客户实现物流信息共享，以便于海关监管并提升客户体验；模式方面，与物流仓储相关的配套设施将逐渐健全，保税物流中心在仓储配送外，还将提供商品分拣、贴标、融资、质押监管、退换货等多项增值服务，并将联合卖家开展保税商品线下展示体验，形成 O2O 闭环以促进客户购买；在成本方面，各电商企业将加大海外建仓力度，以大宗运输代替小包，使得跨境物流成本不断下降。

3．品牌打造

客户需求升级，电商需要从智能选品、社交等方面培养客户的忠诚度。随着跨境网购逐渐被客户熟悉，客户的需求也将逐步升级。更多客户从对低价的追求升级为对品质的追求，时间也逐渐成为比价格更敏感的因素。因此，跨境电商将在解决客户基础需求、完善跨境电商基本设施的基础上，逐步培养客户对电商品牌的黏性和忠诚度。其在选品上将更加精准和独特，利用如大数据智能化选品等方式，进行更有针对性的选品。此外，电商还将更加关注转化率，通过社区、社交等与电商结合的方式，提高客户对平台的信任度，促进下单转化、培养使用习惯，最终提高客户对电商品牌的黏性和忠诚度。

任务二 进口跨境电商的模式

任务引入

进口跨境电商 4 种常见模式

目前，进口跨境电商清关模式主要包括 C2C（代购模式）、B2C（海淘模式）、B2C（直邮 9610 模式）、B2B2C（保税 1210 模式）4 种模式。

1. C2C（代购模式）

C2C 代购模式主要针对个人物品邮包和快件（也称个人物品行邮、个人物品直邮），遵循合理自用原则，方便境内外个人邮递物品。例如，生活中常见的境外客户通过邮局或联系快递公司从境外寄些书籍、衣物之类的物品到境内，帮境内亲朋寄些小礼物等，就采用这种方式。这种方式称为 B 类快件，缴纳的是行邮税；这是以个人名义清关，比较适合个人卖家、海淘卖家、代购群体和转运公司。

2. B2C（海淘模式）

B2C 海淘模式的商品仓储管理地点在境外，所有商品的生产、采购和管理都由境外法律严格监管，商品是从境外电商网站直接购买，由电商网站寄回境内。由于境外直邮运输距离远，B2C 海淘模式的时效一般为 3～15 天，遇到商品质量问题，难以退换；2019 年电商法执行后，B2C（海淘模式）已经趋向边缘化，众多淘宝全球购卖家寻求新的出路。

3. B2C（直邮 9610 模式）

B2C 直邮模式又称直购进口模式，指客户在电商平台上下单付款后，电商平台一边将海外仓中的商品按订单分拣打包，并将包裹批量运输到境内做过企业备案的口岸；另一边将客户下单付款后生成的订单、支付单、物流单等数据发送到海关系统进行清关。清关采用跨境电商模式，同保税备货一样省去一般贸易所需的前置手续；在系统清关完成且包裹通过 X 光机查验后，即可由境内快递揽收和派送给收件人。

4. B2B2C（保税 1210 模式）

跨境电商保税备货模式指先把商品整批进口到境内保税仓中，采用跨境电商模式报关报检，省去一般贸易所需的前置手续，准入门槛低，方便快捷。客户在电商平台上下单付款后，电商平台将相应生成的订单、支付单、物流单等数据发送到海关系统进行申报。海关放行后，保税仓根据订单将商品打包并快递给收件人，不允许即买即取（部分试点区域除外）和客户转手再次进行销售。随着国家电商政策的不断调整，当前 C2C（代购模式）和本地直邮物流（海淘模式）逐渐退出电商舞台，国家更加鼓励和支持合法合规的 B2C（直邮 9610 模式）和 B2B2C（保税 1210 模式）的跨境电商模式。

相关知识

进口跨境电商从交易对象上看，主要分为 B2B、B2C 和 C2C。从狭义上看，进口跨境电商主要是跨境零售，即 B2C 和 C2C，基本上针对客户；从广义上看，进口跨境电商除了跨境零售外，还包括外贸电商 B2B。外贸电商是指分属在不同关境的交易主体，利用电商把传统进出口贸易中的洽谈、展示、成交环节变成电子化，使商品通过跨境物流进行送达、交易的一种国际商业活动。在这个过程中，界定电商的关键要素有三个：一是买卖双方在不同的关境；二是必须在网上完成下单和支付；三是通过跨境物流完成从境外到境内的商品的运送。满足这 3 个要素，通常可被判定为跨境电商。现阶段的进口跨境电商商业活动中，交易和结算等环节都在线上完成的较少，保税区开展的 B2B2C 模式也属于跨境零售。

进口跨境电商的
模式

一、根据运营模式分类

根据运营模式不同，进口跨境电商可以分为海外代购模式、直发/直运平台模式、自营 B2C 模式、导购/返利模式、境外商品闪购模式。

1．海外代购模式

海外代购模式是客户熟知的跨境网购概念，是身在境外的卖家为有需求的境内客户在境外采购所需商品并通过跨境物流将商品送达客户手中的模式。海外代购平台的运营重点是尽可能多地吸引符合要求的第三方卖家入驻，平台并不会深度涉入采购、销售以及跨境物流环节。入驻平台的卖家根据客户订单集中采购特定商品，通过跨境物流将商品发至境内客户。海外代购平台采用典型的跨境 C2C 平台路线，代购平台通过向入驻卖家收取入场费、交易费、增值服务费等获取利润，入驻平台的卖家通常要具有境外采购能力或者跨境贸易能力。海外代购模式的优势在于为客户提供了较为丰富的境外商品品类且客户流量较大；劣势是客户对于入驻商户的真实资质持怀疑态度，交易信用环节可能是 C2C 海外代购平台目前面临的最棘手的难题。此外，海外代购模式对跨境供应链的涉入较浅，或难以建立充分的竞争优势。其代表商家包括淘宝全球购、京东国际、易趣全球集市、美国购物网等。

2．直发/直运平台模式

在直发/直运平台模式下，电商平台通常不需要商品库存，而是把接收到的客户订单信息发给批发商或厂商，后者按照订单信息以零售的形式为客户发送商品。直发/直运平台的部分利润来自于商品零售价和批发价之间的差额。由于供货商是品牌商、批发商或厂商，因此直发/直运是一种典型的 B2C 模式。该模式一般对跨境供应链的涉入较深，后续发展潜力较大。直发/直运平台在寻找供货商时往往与可靠的境外供应商直接谈判签订跨境零售供货协议；在跨境物流环节通常可能会选择自建国际物流系统（如洋码头）或者和特定国家（地区）的邮政、物流系统达成战略合作关系（如天猫国际）。该模式的劣势体现为招商缓慢，前期流量相对不足；前期所需资金体量较大；客户信息直接透露给供货商；环节涉及多方，贸易纠纷处理不便；商品品类受限，商品价值较高才能适用。其代表商家包括天猫国际、洋码头、跨境通、苏宁全球购、海豚村、一帆海购网、走秀网等。

3．自营 B2C 模式

自营 B2C 模式分为综合型自营和垂直型自营两类。综合型自营跨境 B2C 平台的跨境供应链管理能力强，拥有强势的供应商管理和完善的跨境物流解决方案，后备资金充裕。但该模式同样面临业务发展受到行业政策变动影响显著的问题，代表商家有亚马逊和 1 号店的"1号海购"。垂直型自营跨境 B2C 平台在选择自营品类时会集中于某个特定的范畴，如食品、奢侈品、化妆品、服饰等。供应商管理能力相对较强，但前期需要较大的资金支持。其代表商家包括中粮我买网、寺库网、莎莎网、草莓网等。

4．导购/返利模式

导购/返利模式是一种比较轻松的电商模式，我们可以将其分成两部分理解：引流部分与商品交易部分。引流部分是指通过导购信息、商品比价、海购社区论坛、海购博客以及客户返利吸引客户流量；商品交易部分是指客户通过站内链接向境外 B2C 电商或者境外代购者提交订单实现跨境购物。为了提升商品品类的丰富度和货源的充裕度，这类平台通常会搭配海外 C2C 代购模式。因此，从交易关系来看，这种模式可以被理解为海淘 B2C 模式+代购 C2C 模式的综合体。通常，导购/返利平台会把自己的页面与境外 B2C 电商的商品销售页面进行对接，一旦产生销售，B2C 电商就会给予导购平台 5%～15%的返点。导购平台则把其所获返点中的一部分作为返利回馈给客户。其优势在于语言平台定位对信息流的整合，较容易开展业务。引流部分可以在较短时间内为平台吸引到不少海购客户，可以比较好地理解客户的前端需求。但长期而言，由于对跨境供应链把控较弱且进入门槛低，竞争优势建立困难，若无法尽快达到一定的可持续流量规模，其后续发展可能比较难以维持。其代表商家有 55 海淘、一淘网、极客海淘、海淘城、海淘居、海猫季等。

5．境外商品闪购模式

除了以上进口零售电商模式外，境外商品闪购是一种相对独特的做法，我们将其单独列出。境外商品闪购模式是以互联网为媒介的 B2C 电子零售交易活动，以限时特卖的形式，定期定时推出国际知名品牌的商品，一般以原价 1 至 5 折的价格供专属会员限时抢购，每次特卖时间持续 5～10 天，先到先买，限时限量，售完即止。客户在指定时间内（一般为 20 分钟）必须付款，否则商品会被重新放到待销售商品的列表里。

闪购平台一旦确立行业地位，将会形成流量集中、货源集中的平台网络优势。聚美优品的"聚美海外购"和唯品会的"全球特卖"频道纷纷高调亮相网站首页。两家公司都宣称对境外供应商把控能力强、绝对正品、全球包邮、一价全包。闪购模式对货源、物流的把控能力要求高；对前端客户引流、转化的能力要求高。任何一个环节的能力有所欠缺，都可能导致失败。其代表商家包括蜜淘网、天猫国际的环球闪购、聚美海外购、宝宝树旗下的杨桃派等。

二、根据履约模式分类

根据履约模式不同，进口跨境电商可以分为直购进口模式和保税进口模式。

1．直购进口模式

直购进口模式是指境内客户在指定的跨境电商网站订购境外商品，并进行网上申报和计税，商品通过跨境物流直接从境外寄递进境，通过电商服务平台和通关管理系统实现交易的一种跨境电商进口模式。

2．保税进口模式

保税进口模式是电商企业以商品申报进入海关特殊监管区域或保税场所，境内客户在网上交易后，区内商品逐批分拨配送，按商品缴纳税费的一种跨境电商进口模式。直购进口模式和保税进口模式最大的区别在于：前者是先下单再从境外发货，后者是先从境外发货再下单。

三、根据平台运营方分类

根据平台运营方不同，进口跨境电商可以分为平台模式和自营模式。

1．平台模式

平台模式的运作模式较轻，重点在于售前的引流、招商、平台管理，售后方面在一定程度上介入物流和服务，以补充商家不足。其优势集中在 SKU（库存量单位）丰富，能够解决客户多元化、长期的需求，且选品灵活；劣势则是根据商家不同，在商品质量、价格、物流、服务方面参差不齐。

2．自营模式

自营模式更类似于传统零售商，需要介入售前的选品、供应商管理、运营，并深入管理物流与服务。其优势在于货源稳定、商品质量有一定保障、服务到位、客户体验较好；劣势是 SKU 有限，且品类、品种拓展难度较大。

平台模式与自营模式对比如图 10-2 所示。

	平台模式	自营模式
选品	由众多卖家分别选品，商品能够较为灵活地根据客户需求调整	取决于电商自身的选品能力，部分选品能力强，能自造爆品；部分特色不足
商品品类	SKU丰富，能够解决客户的多元化、长尾的非标品需求	SKU的数量上有一定限制，拓展SKU难度较大，在标品方面有优势
商品质量	大B端商品质量相对有保障；对小B端和C端卖家的商品质量，平台较难把控	货源多来自品牌商及较大型代理商，由平台把控，能获得部分客户的信任
价格	大B端商品价格有一定优势；小B端和C端商家的货源偏末端，价格优势较小	价格有一定优势：一是大批量采购成本较低；二是部分平台补贴价格；但垂直类平台品类单一，价格受政策影响较大
仓储物流	运作模式较轻，成本较低；客户体验参差不齐	模式较重，成本较高；对仓储物流各环节把控能力较强，客户体验较佳
服务	随卖家不同而参差不齐	服务由电商提供，较有保障，客户体验较好

图 10-2　平台模式与自营模式对比

任务三　进口跨境电商的流程

任务引入

进口跨境零售电商的物流模式主要分为直邮模式、保税模式、集货模式。其中，直邮模式和保税模式是最基本的两种。两者的主要差异在于下单顺序、清关方式。在流程上，保税模式先入境，客户下单后才清关。直邮模式在客户下单后才开始递送，在入境时清关。集货模式相当于直邮模式的升级版，以集运代替零散的运输，以获得成本的节约。

相关知识

进口跨境零售电商商品通关流程

近年来，越来越多的客户通过跨境电商平台购买商品，那么进口商品如何通过跨境电商渠道通关？

1. 主要通关流程

客户在跨境电商平台购买进口商品后，一般会经过3个环节：①企业向海关传输"三单"信息（包括电子订单、电子运单以及电子支付信息）并向海关申报《中华人民共和国海关跨境电子商务零售进出口商品申报清单》（简称《申报清单》）；②海关实施监管后放行；③企业将海关放行的商品进行装运配送，客户收到商品完成签收。

2. 进口商品申报

客户在完成商品选购后，进口商品申报前，跨境电商企业或跨境电商企业境内代理人、支付企业、物流企业分别通过国际贸易"单一窗口"或跨境电子商务通关服务平台向海关传输相关的电子订单、电子运单以及电子支付信息。进口商品申报时，跨境电商企业境内代理人或其委托的报关企业根据"三单"信息向海关申报《申报清单》。

3. 海关通关监管

海关依托信息化系统实现"三单"信息与《申报清单》的自动比对。一般情况下，规范、完整的《申报清单》经海关快速审核后放行，实现"秒级通关"。对于部分通过风险模型判定存在风险的，经海关单证审核及商品查验无误后方可放行。

4. 包裹配送签收

经海关监管放行的进口商品，企业在通关口岸可以进行打包装车配送，进口商品的主要通关流程结束。客户收到进口商品后，完成签收。

进口跨境电商的流程

一、调研市场，选择商品

选品，即选品人员从供应市场中选择适合目标市场需求的商品。从这个角度看，选品人员必须一方面把握客户需求，另一方面从众多供应市场中选出质量、价格等最符合目标市场需求的商品。成功的选品，是最终实现供应商、客户、平台多方共赢的关键。选品要结合以下因素进行考虑。

一是公司的定位和网站定位。明确公司的整体定位和策略，是以建立品牌为主，还是追求销量为主。选品人员要考虑网站平台的目标市场或目标消费群体，通过对网站整体定位的理解和把握，进行市场调研、同行分析等，选择适合的品类进行研究分析。

二是目标客户定位。选品人员从客户需求的角度出发，选品要满足客户对某种效用的需求，如带来生活方便、消除痛苦等生理或心理需求。近年来，《跨境网购调查报告》显示，在客户进行跨境网购品类偏好方面，集中度比较高、客户最热衷购买的商品是服饰、母婴商品、护肤美妆、食品/保健品、电子商品五大类消费品。

三是商品的毛利。选品人员要了解物品的重量和体积，外贸中商品价格和重量/体积比例数值越大越好。考虑到碎片化销售，运费在总成本中的占比不容忽视。选品人员在选品时应该尽量选择单件重量轻、体积小且价值高的商品，实现高单价、高毛利率、高复购率。由于需求和供应都处于不断变化之中，选品也是一个无休止的过程。

四是政策和法规。选品人员必须熟悉和了解国家法律法规。跨境零售商品应为个人生活商品，国家禁止和限制进口的商品除外。

目前，试点保税进口模式的商品主要为日用消费品，如食品饮料、母婴用品、服装鞋帽、箱包、家用医疗保健、美容器材、厨卫用品及小家电、文具用品及玩具、体育用品等。很多贸易商认为，品类越广越丰富，经营越容易成功。尽管品类丰富会方便客户一站式购物，商品之间也可能产生关联销量，但是商品线过广的弊端也有很多。首先，保障所有商品的库存充足很难，偶尔的拆补在所难免，但经常拆补可能造成经营混乱，一旦缺货，电商企业可能遭遇投诉、退单，影响客户体验。其次，商品太多，定价可能不够精准，缺乏竞争力。再次，非畅销商品滞销，临期商品难免被打折处理，影响利润率。最后，商品线过长，人力有限，对商品的熟悉和了解不够深入，可能造成商品描述缺乏吸引力、咨询解答不够及时准确等，从而影响销售。

商品线的选择不是一次性到位的，电商企业可以根据销售情况，不断调整优化。随着对商品情况、行业情况等的理解加深，电商企业会更了解竞争对手品类的动态和价格变化，能够通过对行业和店铺的热销品牌、飙升品牌、货品的综合对比，分析布局商品线。

▌二、确定物流模式和选择支付方式

传统的进口跨境电商物流方式是中国境内贸易公司通过一般贸易方式将商品进口到中国境内之后，再通过自己的电商平台销售，或交由其他电商平台销售。这是在跨境贸易电子商务服务试点推行前，大多数合法商家都采取的方式。除此之外，还有 5 种物流模式，介绍如下。

（1）旅客行李：是指进出境旅客携带的全部行李物品。海关对行李物品的界定是自用合理数量，非以盈利为目的，因此并不适合跨境电商。

（2）个人邮递商品：指通过邮运渠道进出境的包裹、小包邮件以及印刷品等商品。通过邮运渠道到口岸邮局办事处监管清关的商品数量较大，但处理时效和服务质量有待提高。

（3）快件：指进出境快件营运人，以向客户承诺的快速的商业运作方式承揽、承运的进出境的货物。进出境快件监管一般都有信息化系统，因此处理能力和稳定性都比较好。

（4）跨境试点一般进口：2014 年增列的海关监管方式，全称"跨境贸易电子商务"，适用于境内个人或电商企业通过电子商务交易平台实现交易（保税电商除外），并采用"清单核放、汇总审批"模式办理通关手续的电商零售进出口。此种方式清关费用比邮件低，处理能力比邮件稳定。

（5）跨境试点保税进口：不但因备货仓储在境内而运营成本较境外低，而且发货时效快，退换货操作方便，客户体验好，综合物流成本最低。

进口跨境电商的物流模式表现出多样化的特点，贸易商应根据各自的需要选择适合的物流方式。进口跨境电商的竞争正从商品的竞争向供应链和整体服务的竞争转移，因此跨境试点一般进口和保税进口代表进口跨境电商的发展方向。

　　根据海关总署公告 2014 年第 56 号《关于跨境贸易电子商务进出境货物、物品有关监管事宜的公告》，电子商务企业或个人通过经海关认可并且与海关联网的电子商务交易平台实现跨境交易进出境货物、物品的，电子商务企业、监管场所经营企业、支付企业和物流企业应当按照规定向海关备案，并通过电子商务通关服务平台实时向电子商务通关管理平台传送交易、支付、仓储和物流等数据。企业开展跨境电商进口，通常需要具备自营或平台网站/网店，网站已完成 ICP 备案且正常运作，与海关、商检、电子口岸等完成对接。如果采用保税进口模式，根据海关总署《关于跨境电商服务试点网购保税进口模式问题通知》，参与试点的电商、物流等企业必须在境内注册，并按照先行海关管理规定进行企业注册登记，开展相关业务，并能实现与海关等管理部门的信息系统互联互通。

　　目前，各试点城市都推出了自己的跨境贸易电子商务平台，如上海的跨境通、宁波的跨境购等，而与海关签约且有保税仓库的企业有深圳保宏、前海电商供应链、捷付通达等。

　　此外，跨境电商在选择支付伙伴时，最好和已经获得政府主管部门准入的公司合作。目前可以开展跨境电商支付的有支付宝、中国银联、PayPal、易极付、快钱、中国工商银行、财付通等。

▌三、制定进口商品经营方案

　　企业在对进口商品价格趋势有一定的把握和预测、了解了供应商的资信以及明确了适合的物流模式后，就可以展开进口成本核算、制定进口商品经营方案了。进口商品的作价，应以平等互利的原则为基础，以国际市场价格水平为依据，结合企业的经营意图，制定进口商品的适当价格。

境内销售价格=进口价格+进口费用+进口利润

进口费用=境外运费+境外保费+进口关税+进口消费税+进口增值税+实缴增值税+境内运费

　　对于进口税，跨境零售目前实行不同于货物渠道的进口税，即不征收进口关税和进口环节税，而代之以行邮税。根据《海关法》的规定，个人携带进出境的行李物品、邮寄进出境的邮递物品，应当以自用合理数量为限。

行邮税=完税价格×税率

　　按照《中华人民共和国海关总署公告 2010 年第 43 号》规定，个人邮寄进境物品，海关依法征收进口税，但应征进口税税额在人民币 50 元（含 50 元）以下的，海关予以免征。个人邮寄进出境物品超出规定限值的，应办理退运手续或者按照货物规定办理通关手续。但邮包内仅有一件物品且不可分割的，虽超出规定限值，经海关审核确属个人自用的，可以按照个人物品规定办理通关手续。

　　海关总署公告 2010 年第 54 号《关于进境旅客所携行李物品验放标准有关事宜》规定，进境居民旅客携带在境外获取的个人自用进境物品，总值在 5000 元人民币以内（含 5000 元）的，非居民旅客携带拟留在中国境内的个人自用进境物品，总值在 2000 元人民币以内（含 2000 元）的，海关予以免税放行，品种限自用，数量应合理，但烟草制品、酒精制品以及国家规定应当征税的 20 种商品等另按有关规定办理。进境居民旅客携带超出 5000 元人民币的个人自用进境物品，经海关审核确属自用的；进境非居民旅客携带拟留在中国境内的个人自用进境物品，超出人民币 2000 元的，海关仅对超出部分的个人自用进境物品征税，对不可分割的单件物品，全额征税。

应征行邮税的，海关总署公告 2012 年第 15 号规定，进境物品完税价格遵循以下原则规定：《完税价格表》已列明完税价格的物品，按照《完税价格表》确定；《完税价格表》未列明完税价格的物品，按照相同物品相同来源地最近时间的主要市场零售价格确定其完税价格；实际购买价格是《完税价格表》列明完税价格的 2 倍及以上，或是《完税价格表》列明完税价格的 1/2 及以下的物品，进境物品所有人应向海关提供销售方依法开具的真实交易的购物发票或收据，并承担相关责任。海关可以根据物品所有人提供的上述相关凭证，依法确定应税物品完税价格。

📖 项目实训 ●●●●

消费升级，模式迭起，进口零售跨境电商行业如何获得客户的青睐，提升客户体验？接下来我们将对具有代表性的进口零售跨境电商模式进行分析及阐述。

1. M2C 模式

M2C 模式即工厂对消费者，平台招商，这一类的典型商家如天猫国际，开放平台入驻国际品牌。优势是客户信任度高，商家需有境外零售资质和授权，商品从境外直邮，并且提供本地退换货服务。痛点在于大多为 TP 代运营，价位高，品牌端管控力弱，正在不断改进完善模式中。

2. B2C 模式

B2C 模式即保税自营直采，这一类的典型商家如京东国际、聚美海外购等。优势在于平台直接参与货源组织、物流仓储买卖流程，销售流转高，时效性好，通常 B2C 商家还会以"直邮闪购特卖"等模式补充 SKU 丰富度和缓解供应链压力。痛点在于品类受限，以爆品、标品为主，有些地区商检海关是独立的，能进入的商品根据各地政策不同都有限制，同时还有资金压力。一方面要协调上游供应链，提高物流清关时效；另一方面在保税区自建仓储，做营销，打价格战，补贴客户，提高转化复购，爆品、标品毛利空间低，却仍要保持稳健发展，需要资本注入。

3. C2C 模式

C2C 模式即境外买手制，这一类的典型商家如淘宝全球购、洋码头、海蜜、街蜜等，境外买手入驻平台开店，以长尾非标品为主。C2C 模式的优势是构建供应链和选品的宽度，C2C 达人经济模式可以在精神社交层面促进客户沉淀，满足正在细致化、多样化、个性化发展的需求；痛点是传统依靠广告和返点盈利的模式，服务体验的掌控度差，个人代购存在法律政策风险，买手制平台的转化目前只有 2%，早期如何获得流量，提高转化，形成海淘时尚品牌效应，平衡客户与买手的规模增长都是难点。

思考：

试分析 3 种进口跨境电商模式的特征，结合实际，说说它们的联系和区别。

📖 项目小结 ●●●●

本项目介绍了进口跨境电商的生态圈和价值链，进口跨境电商的模式及不同模式的特点，以及进口跨境电商的流程。

习　题

一、判断题

1. 进口跨境电商生态圈包括品牌商、一级代理商、贸易商、零售商、客户，通过线上和线下的途径，以及代购和转运的手段，将商品送到客户手里。　　　　　　　　（　　）

2. 按照商业模式、供应链形态和清关模式的不同，我们可将跨境电商分为 3 个链条：其一是电商链，其二是代购链，其三是现货链。　　　　　　　　　　　　（　　）

3. 未来跨境物流将进一步信息化、多功能化、低成本化。　　　　　　　　（　　）

4. 海外代购模式是客户熟知的跨境网购概念，是身在境外卖家为有需求的境内客户在境外采购所需商品并通过跨境物流将商品送达客户手中的模式。　　　　　（　　）

5. 进口跨境电商的物流模式主要分为直邮模式、保税模式、集货模式 3 种。其中，直邮模式和集货模式是最基本的两种。　　　　　　　　　　　　　　　　（　　）

二、简答题

1. 简述进口跨境电商生态圈。

2. 简述进口跨境电商价值链。

3. 进口跨境电商的分类有哪些，各有什么特点？比较不同类型的进口跨境电商平台。

4. 以某一进口商品为例，简述进口跨境电商的流程。

三、实训题

以 PPT 的形式详细介绍某一种进口跨境电商平台。

参考文献

[1] 徐建群. 基于电子商务环境下对跨境国际物流模式创新的探析[J]. 中国商论，2016（10）：128-130.

[2] 潘意志. 海外仓建设与跨境电商物流新模式探索[J]. 物流技术与应用，2015（09）：130-133.

[3] 冀芳，张夏恒. 跨境电子商务物流模式及其演进方向[J]. 西部论坛，2015（04）：102-108.

[4] 易传识网络科技. 跨境电商多平台运营[M]. 北京：电子工业出版社，2015.

[5] 李向阳. 促进跨境电子商务物流发展的路径[J]. 中国流通经济，2014（10）：107-112.

[6] 张瑞夫. 跨境电子商务理论与实务[M]. 北京：中国财政经济出版社，2017.

[7] 王方. 跨境电商操作实务[M]. 北京：中国人民大学出版社，2017.

[8] 肖旭. 跨境电子商务实务[M]. 北京：中国人民大学出版社，2015.

[9] 阿里巴巴商学院. 跨境电商基础、策略与实战[M]. 北京：电子工业出版社，2016.

[10] 王健. 跨境电子商务基础[M]. 北京：中国商务出版社，2015.

[11] 陈明，许辉. 跨境电子商务操作实务[M]. 北京：中国商务出版社，2015.

[12] 李鹏博，马峰. 进口跨境电商启示录[M]. 北京：电子工业出版社，2016.

[13] 冯潮前. 跨境电子商务支付与结算实验教程[M]. 杭州：浙江大学出版社，2016.

[14] 丁晖，跨境电商多平台运营实战基础[M].北京：电子工业出版社，2017.

[15] 张大卫，徐平，喻新安. 中国跨境电商发展报告（2021）[M]. 北京：社会科学文献出版社，2021.

[16] 肖瑶，数字贸易背景下跨境电商平台运营模式分析：基于"第三方平台"和"自营平台"的对比[J]. 长江大学学报（社会科学版），2020（01）：95-108.